Eine Arbeitsgemeinschaft der Verlage

Beltz Verlag Weinheim und Basel
Böhlau Verlag Köln · Weimar · Wien
Wilhelm Fink Verlag München
A. Francke Verlag Tübingen und Basel
Paul Haupt Verlag Bern · Stuttgart · Wien
Verlag Leske + Budrich · Opladen
Lucius & Lucius Verlagsgesellschaft Stuttgart
Mohr Siebeck Tübingen
C. F. Müller Heidelberg
Quelle & Meyer Verlag Wiebelsheim
Ernst Reinhardt Verlag München und Basel
Ferdinand Schöningh Verlag Paderborn · München · Wien · Zürich
Eugen Ulmer Verlag Stuttgart
Vandenhoeck & Ruprecht Göttingen
WUV Wien

Fritz Stolz

Grundzüge der Religionswissenschaft

3., durchgesehene Auflage
(mit Literaturnachträgen)

Vandenhoeck & Ruprecht in Göttingen

FRITZ STOLZ, geboren 1942; Studium der Theologie und Orientalistik in Zürich und Heidelberg, Promotion 1969; Lektor für Hebräisch in Bethel-Bielefeld 1969; Privatdozent in Zürich 1971; Dozent an der Kirchlichen Hochschule in Bethel 1972; Ordentlicher Professor 1976; ordentlicher Universitätsprofessor in Zürich seit 1980 für Allgemeine Religionsgeschichte und Religionswissenschaft.

Buchveröffentlichungen: Strukturen und Figuren im Kult von Jerusalem 1970; Jahwes und Israels Kriege 1972; Das Alte Testament 1974 (auch engl. 1975); Hebräisch in 52 Tagen 1978; Das erste und zweite Buch Samuel 1981; Psalmen im nachkultischen Raum 1983; Christentum 1985; Einführung in den biblischen Monotheismus 1996; Herausgeber u.a.: Religion zu Krieg und Frieden 1985; Typen religiöser Untscheidung zwischen Natur und Kultur 1988.

Bisher erschienen in der Kleinen Vandenhoeck-Reihe, Band 1527, 1. Auflage 1988

Mit 5 Abbildungen

Die Deutsche Bibliothek – CIP-Einheitsaufnahme

Stolz, Fritz:
Grundzüge der Religionswissenschaft / Fritz Stolz. –
3., durchges. Aufl.– Göttingen: Vandenhoeck und Ruprecht, 2001
(UTB für Wissenschaft; 1980)
ISBN 3-8252-1980-1 (UTB)
ISBN 3-525-03291-9 (Vandenhoeck & Ruprecht)

© 1988, 2001 Vandenhoeck & Ruprecht in Göttingen
ISBN 3-525-03291-9
Printed in Germany
Einbandgestaltung: Atelier Reichert, Stuttgart
Satz: Text & Form, Pohle
Druck und Bindung: Hubert & Co., Göttingen
ISBN 3-8252-1980-1 (**UTB-Bestellnummer**)

Inhalt

Vorwort

Die vorliegende Einführung in die Religionswissenschaft geht auf
Vorlesungen zurück, die für Studierende unterschiedlicher Fach-
richtungen gehalten wurden: Theologen, Ethnologen, Psychologen, Soziologen, Historiker usw. Sie alle hatten ein fachspezi-
fisches Interesse am Phänomen der Religion und entsprechende
Fragestellungen; und es fiel ihnen gleichermaßen schwer, je andere
Sichtweisen zu verstehen. So sollte versucht werden, die unterschiedlichen Zugänge zur Religion zu beleuchten, die entsprechenden Fragestellungen historisch zu entwickeln, an bestimmten
Beispielen zu erläutern und in einen Zusammenhang zu bringen.
Ob sich das angestrebte Bild einer Religionswissenschaft, welche
mit historischen, sozialwissenschaftlichen und theologischen Disziplinen in Einklang zu bringen ist, wirklich ergibt, mag der Leser
entscheiden.

Daß einzelne Themen wiederholt zur Sprache kommen, ist beab-
sichtigt; es sollte gerade deutlich werden, wie die Einheit des Gegenstandes trotz der Vielzahl von Fragestellungen gewahrt bleibt.
Wo möglich, habe ich versucht, theoretische Überlegungen durch
Beispiele zu illustrieren; dabei sind natürlich einzelne Bereiche der
Religionsgeschichte ganz unterschiedlich berücksichtigt. Jedenfalls sollte auch die biblisch-christliche und insbesondere die
gegenwärtige Dimension der Religion angemessene Beachtung
finden.

Für die Neuauflage wurden einige wenige Ergänzungen vorge-
nommen; die Literaturhinweise wurden aktualisiert. Religionsgeschichtliches Material, welches die Darlegung dieses Buches zu
vertiefen vermag, findet der Leser in einem Bändchen, das ich dieses Jahr beim Pano-Verlag in Zürich herausgebracht habe: Weltbilder der Religionen, Zürich: Pano 2001 (Reihe Theophil Bd. 4).

Die Überarbeitung wurde für mich in einer Phase schwerer
Krankheit fällig. Ohne die Unterstützung von Daria Pezzoli-Olgiati
wäre sie nicht zustande gekommen. Ihr gilt mein herzlicher Dank.

Zürich, August 2001   Fritz Stolz

Einleitung: Zur Zielsetzung

„Religionswissenschaft" ist keine selbstverständliche Bezeichnung für eine Disziplin im Rahmen der Wissenschaften. Geläufi-
ger sind Fächer wie „Religionsgeschichte" (auch „vergleichende
Religionsgeschichte"), „Religionssoziologie", „Relgionspsycho-
logie" usw. Der Ausdruck „Religionswissenschaft" meldet ein
Programm an, welches die Zugänge jener Wissenschaften, die sich
mit Religion beschäftigen, zusammenfaßt und miteinander verarbeitet. Sie müßte also eine interdisziplinäre Wissenschaft sein;
verschiedene Einzelwissenschaften müßten zu ihr beitragen und
ganz bestimmte Zugänge zum Phänomen der Religion erhellen.
Die je partiellen Zugänge, welche eine Fragestellung ins Zentrum
rücken, müßten sich ergänzen und eine umfassende Annäherung
an den Gegenstand gewährleisten.

Tatsächlich operieren die einzelnen mit der Religion befaßten
Wissenschaften weitgehend unabhängig voneinander, mit unterschiedlichen Fragestellungen und Methoden. Die Religionsgeschichte arbeitet mit den Mitteln des Historikers; die Religionssoziologie mit denen des Soziologen; und Entsprechendes ist im
Hinblick auf Religionspsychologie, Religionsethnologie und sogar Religionsgeographie zu sagen. Darüber hinaus sind auch diese
Einzelwissenschaften keineswegs auf je ein verbindliches Metho-
denkonzept hin festgelegt; es gibt eine Vielzahl von Religionspsy-
chologien, Religionssoziologien usw. So ist für die Religionswissenschaft als ganze ein verbindlicher Kanon von Fragestellungen
und Verfahrensweisen erst recht nicht vorhanden. Diese Einführung möchte einen Rahmen erarbeiten, in den verschiedene Fragestellungen eingeordnet werden können.

Den einzelnen Kapiteln sind kurze bibliographische Angaben
vorangestellt, welche einen Überblick über einschlägige Literatur
vermitteln; die als „einführend" gekennzeichneten Werke sind
dazu geeignet, ein Grundwissen zu erwerben. Innerhalb des Textes
ist auf Literatur verwiesen, welche zum Weiterstudium einzelner
Themen dient; diese Angaben haben lediglich exemplarischen
Charakter.

1. Definitionen und Abgrenzungen des Phänomens „Religion"

Literaturhinweise: Überblick über Konzeptionen der Religion und Forschungsstand: Elsas 1975, Stolz 1992, Saler 1993, Bianchi 1994, Feil 1995, Pollack 1995. – Überblick zu Definitionsansätzen und religionsphilosophische Diskussion der Problematik: Barnhart 1977. – Werke, welche im Gottesglauben das Zentrum der Religion sehen: Heiler 1919, 1979; Pettazzoni 1957/1960; Widengren 1969; Lanczkowski 1980. – Den Primat des Heiligen betonen Söderblom 1913/1977, 1926; Eliade 1957; Otto 1958. – Annäherungen an die Religion, welche deren Funktion innerhalb der Gesamtkultur bestimmen: Malinowski 1944/1975; Geertz 1956/1983; theologische Verarbeitung solcher Fragestellungen durch Rössler 1976. – Systemtheoretische Weiterführung des funktionalistischen Ansatzes durch Luhmann 1977; dazu Dahm in: Dahm/Drehsen/Kehrer 1975, 269ff.; Schöfthaler in: Daiber/Luckmann 1983, 136ff.; von theologischer Seite zuletzt Welker 1985. – Einen Überblick über religionskritische Positionen vermittelt Weger 1979; vgl. auch Molnar 1980 und speziell zur Religionskritik der Frankfurter Schule: Siebert 1986.

„Religion" erhebt als Allgemeinbegriff den Anspruch, alle historischen Religionen zu umfassen. Es wird also vorausgesetzt, daß allen einzelnen Religionen etwas Gemeinsames innewohnt. Wie ist dieses Gemeinsame zu beschreiben? Es gibt eine Unzahl von Definitionen. Zwei für das Abendland besonders bezeichnende seien genannt: I. Kant bezeichnet als Wesen der Religion „die Erkenntnis aller unserer Pflichten als göttlicher Gebote" (1794/1914, 302); hier ist Religion also auf der Ebene von Ethik und Moral angesiedelt. F. Schleiermacher betont, daß Religion weder im Bereich des Handelns noch in dem des Denkens gesucht werden dürfe, sondern in „Anschauung und Gefühl" des Universums (1799, Zweite Rede; Präzisierungen zum Begriff des Gefühls, das als Ausdruck der Religion das Bewußtsein der Beziehung zu Gott beinhaltet und den Menschen als „schlechthin abhängig" erweist: 1835/1960, §§ 3–4): Demnach gehört zur Religion eine bestimmte Wahrnehmung der Welt, welche alle Bereiche des Menschseins umfaßt und allem Erkennen wie Handeln vorausgeht. Das 19. Jahrhundert brachte eine Vielzahl wissenschaftlicher Bestimmungen von „Religion"; der amerikanische Religionspsychologe J. H. Leuba referierte bereits 1912 achtundvierzig Definitionen, die er –

wie zu erwarten – allesamt für ungenügend erklärte und durch eine eigene korrigierte.

„Religion" ist für uns zunächst einmal umgangssprachlicher Begriff für das, was wir als Religion erfahren. Es ist also eine Sammelbezeichnung für das Christentum mit seinen Werten und Erscheinungsformen sowie Analogieerscheinungen in andern Kulturen (oder wenigstens Phänomenen, die wir als Analogieerscheinungen empfinden). Auffällig ist allerdings, daß in andern Kulturen häufig ein entsprechender Begriff fehlt. Im klassischen Griechentum beispielsweise findet sich eine Reihe von Ausdrükken, die verschiedene Einzelelemente bezeichnen, aus denen nach unserem Verständnis Religion konstituiert ist. Beispiele: *eusebeia* meint ungefähr Ehrfurcht, wie sie insbesondere (aber nicht nur) den Göttern gegenüber gilt. Sie dokumentiert sich in einer bewahrenden Haltung den geltenden Werten und Bräuchen gegenüber, sie meint z. B. auch ein Gewissen, das durch religiöse Werte geprägt ist. *threskeia* bezeichnet den heiligen Dienst, ein religiöses Gebot in einer ganz konkreten Angelegenheit. Hier liegt das Gewicht auf einem Vorgang, den es abzuwickeln gilt und der sich ganz konkret-handlungsmäßig beschreiben läßt. *sebos* umschreibt die Scheu und ehrfurchtsvolle Zurückhaltung, die Göttern und ehrwürdigen Menschen gegenüber angezeigt ist. Ein Moment des Staunens und der Bewunderung schwingt mit. *latreia* bezeichnet zunächst den Dienst um Lohn, und zwar in ganz profanen Zusammenhängen. Freilich wird der Begriff dann auch auf den kultischen Lebensbereich übertragen, besonders im Bereich des hellenistischen Judentums. Fast alle diese Ausdrücke werden nicht nur in dem Bereich verwendet, den wir als „Religion" bezeichnen würden. Es zeigt sich also, daß wir mit der Verwendung der Bezeichnung „Religion" im Griechentum einen Bereich ausgrenzen, der in der dortigen Kultur selbst – jedenfalls sprachlich – nicht in der Weise abgegrenzt ist, wie wir dies voraussetzen. Entsprechendes gilt erst recht für Religionen schriftloser Kulturen.

Ganz anders ist der Sachverhalt etwa im Islam, und zwar bereits bei Mohammed. Im Koran findet sich der Ausdruck *din*, der ursprünglich die Bedeutung „Sitte, Brauch, Recht" hat, sich dann aber auch zu einer Bezeichnung für „Religion" entwickelt. Im altarabischen Bereich leben festumrissene Religionen mit konkurrierendem Geltungsanspruch nebeneinander: Neben der altarabischen traditionellen Religion finden sich Judentum und Christentum. Anders als im klassischen Griechenland, wo verschiedene Kulte friedlich und ohne nennenswerte Konkurrenz koexistieren, grenzen sich hier Religionen (und darüber hinaus Kulturen) voneinander ab. Durch dieses Nebeneinander bekommt der Ausdruck *din* die Bedeutung, die wir mit „Religion" meinen; aber *din* meint gleichzeitig mehr als „Religion", es geht um unterschiedliche religiös geprägte Lebensweisen und Kulturformen.

Nochmals anders liegen die Verhältnisse in Indien, dessen Religionen (jedenfalls soweit sie sich der Veden als heiliger Schriften bedienen) man häufig summarisch als „Hinduismus" bezeichnet. Genau besehen ist dieser Hinduismus jedoch so vielfältig, daß man von einem ganzen Komplex von Religionen sprechen könnte, deren einigendes Band gar nicht einfach darzustellen wäre. Fragt man nun nach der hinduistischen Entsprechung dessen, was wir „Religion" nennen, so bieten sich verschiedene Ausdrücke an. *dharma* meint die Summe der Regeln, welche das religiöse und soziale Leben bestimmen. Andererseits ist es für eine elitäre indische Religiosität typisch, daß man – in einem gewissen Alter – gerade dieses regulierte Leben hinter sich lassen will; dafür steht der Ausdruck *mokṣa*, „Erlösung". Sowohl *dharma* als auch *mokṣa* sind außerordentlich vielgestaltig; sie richten sich im einen Fall nach der sozialen Stellung des einzelnen, im anderen nach dem methodischen und konzeptuellen Weg, mit dem dieser über den Kreislauf des Daseins hinausgelangen will.

Spricht man von „der Religion", so muß den verschiedenen Religionen etwas gemeinsam sein. Geht es also einfach darum, den kleinsten gemeinsamen Nenner der verschiedenen Religionen zu finden? Leistet eine solche Bestimmung einen Beitrag zum Verständnis der Einzelreligion, oder verfälscht sie dieses gerade? Mahnungen in dieser Hinsicht sind durchaus ernst zu nehmen (vgl. Smith 1962/1978; 1979; 1981; Baird 1971).

1.1 Definitionen vom Gegenstand der Religion her

1.1.1 Gott als Grundgegebenheit von Religion

Von der abendländischen religiösen Erfahrung her liegt es nahe, die Grundlage von Religion in Gestalt der Verehrung eines Gottes bzw. der Verehrung von Göttern zu suchen. Religionsdefinitionen dieser Art sind recht häufig. So schreibt zum Beispiel G. Lanczkowski (1980, 23f.): „Religion ist ein unableitbares Urphänomen, eine Größe *sui generis*, die konstituiert wird durch die existentielle

Wechselbeziehung zwischen der Gottheit einerseits, deren Manifestationen der Mensch erfährt, und andererseits den Reaktionen des Menschen, seiner ‚Richtung auf das Unbedingte', die sich in Verehrung und Anbetung, in ethischer Lebensgestaltung und kultischer Handlung, in der Beschreibung eines Heilsweges realisiert, der von Leid und Sünde befreit und zur Erlösung führt." Als *„unableitbares* Urphänomen" läßt sich Religion nicht zurückführen auf etwas noch Ursprünglicheres, womit z. B. eine religionspsychologische Argumentation, daß Gott eine Verlängerung der Elternerfahrung wäre, abgewiesen ist. Als *„Urphänomen"* wird Religion als generelle Erfahrung des Menschen überhaupt festgelegt: Erfahrung Gottes gehört zum Menschen an sich. Gott soll menschheitsgeschichtlich überall und immer in einer ähnlich gearteten Wechselbeziehung anzutreffen sein: Der Mensch erfährt eine Manifestation Gottes und reagiert darauf. Religion ohne Gott könnte es damit nicht geben. – Derartige Definitionen werden häufig mit dem Hinweis kritisiert, es gebe auch Religionen ohne Gott, wobei gern der frühe Buddhismus als Musterbeispiel angeführt wird.

Es stellt sich auch die Frage nach der Universalität dessen, was wir als „Gott" bezeichnen. Die Problematik ist der analog, die im Zusammenhang mit der Universalität des Religionsbegriffs zu erörtern war. „Gott" ist ein Wort unserer Sprache, weitgehend äquivalente Begriffe finden wir in andern abendländischen Sprachen, soweit sie durch christlich-abendländische Überlieferung geprägt sind. Welche Inhalte sind dieser Bezeichnung zuzuschreiben? Mit welchen andern Bezeichnungen ist sie in Beziehung gesetzt?

Gott wird häufig als Wesen dargestellt, das dem Menschen gegenübersteht, von ihm unterschieden ist durch mehr Macht und Wissen. Im übrigen ist Gott freilich auch durch gewisse Eigenheiten mit dem Menschen verbunden. Vielfach werden Gott bzw. den Göttern Gestalt, Name, Personhaftigkeit und Wille zugeschrieben. Versucht man, diese aufgrund der Alltagssprache gewonnenen Merkmale etwas schärfer zu fassen, so zeigt sich, daß die Verwendung des Ausdruckes „Gott" bestimmte Relationen und bestimmte Unterscheidungen impliziert. Deutlich ist zunächst eine Relation Gott – Mensch: Götter sind auf Menschen hin bezogen, haben mit ihnen zu tun. Diese Relation ist insbesondere ausgeprägt durch eine Ich-Du-Beziehung: Gott ist ansprechbar im Gebet, es gibt also eine personale Beziehung zu Gott, die dem personalen Umgang mit Mitmenschen entspricht. Eine zweite Relation besteht zwischen Gott und der Welt. Gott hat mit der Welt, oder jedenfalls mit Teilbereichen der Welt zu tun, ist aber charakteristisch von ihr unterschieden. Er nimmt in dieser oder jener Weise Einfluß auf die Welt, als Schöpfer und Lenker der Welt, als einer, der da und dort übermächtig eingreift. Schließlich läßt sich eine Relation zwischen Gott und Gott feststellen; dies ist eine Unterscheidungsrelation, die nicht aus der christlichen Überlieferung stammt, sondern aus der Antike, die freilich im Abendland auch stark wirksam geworden ist. Die vielen Götter der Antike haben ihre je eigene Persönlichkeit, in der sie sich von andern Göttern unterscheiden.

Sind diese Relationen universal zu beobachten, bilden sie das Grundgerüst aller Religionen? Dies wird zum Teil angenommen. Als Beispiele seien zwei Religionswissenschaftler genannt, welche die Forschung stark geprägt haben.

Friedrich Heiler (1892–1967; ursprünglich Katholik, wandte er sich nach orientalistischen, philosophischen und theologischen Studien dem Luthertum zu, blieb aber dem Katholizismus weiterhin verbunden; starkes kirchliches und ökumenisches Engagement; Versuche zur Begründung des interreligiösen Dialoges) schreibt in seinem Buch „Das Gebet" (1919, 147f.): „Das Gebet des Primitiven ist unmittelbarer Ausdruck tiefer seelischer Erlebnisse; es quillt spontan aus der Not oder dem Dankgefühl; die übermächtige Erregung bricht in freien Worten der Klage und Bitte, des Lobes und Dankes durch. Nirgends äußert sich die Freude am Leben, der Drang nach Steigerung und Bereicherung des Lebens, kurz: der gesunde Wille zum Leben, der jedes Naturkind beseelt, so rein und stark wie im Gebet. Leben und Glück erbittet der Primitive von seinem Gott ... Diese Verbindung von tiefstem Abhängigkeitsgefühl und höchstem Lebensdrang hat in der Tat etwas Wundervolles an sich. In der Lebendigkeit des Affektlebens wurzelt der konkrete Realismus der dem Gebet zugrunde liegenden Gottesvorstellung, der die philosophische Kritik herausfordert. Das Gebet des Primitiven ist keine Meditation, sondern ein Umgang mit dem gegenwärtigen, lebendigen Gott... Das Gebet ist die spontanste religiöse Äußerung... Das Gebet des Primitiven ist ein schwacher Nachhall jenes Gebetes, das von den Lippen des Urmenschen kam. Wir ahnen hier die Kraft und die Leidenschaft der Urreligion. Alle Religion, soweit sie lebendig ist, offenbart dieselbe Kraft und Innigkeit der Urreligion, sie ist im Grunde nur eine Wiederholung der Urschöpfung der Religion. Will man es theologisch ausdrücken, so muß man sagen: Aller Glaube, alle Religion wurzelt in der Ur-Offenbarung. Alles naive Beten – nicht nur das Beten der Volksmasse, sondern gerade das Beten der großen Genien, der Propheten und Heiligen, der Dichter und Künstler ist im Grunde nur primitives Beten; es zeigt, wie die spätere Untersuchung herausstellen wird, dieselbe innere Struktur; ja der prophetische Typ des individuellen Gebets gleicht trotz fundamentaler Unterschiede dem primitiven Gebet in allen Wesenszügen, im Motiv, in der Form, im Inhalt, in der zugrunde liegenden Gottesvorstellung, in der Relation zwischen Gott und Mensch."

Das Gebet ist also das zentrale Phänomen der Religion, es steht am Ursprung der Religion (Heiler äußert hier u. a. eine These zur Entstehung der Religion) und zieht sich dann überall durch, wo Religion „lebendig" ist. (Von der lebendigen Religion unterscheidet Heiler die „erstarrte" Religion der Gewohnheit, der Spezialisten usw.) Gebet ist mit dem Mensch-Sein an sich gegeben. Dabei ist die Fundamentalrelation des Verhältnisses zwischen dem Menschen und dem Gott, zwischen einem Ich und einem Du, überall anzutreffen. Der Mensch wendet sich in unmittelbarem, affektivem Lebensvollzug an ein Gegenüber, zu dem er fleht oder das er lobt. – Sollte diese These zutreffen, so müßte sich in jeder Religion die elementare Redeform des Bitt- und des Lobgebetes in der Form einer Anrede an einen Gott finden lassen. Dies ist, wie sich noch zeigen wird, nicht der Fall.

Ähnlich ist der Ansatz von *Geo Widengren* (geb. 1907; Religionsgeschichtler in Uppsala; Arbeiten zu einzelnen religionsgeschichtlichen Bereichen, bes. zur Religion des Iran und zur Religionsphänomenologie). Auch hier macht der Gottesglaube das innerste Wesen der Religion aus. Genaueres über das Wesen der Religion ergibt sich jedoch erst aus einer Abgrenzung zur *Magie.* Religion und Magie sind zwei diametral entgegengesetzte psychische Reaktionen. „In der Religion spürt der Mensch seine Abhängigkeit von der schicksalsbestimmenden Macht in seinem Dasein; in der Magie meint er, selbst diese Macht zu sein oder sie mindestens kontrollieren zu können." (1969, 8). Daraus wird nun freilich nicht gefolgert, daß Religion und Magie sich ausschließen. In ein und demselben Vorgang können beide Elemente nebeneinander auftreten. Es ist also auch nicht so, daß entweder Religion oder Magie menschheitsgeschichtlich früher anzusetzen wären. Eine charakteristische Mischung von Formen der Magie und der Religion findet sich gerade in Texten, in denen sich der Mensch mit den umgebenden Mächten auseinandersetzt: Beschwörung (Magie) und Gebet (Religion) gehen ineinander über, zum Teil unmerklich und kaum unterscheidbar. So ist immer eine sorgfältige Untersuchung nötig, um die Haltung eines Menschen als magisch oder als religiös zu bestimmen, und um Magie von Religion zu sondern.

Wo Religion vorliegt, rechnet sie mit Gott als einem Gegenüber. Dieser Gott erweist sich in erster Linie als Schicksalsmacht. Darin sieht Widengren den eigentlichen Kern des Gottesglaubens. Wo der Mensch die ihm überlegene Schicksalsmacht anerkennt, ist er religiös; wo er dies nicht akzeptiert, wo er in illusionärer Selbst-überschätzung mit den ihn umgebenden Mächten umgehen will, da handelt er magisch.

Die Verwandtschaft der Grundpositionen Heilers und Widengrens ist deutlich. Eine kritische Prüfung der Positionen hat die Aufgabe, nach Falsifikationen zu suchen. Lassen sich alle Religionen in dieser Weise auf die Figur „Gott" hin interpretieren? Die Frage muß verneint werden. Viele Ethnographen und Religionshistoriker haben im Hinblick auf bestimmte Ethnien den Gottesbegriff nur zögernd oder gar nicht verwendet. Musterbeispiel ist in dieser Hinsicht Australien. Widengren sieht diese Schwierigkeiten, weist sie aber ab; er besteht darauf, daß gewisse Gewährsleute von Totem-Gottheiten sprechen. Die folgende Frage muß gestellt werden: In welchem Maße sind die semantischen Relationen, die unser Gottesbegriff impliziert, in Australien präsent?

Wir gehen dieser Frage kurz anhand einiger Sachverhalte im Bereich der Ethnien von West- und Zentralviktoria nach (vgl. Nevermann/Worms/Petri 1968, 233ff.). Hier ist die Figur des *Bundjil* bekannt. Bereits die Verwendung des Namens (der zudem nicht eindeutig „Name", sondern zuweilen auch Gattungsbegriff ist) zeigt eine große semantische Fluktuationsbreite. Bundjil bedeutet z. B. einerseits „Mensch, Mann", andererseits aber auch „Adler, Habicht". Sichtbar ist die Gestalt als „Stern Bundjil". Schon damit zeigt sich, daß „Bundjil" (für unser Dafürhalten) ganz verschiedene Dinge zu bezeichnen vermag. Das „höhere Wesen" assoziiert einerseits das Wesen des Menschen, es repräsentiert also den Menschen schlechthin; es ist aber auch Verkörperung eines bestimmten Vogels, der von besonderer Bedeutung ist im Weltbild der betroffenen Ethnien; und schließlich ist die Figur mit einem Stern identifiziert.

Bundjil begegnet dem Menschen u. a. als Inspirationsmacht. Wenn der Seher spricht, so liegt ein Inspirationsvorgang vor; Bundjil spricht durch den Seher, Bundjil ist in ihm. Das bedeutet aber nicht, daß der Seher mit Bundjil identifiziert würde. Wenn der Seher einen Kranken heilt, dann heilt eigentlich Bundjil.

Bundjil erscheint schließlich als Figur im Mythos, dem Komplex traditioneller Erzählung, in welchem es um die Gestaltung der Existenzbedingungen geht. Da wird erzählt, daß die Erde ursprünglich flach war, in Dunkelheit gehüllt und von Wasser umgeben. Der Himmel ruhte unmittelbar auf der Erde. Nun begannen sich mehrere Wesen zu regen, darunter auch Bundjil. Bundjil erwärmt die Erde, worauf dieser die ersten Menschen entsteigen und einen Tanz beginnen. (Der Tanz, die sog. Korroboree, ist eine ganz elementare Äußerungsform australischer Religion.) Bundjil bleibt einige Zeit auf der Erde, dann steigt er mit seinen Söhnen im Wirbelsturm in den Himmel. Hier bleibt er sichtbar als Stern, die Strahlen des Morgenrots bilden eine Straße zu ihm; die Toten können darauf ihres Weges ziehen. Man weiß auch zu erzählen, daß es einst einen Baum gab, über welchen die Menschen zu Bundjil klettern konnten; jetzt aber ist dieser Baum nicht mehr da. Schließlich kennt man einen älteren Bruder Bundjils; es handelt sich um einen bösartigen, behaarten Baumgeist, welcher gern Menschen verhext; solche Patienten müssen dann wieder durch Bundjil, der durch den Schamanen repräsentiert wird, geheilt werden. Wenn man von Bundjil spricht, dann bezeichnet man ihn gern als „unsern Vater" oder „meinen Vater". Bundjil gehört ja zu den ersten Wesen, er ist direkt für die Entstehung des Menschengeschlechtes verantwortlich, und verdient somit diesen Titel zu Recht.

Bei der Übersetzung der christlichen Botschaft in australische Sprachen führte die Tatsache, daß man Bundjil als „Vater" bezeichnete, übrigens zu charakteristischen Schwierigkeiten. Der christliche Gott wird als „unser Vater" angesprochen, genau wie der australische Bundjil. Ist damit nun „Bundjil" eine angemessene Übersetzung für das christliche „Gott"? Soll der Missionar Bekanntes und Vertrautes in Anspruch nehmen, um seine Botschaft umzusetzen, oder nimmt er damit zu viele Mißverständnisse in Kauf? Ist es für ihn sinnvoller, ein ganz neues Wort einzuführen, und damit gewissermaßen vorauszusetzen, daß die Menschen des Missionsfeldes überhaupt keine Ahnung haben können, worum es beim christlichen Gott geht? Hier spiegelt sich auf der Ebene der Missionstheologie ein Problem wider, mit dem die Religionswissenschaft konfrontiert ist, wenn sie „Gott" als Universalbegriff der Religionsgeschichte annehmen will.

Der Ausdruck „Gott" beinhaltet gewisse Relationen, die jetzt im Hinblick auf Bundjil untersucht werden müssen. Natürlich gibt es eine Beziehung zwischen Bundjil und dem Menschen, zwischen Bundjil und der Welt, zwischen Bundjil und anderen höheren Wesen. Diese Relationen sind aber nicht scharf auf Unterscheidung und Analogie hin ausgearbeitet. Im Tanz werden Bundjil und die am Kult teilnehmenden Menschen geradezu identisch. In der Urzeit der Weltentstehung (man spricht im Hinblick auf Australien gern von der „Traumzeit"; vgl. dazu z. B. Stanner 1958) schwindet jede Distanz zwischen dem Menschen und dem höheren Wesen. Andererseits weiß man durchaus, daß eine Distanz da ist. Bundjil hat schließlich die Erde verlassen. Es gibt Verbindungen zu ihm, die verschiedene Qualitäten aufweisen: Einerseits besteht noch jetzt eine Brücke, auf der allerdings nur die Toten gehen können; eine einzige Verbindung, die auch von Lebenden begangen werden konnte, existiert aber nicht mehr. So liegen also verschiedene Grade von Gleichheit und Verschiedenheit zwischen Bundjil und den Menschen vor. Es herrscht eine variable Distanz, die bis auf den Nullpunkt schwinden kann. Bundjil hat verschiedene „Gesichter": Er manifestiert sich als Stern, als Habicht, als Tanzfigur, im Handeln des Inspirierten.

Besonders wichtig ist, daß eine Anrede von Bundjil in Form eines Gebetes fehlt. Die flehende und lobende Anrede höheren Wesen gegenüber ist in Australien fast gar nicht belegt. Die Dimension des Gegenübers fehlt also in diesem Verhältnis zwischen den Menschen und den höheren Wesen; gerade dies aber ist das entscheidende Kriterium für Heiler und wohl auch für Widengren. Die Beziehung zwischen Menschen und höheren Wesen ist jenseits der Polarität „Ich – Du" oder auch „Machtausübung – Unterordnung" anzusiedeln.

Die Verhältnisse in Australien stellen sicher einen Extremfall dar. In andern Kulturen ist das Operieren mit einem Gottesbegriff, wie er uns aus der abendländischen Tradition geläufig ist, eher möglich. Aber auch dort sind Abstriche zu machen, unser Konzept von „Gott" mit den zugehörigen Relationen läßt sich nur graduell verifizieren. Jedenfalls ist hier ein mehr als problematischer Ansatz für einen generellen Zugang zum Phänomen der Religion gegeben.

1.1.2 Das Heilige als Grundgegebenheit von Religion

Zwei Forscher betonen ungefähr zur selben Zeit, daß der Unterschied zwischen heilig und profan das Wesen der Religion ausmache. *Nathan Söderblom* (geb. 1866; Theologiestudium in Uppsala, Arbeiten zur persischen Religion während eines Aufenthaltes in Frankreich, Promotion 1901; dann Professur für Religionsgeschichte in Uppsala; 1912 in Leipzig, 1914 Erzbischof von Uppsala; ökumenische und kirchliche Interessen, Initiative für die Weltkonferenz für praktisches Christentum in Stockholm, 1925, Frie-

densnobelpreis 1930, gestorben 1931. Bekannteste Arbeit: „Das
Werden des Gottesglaubens", 1915) schreibt in seinem Artikel
„holiness" in der ERE: „Heiligkeit ist das bestimmende Wort in
der Religion; es ist sogar noch wesentlicher als der Begriff Gott.
Die wahre Religion kann ohne bestimmte Auffassung von der
Gottheit bestehen, aber es gibt keine echte Religion ohne Unterscheidung zwischen ‚heilig' und ‚profan'." (1977, 76; vgl. auch
1926, 162ff.). Im Zusammenhang mit dieser Aussage weist Söderblom auf den französischen Religionssoziologen Emile Durkheim
hin, von dem später die Rede sein wird.

Die Äußerung Söderbloms blieb kaum beachtet, weil das Werk
von Rudolf Otto „Das Heilige" (1958) zu überragender Bedeutung
kam. (Biographische Daten: 1869–1937, lehrte systematische
Theologie und Religionsgeschichte in Göttingen, Breslau und ab
1917 in Marburg; mehrere Arbeiten zu indischen Religionen und
zur Religionsphilosophie, starkes kirchliches Engagement, inter-
religiöser Dialog.)

Für Otto ist das Heilige die Grundkategorie religiöser Erfahrung. Der Untertitel seines Werkes lautet: „Über das Irrationale in
der Idee des Göttlichen und sein Verhältnis zum Rationalen".
Religiöse Erfahrung ist nicht in den abgrenzenden Begriffen der
Sprache auszudrücken, sondern sie führt darüber hinaus. Damit ist
ein Erfahrungsbereich gegeben, der das Rationale übersteigt, ohne
aber antirational zu sein. Der Gegenstand der Heiligkeit ist das
„Numinose"; es umfaßt unsern Begriff der Heiligkeit abzüglich
des Moments des Ethischen und abzüglich des Moments des
Rationalen. Für den Abendländer ist das Heilige immer das
summum bonum und das *ens rationale*; ursprünglich ist es beides
nicht, oder jedenfalls nicht wesentlich. Wenn man das Phänomen
des Heiligen unter Absehung der beiden genannten Elemente beobachtet, entdeckt man den Kern der Religion überhaupt. Dabei
zeigt sich zunächst nur ein bestimmtes Erlebensmuster und Verhalten des Menschen. Otto nimmt den Schleiermacherschen Begriff des Gefühls „schlechthinniger Abhängigkeit" auf und umschreibt ihn mit Ausdrücken wie „Kreaturgefühl" u. ä. Das Heilige
selbst, welches solche Reaktionen des Menschen hervorruft, wird
durch die folgenden Merkmale bestimmt: Es ist zunächst *mysterium tremendum*: Es ist also ein Geheimnis, es verkörpert das dem
Menschen gegenüber „ganz Andere". Der Mensch empfindet die
Gegenwart eines Wesens, das ihm schlechterdings entgegengesetzt ist. Dieses Fremde löst ein Gefühl des Schreckens, der
Furcht, der Ehrfurcht aus. Andererseits ist das Heilige *mysterium*

20

fascinans: Es übt eine eigenartige Anziehung aus, läßt den Menschen nicht los und hält ihn in seinem Bann. Der Mensch, der dem Heiligen begegnet, ist beseligt. Diese beiden Seiten des Heiligen würde man in heutiger Begrifflichkeit als Ambivalenz bezeichnen. Verschiedene weitere Bestimmungen dienen dazu, dieses ambivalente und mehrdeutige Heilige in allen Nuancen zu beschreiben. Dabei erarbeitet Otto die Erscheinungsvielfalt des Heiligen nicht nur an einer, sondern immer gleichzeitig an einer Vielzahl von Religionen. Häufig verbindet er seine Beschreibung mit einem Appell an den Leser, sich eigene Erfahrungen zu vergegenwärtigen. Wer das Heilige nicht selbst erfahren hat, kann nicht verstehen, worum es geht.

Die phänomenologische Bemühung wird philosophisch untermauert. Otto schließt sich in seiner Argumentation an Kant an. (Bereits 1909 hatte Otto eine Religionsphilosophie mit dem Titel „Kantisch-Fries'sche Religionsphilosophie" geschrieben, in welcher die Argumentation vorbereitet ist.) Das Heilige ist bestimmt als eine zusammengesetzte Kategorie *a priori*. Genauso wie die Ideen der Absolutheit, der Vollendung, der Notwendigkeit und Wesenheit sowie des Guten nicht Sinneswahrnehmungen zu entnehmen sind und sich nicht aus der Erfahrung in ihrer zufälligen Mannigfaltigkeit (Kontingenz) ergeben, sondern im menschlichen Geist selbst ursprünglich angelegt sind, so ist auch das Gefühl des Numinosen *a priori* im menschlichen Geist angelegt. Der Mensch ist also gewissermaßen daraufhin eingerichtet, Numinoses zu erleben, er hat die Fähigkeit zur Entfaltung religiöser Eindrücke; man kann fast von einem „religiösen Trieb" sprechen. Das würde freilich bedeuten, daß jeder religiöse Erlebnisse haben muß.

Der Ansatz Rudolf Ottos hat nicht nur begeisterte Zustimmung, sondern auch mannigfache Kritik ausgelöst. Diese kam sowohl von philosophischer wie von empirischer Seite aus; besonders problematisch ist, daß sich bei Otto stets psychologische und transzendentalphilosophische Argumentation mischen, und daß sich viele historische Sachverhalte seiner Deutung entziehen (vgl. den von Colpe herausgegebenen Aufsatzband 1977). Insgesamt war der Entwurf Rudolf Ottos von großer Wirksamkeit. Die Hauptthese blieb vielerorts bis heute bestimmend: Es wird eine bestimmte Grunderfahrung postuliert, und entsprechend muß man versuchen, diese Grunderfahrung überall nachzuweisen. In der jüngsten Vergangenheit ist es etwa M. Eliade, der eine ähnliche These vertritt (1957).

Insgesamt stößt das Postulat der Universalität der Heiligkeitserfahrung auf ähnliche, vielleicht etwas geringere Schwierigkeiten als das Postulat einer Universalität des Gottesphänomens. Nicht zuletzt ist die Religiosität der Gegenwart, in der Zeit nach der Aufklärung, nur schwer durch die hier entwickelten Kategorien zu fassen.

Alle Versuche, Religion von ihrem Gegenstand, ihrer „Substanz" her zu definieren (sog. „substanzialistische" Definitionen) stoßen also auf charakteristische Schwierigkeiten. Offenbar ist die „Substanz" von Religion gerade nicht konstant, sondern in hohem Maße variabel.

1.2 Definitionen von Religion im Hinblick auf deren Leistung und Funktion

1.2.1 Die Religionskritik Feuerbachs

Ludwig Feuerbach (1804–1872) studierte, zunächst stark durch die Romantik beeindruckt, anfänglich Theologie in Heidelberg und ging dann nach Berlin. Hier zog es ihn von Schleiermacher zu Hegel, er wechselte von der theologischen zur philosophischen Fakultät über. Gleichzeitig wandte er sich von traditionellen christlichen Werten und Normen ab. 1829 wurde er Privatdozent und veröffentlichte eine anonyme Schrift mit dem Titel „Gedanken über Tod und Unsterblichkeit", worin er den Gedanken einer persönlichen Unsterblichkeit ablehnte und gleichzeitig scharfe Kritik an Theologie und kirchlicher Praxis übte. Die Entdeckung der Urheberschaft bedeutete das Ende der akademischen Karriere Feuerbachs. Fortan lebte und wirkte er als Privatgelehrter. Drei Bücher sind im Hinblick auf die religionsphilosophischen und religionskritischen Grundgedanken Feuerbachs zu nennen: „Das Wesen des Christentums" 1841; „Das Wesen der Religion" 1845; „Theogonie" 1853; vgl. Braun 1972; Lübbe/Saß 1975.

Feuerbach geht es immer wieder um die Frage der Entstehung der Religion, zu deren Beantwortung er die „genetisch-kritische Methode" entwickelt. Er stellt einen fundamentalen Unterschied zwischen Mensch und Tier fest: Das Tier ist instinktmäßig reguliert, der Mensch hat Bewußtsein, sodaß ihm die Dinge zu Gegenständen werden. Der Mensch kann sogar sich selbst zum Gegenstand machen; er hat also ein Bewußtsein seiner selbst und darüber hinaus der Welt insgesamt. Das Bewußtsein bleibt aber nicht bei den gegebenen Dingen stehen, es ist an keine Grenzen gebunden; es strebt darüber hinaus, es strebt ins Unendliche. Dieses Bewußtsein des Unendlichen ist konstitutiv für den Menschen, und eben darin ist die Religion begründet. Die Unwahrheit der Religion besteht darin, daß der Mensch das Unendliche verselbständigt, nicht zuletzt auch das Unendliche an seinem eigenen Wesen. Er macht aus diesem Unendlichen einen Gegenstand, den er sich gegenübersetzt.

Im Entstehungsvorgang der Religion liegt also eine Projektion vor: Der Mensch drängt einen Bereich eigener Erfahrung ab und setzt ihn aus sich heraus. Er schafft also Gott nach seinem Bilde; der biblische Schöpfungsbericht wird damit umgekehrt. (Dabei ist daran zu erinnern, daß diese Überlegung seit der frühgriechischen Philosophie zum traditionellen Repertoire der Religionskritik gehört. Bereits Xenophanes weist darauf hin, daß die Menschen in geographisch unterschiedlichen Zonen sich ihre Götter nach ihrem Bilde gestalten und brandmarkt dies als Zeichen für die Haltlosigkeit der traditionellen Religion.) Unterschiede in den Gotteskonzepten gehen auf Unterschiede zwischen Menschen zurück; die Götter sind also kulturell determiniert. Fortschritt in der Religionsgeschichte kann nur bedeuten, daß die Projektion zurückgenommen wird. Theologische Werte bleiben dann als anthropologische Werte bestehen; zu nennen sind etwa Liebe, Gerechtigkeit, Ewigkeit. Sowohl der Projektionsvorgang als auch die Möglichkeiten zur Rücknahme der Projektion werden am Christentum ausführlich durchgespielt.

Wie kommt es überhaupt zu diesem Projektionsvorgang? Der Mensch lebt in einer Umwelt der Natur, und zwar als einziges bewußtes Wesen in einer Umgebung ohne Bewußtsein. Er ist von dieser Natur abhängig, und dies hat zwei Seiten: Der Mensch verdankt sich der Natur, die Abhängigkeit hat von da her ihre positive Seite; aber gleicherweise ist der Mensch durch die Natur gefährdet, und das macht die negative Seite des Verhältnisses aus. Den schärfsten Ausdruck findet diese negativ aspektierte Abhängigkeit im Tod. „Wenn der Tod nicht wäre, gäbe es keine Religion." (1845, 41). Mit dieser Abhängigkeit gibt sich der Mensch nicht zufrieden. Das Bewußtsein der Unendlichkeit widerstreitet der Begrenztheit. Der Mensch möchte frei, unabhängig, unendlich sein. Wunsch und schöpferische Phantasie verbinden sich und schaffen so die vom Menschen unabhängige göttliche Wirklichkeit, die gleichzeitig Unendlichkeit garantiert. Der Wunsch steht am Anfang der Konzeption der Götter und der Religion überhaupt:

„Der Wunsch ist die Urerscheinung der Götter. Wo Wünsche entstehen, erscheinen, ja entstehen Götter (1853, 25).

In der Feuerbach'schen Analyse begegnet immer wieder die Formel „nichts anderes als ..." (z. B. 1853, 49); Gott ist nichts anderes als Projektion des Menschen, nichts anderes als Wunschvorstellung. Diese „theogonen Wünsche" sind verständlich, aber unheilvoll. Feuerbach wird nicht müde, die Unmenschlichkeiten, die im Namen von Religion begangen worden sind, aufzuzählen. Erst wenn die Projektion zurückgenommen ist (und der Mensch sich seiner Begrenztheit schmerzlich bewußt wird und sich mit ihr abfindet), wird wahre Humanität freigelegt, werden die legitimen Werte der Religion in Kraft gesetzt. Wie sich das unendliche Bewußtsein in einer endlichen Existenz entfalten kann, ist eine Problematik, der Feuerbach nicht weiter nachgeht.

Religion erscheint hier als Kompensation (sog. *Kompensationshypothese* zur Erklärung der Religion); diese Konzeption ist bei Feuerbach zum ersten Mal klassisch ausgearbeitet und hat dann eine große geistesgeschichtliche Wirkung gezeigt. Die Religionstheorie Feuerbachs ist weitgehend durch Marx übernommen worden, wenngleich die Anthropologie dort anders ausgeführt ist. Dann hat die Kompensationshypothese aber auch in der Psychoanalyse Freuds ihren Platz, und von da aus ist sie in viele Entwürfe neomarxistischer oder neopsychoanalytischer Färbung eingegangen. Die Kompensationshypothese ist also heute noch eine gängige Funktionszuweisung der Religion gegenüber; sie hat in der Regel einen aufklärerischen und religionskritischen Akzent.

Feuerbach ist hier als klassischer Exponent der Religionskritik zu Wort gekommen; dabei ist zu bedenken, daß diese, wie bereits angedeutet, eine Tradition hat, welche von der Antike bis zur Gegenwart reicht. Die Argumente der Religionskritik sind für die Religionswissenschaft ein wesentliches Mittel zur Distanzierung von ihrem Forschungsgegenstand; auf diese Probleme ist in Kapitel 2 weiter einzugehen. Zur Religionskritik allgemein vgl. Weger 1979; Molnar 1980; Dux 1982.

1.2.2 Der funktionalistische Ansatz Malinowskis

Die Verwendung des Funktionsbegriffs spielt schon vor Malinowski im Zusammenhang mit Religionstheorie eine Rolle; bereits Emile Durkheim, der Begründer der französischen Soziologie, verwendet ihn. Von Durkheim wird später zu handeln sein; als eigentlicher Begründer der funktionalistischen Theorie gilt Malinowski (zu Leben und Werk vgl. Kardiner/Preble 1974, 163ff.).

Bronislaw Malinowski wurde 1884 in Krakau, Polen, geboren. Er studierte zunächst Mathematik und Naturwissenschaften, nahm jedoch sehr früh auch Impulse anderer Wissenschaften auf. Nach der Promotion wechselte er nach Leipzig über, wo er wohl Wilhelm Wundt kennenlernte. Wundt war der erste Psychologe, der mit experimentellen Mitteln arbeitete; gleichzeitig aber begründete er die „Völkerpsychologie", in welcher auch die Interpretation des Phänomens der Religion von wesentlicher Bedeutung war. Später kam Malinowski nach England und begegnete der dortigen Anthropologie, insbesondere dem großen alten Mann dieser Disziplin, James George Frazer. Malinowski startete zu einer Forschungsreise nach Australien, wurde jedoch durch den Krieg überrascht. Während des ersten Weltkrieges betrieb er Feldforschungen, insbesondere bei den Trobriandinsulanern; er entwickelte die Methode der „teilnehmenden Beobachtung", die dem Forscher abverlangt, mit Menschen, deren Kultur man erforschen will, zusammenzuleben, sich ganz in sie hineinzudenken und so deren Welt nachzuerleben und zu rekonstruieren. In diesem Zusammenhang verfaßte Malinowski die wesentlichsten Arbeiten und entwarf die Grundlagen seiner Theorie. Später kehrte er nach England zurück, nach Feldforschungen auch in weiteren Bereichen starb er 1942 in den USA. Neben Impulsen von Frazer wurden auch solche von Sigmund Freud wichtig: Malinowski verwendete als erster terminologische und theoretische Elemente von Freuds Psychoanalyse, um die Psychologie der Eingeborenen zu beschreiben.

Malinowskis Theorie läßt sich am leichtesten in der Schrift „Die Funktionaltheorie" (1944/1975) erfassen, wobei zunächst der Begriff der *Kultur* zu betrachten ist. Kultur ist im wesentlichen ein instrumenteller Apparat, durch den der Mensch in die Lage versetzt wird, mit den besonderen konkreten Problemen, denen er sich in seiner Umwelt und im Laufe der Befriedigung seiner Bedürfnisse gegenübergestellt sieht, besser fertig zu werden. Der Mensch ist nicht durch angeborene Verhaltensweisen derart reguliert, daß ihm die Bewältigung seiner Umweltsaufgaben ohne weiteres möglich wäre. Die Kultur kompensiert also ein Defizit, das durch die biologische Unterdeterminiertheit des Menschen gegeben ist. Da Lebensabläufe in erster Linie durch Triebbedürfnisse gesteuert sind, steht auch Kultur mittelbar im Dienst dieser Triebbefriedigung; Kulturarbeit sublimiert und verformt die Triebe.

Die „vitalen Aufgaben" des Menschen, das heißt die Triebbefriedigung in einer Form, welche der Umwelt angepaßt ist, werden nicht isoliert gelöst, sondern in der Kulturgemeinschaft. Alle kulturellen Sachverhalte sind also auf die der Kultur zugrundeliegenden Grundbedürfnisse hin zu untersuchen.

Die Elemente der Kultur sind dabei in ihrem Zusammenhang zu betrachten, sie bilden ein System von Gegenständen, Handlungen, Einstellungen, innerhalb dessen jeder Teil als Mittel zu einem Teilzweck existiert. Alle Einzelelemente der Kultur sind also aufeinander bezogen, sie bilden ein Ganzes, dessen Elemente in gegenseitiger Abhängigkeit zueinander stehen. Jedes Element bildet eine Funktion eines anderen Elementes, Veränderungen an einem Element ziehen Veränderungen an anderen Elementen nach sich.

Die Gesamtheit des kulturellen Gefüges läßt sich auf verschiedenen Ebenen beschreiben. Zur materiellen Kultur gehören Werkzeuge, Gebrauchsgegenstände, Schmuck, Kleider usw. Sodann lassen sich Institutionen beschreiben: die Form der Familie, das Verwandtschaftssystem, das Herrschaftsgefüge usw. Weiter zeigen sich verschiedenartige Kommunikationsstrukturen: Die Formen zwischenmenschlichen Umgangs, Höflichkeitsregeln, die Sprache mit ihren Konventionen, typisierte Verhaltensweisen. Schließlich ist jede Gesellschaft durch bestimmte Normen und Werte charakterisiert, die sich auf den verschiedenen kulturellen Ebenen konkretisieren.

Wieder ist zu betonen, daß diese verschiedenen Ebenen zusammenhängen. Besonders wichtig ist die Analyse der Institutionen. Die institutionell gegebenen Lebensgemeinschaften organisieren die wirtschaftlichen Arbeitsabläufe und machen dabei Gebrauch vom vorhandenen Arsenal an Werkzeugen und Gebrauchsgegenständen; gleichzeitig entfalten sie eine politische, gesetzliche und erzieherische Tätigkeit.

Betrachtet man die Vorgänge, die sich innerhalb einer Kultur abspielen, so lassen sich verschiedene Typen von Tätigkeiten voneinander unterscheiden, wie beispielsweise Erziehung, gesellschaftliche Überwachung, Wirtschaft, Wissenssysteme, Moral und Glaube, Arten des schöpferischen und künstlerischen Ausdrucks. Die Frage nach typischen Vorgängen innerhalb einer Kultur zeigt also, daß Religion als ein Vorgangsbereich neben andern Vorgangstypen steht. Die religiösen Vorgänge stehen mit den anderen Vorgängen in Korrelation, es besteht eine wechselseitige Abhängigkeit aller Größen untereinander.

Es wurde bereits darauf hingewiesen, daß „Funktion" immer Befriedigung eines Bedürfnisses impliziert. Der Mensch ist – wie alle Lebewesen – zunächst durch primäre Bedürfnisse, also biologische Bedürfnisse (Selbsterhaltung und Arterhaltung) charakterisiert; davon sind dann sekundäre Bedürfnisse, kulturelle Bedürfnisse, abzuleiten. Jeder Gegenstand, jede Institution, jede Art von Kommunikation ist zu befragen hinsichtlich ihres Beitrages in Richtung der Erfüllung sekundärer und letztlich auch primärer Bedürfnisse. So erhalten sie also ihren Zusammenhang innerhalb der Gesamtkultur. Jede Technologie zur Erfüllung von Bedürfnissen setzt im Bereich des Menschen neue Bedürfnisse aus sich heraus. Die Erfüllung des Primärbedürfnisses der Selbsterhaltung in der Ernährung erfordert ein Versorgungssystem, und dieses produziert neue technische, gesetzgeberische, magische, religiöse und ethische Bedürfnisse.

Das Thema der Religion behandelt Malinowski einerseits häufig in konkreter ethnographischer Analyse, andererseits aber auch mehrfach in theoretischer Erörterung (vgl. insbesondere 1948/1973; 1944/1975, 187ff., im Zusammenhang mit der Würdigung des Lebenswerks von J. G. Frazer). Im Zentrum der Überlegungen Malinowskis steht die Relationierung der drei Begriffe Wissenschaft, Magie und Religion.

Unter *Wissenschaft* versteht Malinowski den rationalen Umgang mit der Wirklichkeit. Dergleichen findet sich auf allen Kulturstufen. Überall besitzt der Mensch Wissen, das er planmäßig einsetzt. Er stellt z. B. Jagdgeräte her, welche funktionieren; er konstruiert Waffen, er plant im Verein mit anderen Bauten und führt sie durch, man organisiert gemeinschaftliche Jagden, regelt die landwirtschaftlichen Arbeiten usw. Rationaler Umgang mit der Umwelt innerhalb der Grenzen des zur Verfügung stehenden Wissens und der zur Verfügung stehenden Techniken ist Wissenschaft. Ganz konsequent beschreibt Malinowski auch Wissenschaft funktionalistisch, er interpretiert sie im Hinblick auf ihre lebenssichernde Leistung. „Wissenschaft" in diesem Sinne konstituiert eine ganz alltägliche, beherrschbare, „profane" Welt, in der sich normalerweise jeder Eingeborene irgendeiner schriftlosen Kultur bewegt.

Neben diesem Bereich gibt es aber nun denjenigen des „Sakralen", dem Magie und Religion zugehören. Magie wird definiert als „Glaube, mit Zauberformeln und Riten Erfolge erreichen zu können". *Magie* wird stets bei solchen Phasen der Tätigkeit angewendet, wo dem Menschen die rationalen Mittel zur Erreichung eines Zieles mangeln. Kommt der Mensch in eine Situation, in welcher er nach einem Ziel strebt, das er nicht erreichen kann, so bringt ihn dies in eine Erregung. Die Situation, in der die rationalen Mittel zur Verwirklichung eines Zieles nicht ausreichen oder versagen, ist also in höchstem Grade affektgeladen. Nun kommt es zu einer typischen Reaktion des Menschen, egal, ob er nun primitiv oder zivilisiert sei (Malinowski ist also der Meinung, daß auch der moderne Mensch die magische Reaktion durchaus nachzuvollziehen vermag). „Im Stich gelassen von seinen Kenntnissen, irregeführt durch seine früheren Erfahrungen und seine technischen Fähigkeiten, realisiert er seine Ohnmacht. Aber sein Verlangen packt ihn umso heftiger; seine Furcht, seine Ängste und Hoffnungen erzeugen eine Spannung in seinem Organismus, die ihn zu irgendeiner Aktivität treibt." (1948/1973, 63). Eine rationale Handlung, durch welche der Mensch sein Ziel erreichen würde, ist unmöglich; deshalb kommt es zu einer Ersatzhandlung. Das unerreichbare Ziel vor Augen, produziert der menschliche Organismus Handlungen, die solchen entsprechen, die zum Ziel führen würden. „Unter dem Einfluß ohnmächtiger Wut oder von frustriertem Haß beherrscht, ballt der Mensch spontan seine Faust und führt unter Verwünschungen, Worten des Hasses und der Wut, imaginäre Hiebe gegen seinen Feind..." (1948/1973, 63f.). Entsprechende Ersatzhandlungen vollführt der Mensch in anderen Fällen, wo er nicht zum Ziel gelangt: etwa im Falle versagter Liebe, verpaßter Jagdbeute usw. Als Resultat von solchem magischen Verhalten kommt es zu einem Abbau der emotionalen Spannungen. Der Mensch kommt so zu einem gewissen Gleichgewicht, die Frustration wird halbwegs bewältigt. So hat auch die Magie ihre Funktion; sie leistet zwar nichts im Hinblick auf die Erreichung äußerer Ziele, ist jedoch relativ erfolgreich bei der Wiederherstellung eines inneren Gleichgewichts.

Damit ist aber erst die Grund- und Ausgangsform magischen Verhaltens skizziert. Magie insgesamt stellt ein systematisiertes und traditionell gewordenes Gefüge solcher Reaktionen dar. Magische Verhaltensweisen werden als Verhaltenssystem zusammengefaßt und rational bearbeitet. Bei dieser Systematisierung ist durchaus bewußt, daß das magische Handeln längst nicht immer Erfolg hat, daß also die intendierten äußeren Folgen nicht eintreffen. Dies wird damit erklärt, daß jedem Zauber ein Gegenzauber entspricht, mit dem man im Falle eines Mißerfolgs zu rechnen hat. Das magische System ist damit einerseits unantastbar, andererseits drängt es zu immer weiterer Ausdifferenzierung. So wird die Rolle des magischen Spezialisten nötig, der das magische Handlungssystem möglichst weitgehend beherrscht und seinen Zauber gegen möglichst viele Einwirkungen von Gegenzauber zu immunisieren weiß.

Jeder magische Vorgang hat also eine ganz genaue und begrenzte Zweckbestimmung. Ganz anders wird die _Religion_ bei Malinowski eingeordnet. Ihre Themen sind allgemeiner Natur: „Tod und Unsterblichkeit, Verehrung der Naturkräfte ganzheitlicher allgemeiner Art, Harmonisierung des Menschen mit der Herrschaft des Schicksals." (1944/1975, 191). Es sind also nicht frustrierende konkrete Erfahrungen des Alltags, auf welche die Religion Antwort gibt, sondern es sind die Grundprobleme des Mensch-Seins schlechthin. „Ihrer dogmatischen Struktur nach bietet sich die Religion stets als ein System von Glaubenssätzen an, das die Stellung des Menschen im Universum, seine Herkunft und sein Ziel festlegt. Pragmatisch ist für das Durchschnittsindividuum die Religion notwendig, um die niederschmetternde, lähmende Vorahnung von Tod, Unheil und Schicksal zu überwinden." (1944/1975, 191). Durch diese Charakterisierung ist bereits deutlich, daß Religion nie überflüssig wird, denn die genannten Grundprobleme des Menschen verschwinden grundsätzlich nicht. Der Bereich, den die Magie reguliert, schrumpft demgegenüber immer mehr zusammen. Die immer weiter ausgreifenden Möglichkeiten der Rationalität, welche zu immer perfekterer Weltbeherrschung führen, schränken die Anwendungsmöglichkeiten der Magie laufend ein, wogegen sie die religiösen Probleme nicht tangieren.

Religion ist demnach bei Malinowski (und in allen funktionalistischen Ansätzen) unter ein noch allgemeineres Phänomen subsumiert, das der Kultur. Religion ist also nicht isolierbar, sondern sie ist immer im gesamtkulturellen Rahmen zu beobachten. Wenn Malinowski den geistig-seelischen Zugriff des Menschen seiner Umwelt gegenüber nach den Gesichtspunkten Wissenschaft – Magie – Religion aufgliedert, so handelt es sich dabei um drei stets interdependente Größen. Malinowski hat sein Modell nur an schriftlosen Kulturen ausgearbeitet (besonders ausführlich behandelt er die Trobriandinsulaner).

Kultur ist als Anpassungsapparat des Menschen auf dessen Umwelt hin konzipiert, um die humanen Grundbedürfnisse abzusichern. Die biologischen Grundbedürfnisse (Selbsterhaltung und Arterhaltung) sind beim Menschen nicht biologisch geregelt; es besteht kein arteigenes, angeborenes Verhaltensmuster, das wie beim Tier die vitalen Bedürfnisse regulieren würde. Der Mensch befriedigt seine Bedürfnisse also in einem künstlich gestalteten Raum, dem Raum der Kultur. Die Kultur hat ein Doppelgesicht:

Einerseits ist sie Fortsetzung der Natur, biologisch bedingtes Produkt des Menschen, geradezu Naturersatz. Andererseits jedoch bedingt Kultur eine Veränderung der Instinktausstattung und -ökonomie des Menschen. „Natürliche Triebe" werden beim Menschen kulturell reguliert, sie werden zum Teil zugelassen, zum Teil aber auch verdrängt. Kultur kann sich also gegen die Natur wenden; sie ist gleichzeitig Naturersatz und enthält „widernatürliche" Elemente.

Malinowski steht immer wieder vor einer charakteristischen Schwierigkeit: Er muß die Grundbedürfnisse des Menschen bestimmen, die mit der „menschlichen Natur" gegeben sind; aber diese „menschliche Natur" ist eben gar nicht gegeben, sondern sie liegt immer nur in kultureller Ausformung (oder Deformation) vor. Aus diesem Grunde sind die Kulturen in vielfältiger historischer Variabilität ausgeprägt; eine Analyse der einzelkulturellen menschlichen Grundbedürfnisse führt entsprechend zu vielfältigen, oft widersprüchlichen Resultaten. Die funktionalistische Leitfrage, welche menschliche Bedürfnisse bis zu den Grundbedürfnissen zurückverfolgt, fällt also gar nicht so einheitlich und eindeutig aus, wie zunächst zu vermuten wäre. Gibt es aber überhaupt humane Grundbedürfnisse, die in allen Kulturen einigermaßen gleichmäßig zu beobachten sind? Ist in diesem Zusammenhang ein universales religiöses Bedürfnis festzustellen? Wie ist dieses inhaltlich zu beschreiben?

Malinowski – und nach ihm viele Vertreter des Funktionalismus – haben ein *harmonistisches Modell* der Kultur: Die verschiedenen kulturellen Elemente ergänzen sich zu einem harmonischen Ganzen; Wissenschaft, Magie und Religion weisen verschiedene, einander ergänzende Leistungen auf zur Lösung der kulturellen Gesamtaufgabe.

Eng mit diesem Harmoniemodell verknüpft ist die Hypothese, daß die Religion integrativen Charakter hat (sog. *Integrationshypothese*): Religion gliedert den einzelnen in die Gemeinschaft ein, sie reguliert sein Verhalten derart, daß es in die Gemeinschaft einbezogen wird. Die Integrationshypothese ist bereits vor Malinowski sehr klar formuliert worden, und zwar von E. Durkheim (vgl. 3.1.1). Sowohl Harmoniemodell als auch Integrationshypothese haben jedoch auch scharfen Widerspruch herausgefordert; vor allem Kulturen und Gesellschaften der Moderne lassen sich mit dem Harmoniemodell nur ungenügend beschreiben, und Religion hat (besonders, wenn es sich nicht mehr um traditionelle Religion handelt), häufig auch desintegrierenden Charakter.

1.2.3 Systemtheoretische Bestimmung der Funktion
von Religion

In der jüngsten Gegenwart hat in der deutschsprachigen Forschung insbesondere die Arbeit von *Niklas Luhmann* (geb. 1927,
lehrte Soziologie an der Universität Bielefeld) die Frage nach der
Funktion der Religion neu präzisiert. Luhmann ist ein Vertreter der
Systemtheorie, eines theoretischen Konzepts, mit welchem verschiedenste Bereiche der sozialen Wirklichkeit bearbeitet werden
können, dessen Reichweite aber über die Soziologie hinausgeht
und sich z. B. auch auf Gebiete der Psychologie und der Biologie
erstreckt. Der hohe Abstraktionsgrad der Theorie macht deren
Umsetzung in konkrete analytische Arbeit recht schwierig. Luhmann gehört zu den profiliertesten Figuren der gegenwärtigen
Religionssoziologie, einer Disziplin, welche im nächsten Kapitel
ausführlicher zur Sprache kommt. Da seine Überlegungen aber für
die aktuelle Bestimmung der Funktion der Religion wesentlich
sind, seien seine Grundgedanken bereits angedeutet.

Grundlegend für die Systemtheorie ist die Unterscheidung zwischen *System und Umwelt*. Jedes System zeichnet sich dadurch
aus, daß es von den in seiner Umwelt vorhandenen Möglichkeiten
durch Ausgrenzungs- und Auswahlmechanismen einen selektiven
Gebrauch macht. Jedes System reduziert also die Komplexität seiner Umwelt; die Systemgrenze besteht in Selektions- und Reduk-
tionsmechanismen.

Bei psychischen und sozialen Systemen kann man diese Reduktion mit dem Ausdruck *Sinn* bezeichnen: Sinn bezeichnet eine
Auswahl aus der Überfülle des Möglichen, wobei hier besonders
bemerkenswert ist, daß die Systemumwelt durch den Selektions-
prozeß nicht ausgeschaltet wird, sondern präsent bleibt. „Sinn erscheint als Simultanpräsentation von Möglichem und Wirklichem,
die alles, was intentional erfaßt wird, in einen Horizont anderer
und weiterer Möglichkeiten versetzt." (1977, 21).

Eine Systemgrenze, welche durch Sinn konstituiert ist, verweist
also gleichzeitig über sich selbst hinaus. Durch diesen Prozeß des
Verweisens ergibt sich das, was man als Welt bezeichnen kann, ein
letzter Bezugsrahmen für alle sozialen Systeme, der selbst nicht
mehr begrenzt ist und dementsprechend auch nicht als System bezeichnet werden kann. „Durch den Gebrauch von Sinn wird Welt
konstituiert als derjenige Gesamthorizont, in dem das System sich
selbst auf seine Umwelt und seine Umwelt auf sich selbst bezieht."

(1977, 22). An dieser Stelle nun siedelt Luhmann die Funktion der Religion an.

Die sinnkonstituierenden Prozesse beziehen sich also einerseits auf das System selbst (sie sind „selbstreferentiell") und andererseits auf dessen Umwelt, die sie stets mit ins Spiel bringen. In beiderlei Hinsicht sind Vereinfachungen nötig, wenn die Wirklichkeit orientierungsfähig gemacht werden soll. Sowohl die „Umwelt" als auch das „System" (welches, als sinnkonstituiertes, ja stets auf diese Umwelt bezogen ist) sind durch übermäßige Komplexität bestimmt. „Religion hat demnach... für das Gesellschaftssystem die Funktion, die unbestimmbare, weil nach außen (Umwelt) und nach innen (System) hin unabschließbare Welt in eine bestimmbare zu transformieren, in der System und Umwelt in Beziehungen stehen können, die auf beiden Seiten Beliebigkeit der Veränderung ausschließen." (1977, 26). Der Religion kommt also eine orientierende Funktion zu, indem sie das Übermaß an Möglichkeiten absorbiert und begrenzt.

Die Transformation von Unbestimmbarem in Bestimmbares erfolgt in einem Prozeß der *Chiffrierung.* Die Chiffren „konstituieren Wissen, indem sie das Bestimmte an den Platz des Unbestimmten setzen und dieses dadurch verdecken. Was durch sie verdeckt wird, bleibt Leerhorizont; es hat keine Realität, nicht einmal negierbare Realität, aber es wird miterlebt als das, was kontingente Form notwendig macht. Dies Miterleben wird als Bindung (religio) erfahrbar; es präsentiert die Unvermeidlichkeit reduktiver Bestimmung, die sich als Unvermeidlichkeit an religiös chiffriertem Sinn selbst anzeigt." (1977, 33). Dadurch ist der eigenartige Doppelcharakter religiöser Symbole erfaßt, welche gleichzeitig einen „immanenten" und einen „transzendenten" Aspekt haben, indem sie einerseits den Zugriff des Menschen auf die lebensbestimmenden Mächte erlauben und andererseits verwehren. Viele phänomenologische Beschreibungen des Heiligen (Ambivalenz, Entgegensetzung zum Profanen usw.) lassen sich durch die Analyse Luhmanns in einen theoretischen Rahmen einordnen.

Während der oben skizzierte Entwurf Malinowskis den Stellenwert der Religion in der modernen Gesellschaft (und überhaupt in „historischen" Kulturen) unberücksichtigt läßt, gilt Luhmanns besonderes Interesse gerade der Moderne, also einer Gesellschaftsform, in welcher einzelne Teilbereiche der Gesellschaft funktional ausdifferenziert sind. Der Gesichtspunkt der Entwicklung, der Evolution, ist für ihn daher ein zentrales Problem. Darauf wird in anderem Zusammenhang nochmals zurückzukommen sein.

Tatsächlich erweist sich eine abstrakte funktionale Definition von Religion als geeignet, um die verschiedenen historischen Religionsformen zu analysieren. *Überall steht der Mensch vor der Aufgabe, seine Welt, die offen und nicht festgelegt ist, zu ordnen und zu kontrollieren; überall ist er mit Mächten konfrontiert, die sich dieser Kontrolle entziehen (seien es nun Mächte der Natur, einer entgegengesetzten politischen Ordnung, des unkontrollierbaren kontingenten geschichtlichen Ablaufs oder auch innerpsychischer Erfahrung); an dieser Stelle sind die religiösen Probleme angesiedelt. Es geht darum, dem Bereich des Unkontrollierbaren eine Form zu geben, mit der sich umgehen läßt. Dabei wird einerseits Unkontrollierbares in die Kontrolle übergeführt, andererseits aber doch wieder belassen; Religion leistet also eine gleichzeitige Darstellung der unkontrollierbaren lebensbestimmenden Mächte und der kontrollierbaren Lebensordnung, die darin gründet. Dadurch ergibt sich eine grundlegende und umfassende Orientierung des Menschen – eine Orientierung, derer er als „Mängelwesen" bedarf.* Religion gehört also zum Wesen des Menschen. Natürlich sind die Grenzen zwischen Unkontrollierbarem und Kontrollierbarem kulturspezifisch je anders gelegt. Konkrete religionswissenschaftliche Arbeit, die von einem solchen abstrakten Konzept von Religion ausgeht, wird in jedem Fall zeigen müssen, wie sich die Formulierung der religiösen Probleme konkretisiert. Ein solcher Zugang zur Religion begegnet typischen Einwänden. Ein erster lautet, daß eine funktionale Betrachtung der Religion sich dem spezifisch religiösen Anspruch, der Frage nach der „Wahrheit", nicht stelle. Dies ist richtig; funktionale Betrachtungsweise baut eine Distanz ein, welche diesen Anspruch zurückstellt, worauf wir noch mehrfach zurückkommen werden. Dem entspricht der Vorwurf, daß eine solche Bearbeitung der Religion sich auf die Betrachtung der anthropologischen Ebene beschränke. Auch dies trifft zu; religionswissenschaftliche Forschung hat eine begrenzte Reichweite, was ebenfalls erörtert werden soll. Schließlich wird einem solchen Ansatz entgegengehalten, daß er Religion durch andere Elemente der Kultur austauschbar mache. Dieses Argument setzt ein vorgängiges Wissen darum voraus, was Religion denn sei und führt dadurch in Aporien; funktionale Analyse fragt gerade nach den unterschiedlichen Leistungen einzelner Kulturelemente. Ob solche anderen Kulturelemente gegebenenfalls religiöse Funktionen mit übernehmen können – bis zu einem Ausmaß, daß Religion fast zu verschwinden scheint –, muß offen bleiben.

Luhmanns Definition von Religion ist auf einer derart hohen Abstraktionsebene angesiedelt, daß sie leicht in die unterschiedlichsten historischen Konkretionen überführt werden kann. Allerdings stellt sich in diesem Zusammenhang die Frage nach der Leistung einer Definition. Meint man, mit einer Wesensbestimmung von „Religion an sich" auch schon das Wesentliche einer konkreten Religion bestimmt zu haben? Dann wären die konkreten historischen Religionen nichts anderes als „Illustrationen" jener „eigentlichen", durch die allgemein-abstrakte Definition bestimmten Religion. Doch je allgemeiner die Definition, desto inhaltsleerer wird sie. Abstrakte, funktionale Definitionen von Religion haben eben nicht die Aufgabe einer Wesensbestimmung. Vielmehr erschließen sie die zu definierende Größe dem Vergleich: Religionen werden unter bestimmten Gesichtspunkten betrachtet, die sich überall anwenden lassen. Ob dabei das „Wesentliche" einer Religion zu Gesicht kommt, ist eine andere Frage.

Im Rahmen dieser Reichweitenbestimmung stellen abstrakte funktionale Definitionen von Religion einen geeigneten Weg dar, um die verschiedenen historischen Religionsformen zu analysieren bzw. vergleichbar zu machen.

Insgesamt ist Religionswissenschaft also mit unterschiedlichen Zugängen zur Religion befaßt – Zugängen, die sich nicht einfach ausgleichen lassen und die je mit spezifischen Problemen behaftet sind. Zunächst kommt die Religionswissenschaft aus einem bestimmten historisch-kulturellen Umfeld, nämlich dem des „christlichen Abendlandes"; sie wird also zunächst davon ausgehen, daß das Religion ist, was sich hier als Religion entwickelt hat. Die Erfahrungen mit Christentum, Judentum, Islam und Antike formen sich zu einem „prototypischen" Bild von Religion – ein Kirchenhistoriker wie Adolf von Harnack konnte im Hinblick auf die christliche Religion geradezu (in Abgrenzung zu F. Max Müller, vgl. 4.2.1) formulieren: „Wer diese ... kennt, kennt alle." (1901, 11). Von diesem *prototypisch orientierten Ausgangspunkt* her liegt eine *substanzialistische* Fragestellung nahe, welche das „Wesentliche" einer Religion in bestimmten Inhalten sucht. Allerdings wird diese Fragestellung mit zunehmender Entfernung vom kulturellen und historischen Umfeld des Prototyps immer problematischer. Deshalb ist die Anwendung *funktionaler* Zugänge unumgänglich, die freilich eine andere Perspektive eröffnen als die prototypischen und die substanzialistischen Ausgangspunkte. Hier stellen sich recht komplexe Theorieprobleme (dazu Stolz 1992).

2. Der Ort religionswissenschaftlicher Fragestellung

Literaturhinweise: Überblick zu Versuchen einer „Theologie der Religionen": Bürkle 1977; neuerdings Schoen 1983. – Ansätze systematischer Theologie: Ratschow 1979; Pannenberg 1973, bes. 303ff., 361ff.; Ebeling I 1979, 111ff. – Die Literatur zum interreligiösen Dialog ist bereits außerordentlich vielfältig; vgl. etwa Mildenberger 1978; Camps 1983; Strolz/Waldenfels 1983. – Eine methodologische Besinnung über Voraussetzungen des Dialogs legt Friedli 1974 vor. Fingierte Dialoge bei Küng u.a. 1984 (die Stimme der nichtchristlichen Religionen wird hier von westlichen Religionswissenschaftern geführt); ähnlich Mensching, der seine Darstellung als Anwalt aller behandelten Religionen konzipiert, 1974.

Die Literatur zu Fragestellungen und Verfahrensweisen der Religionswissenschaft ist unübersehbar. Eine Auswahl an einführender Literatur findet sich in der Bibliographie. – Zur Geschichte der Religionswissenschaft: Mensching 1948; Sharpe 1975; Waardenburg 1973 (Portraits und Texte führender Vertreter der Disziplin seit ihrem Bestehen); Glock/Hammond 1973 (Beiträge zu einzelnen wissenschaftsgeschichtlichen Positionen, welche die Fragestellungen der Religionswissenschaft bleibend bestimmt haben); van Baal/van Beek 1985 (disziplingeschichtlicher Überblick mit abschließender Konkretisierung der Probleme anhand eines Kulturgebiets); Rudolph 1992. – Lesebuch zur Geschichte der Theoriebildung: Lanczkowski 1974. – Gesamtentwürfe: Wach 1962; Wallace 1966; de Waal Malefijt 1969; Yinger 1970; Desroche 1972; Smart 1973b; Bianchi 1975; Mol 1976; Rupp 1978; Baal 1981; Antes 1985. Literaturberichte: Kippenberg 1974; Waardenburg 1981; Lanczkowski 1978, 1983. – Neuere Arbeiten zu Einzelaspekten von Methodologie und Theoriebildung: Bianchi 1964; Bleeker 1971; Baird 1971, 1975; Schmid 1971, 1979; Waardenburg 1972a und b, 1978; Smart 1973b; Pummer 1975; Crosby 1981; Wiebe 1981; Colpe 1980; Rudolph 1981; Berner 1983. – Sammelbände, welche instruktiv sind im Hinblick auf die gegenwärtige Diskussion: Helfer 1968; van Baaren/Drijvers 1973; Eister 1974; Honko 1979; Gladigow/Kippenberg 1983; Whaling 1984/85; Terrin u. a. 1983b; Tyloch 1984; Kitagawa 1985. Zum Verhältnis von Theologie und Religionswissenschaft: Stolz 1988c; Hjelde 1993. – Weitere Hinweise auf Werke, welche insbesondere Interpretationsprobleme thematisieren, finden sich beim Schlußkapitel.

Den Wissenschaften gegenüber wird traditionellerweise gern das Postulat der Objektivität angemeldet. Insbesondere soll die wissenschaftliche Darstellung von Religionen nicht durch einen voreingenommenen Standort verzeichnet werden. Objektivität bedeutet Unabhängigkeit von einem Standort; Voraussetzung ist, daß einer sich von seinem Standort überhaupt freimachen kann. Dem Postulat eines standortunabhängigen Denkens entspricht das Konzept einer Vernunft, die zu allen Zeiten und für alle Menschen gleich ist. Die Forderung der Objektivität ist also ein spätes Kind der Aufklärung, sie ist in ihren Prämissen überholt. Der Standort dessen, der eine Religion beschreibt und analysiert, spielt immer eine Rolle; sowohl der Standort als auch diese Rolle müssen genau bestimmt werden, dies ist ein unverzichtbarer Schritt religionswissenschaftlicher Arbeit. Darum gilt es jetzt, mögliche Standorte religionswissenschaftlicher Arbeit zu umreißen.

2.1 Durchdenken der Religion „von innen": Theologie, Missionstheologie, Dialogtheologie, Theologie der Religionen

Christliche Theologie sieht ihre Aufgabe darin, den Glauben nachzudenken. Glaube ist dabei Inbegriff des religiösen Empfindens und Wertens sowie des unmittelbaren religiösen Verhaltens. Nach der christlichen Tradition verlangt und bewirkt der Glaube ein Nachdenken und damit Theologie. Dies gilt bereits auf der Ebene des nicht speziell theologisch gebildeten Gläubigen: Er muß gewisse Dinge lernen und wissen (wenngleich in der Gegenwart dieses Wissen auf ein Minimum zusammengeschrumpft ist). Doch hat das Christentum außerdem eine charakteristische Spezialisierung ausgebildet: Es gibt Theologie als Beruf; der Theologe hat im Sinne einer gesellschaftlichen Ausdifferenzierung das Nachdenken des Glaubens professionell zu besorgen.

Im Nachdenken geht die Unmittelbarkeit zu einem Lebensvollzug verloren. Statt dessen stellt sich eine gewisse *Distanz* ein. Es kommt zu einer Abstraktion im Sinne der Ablösung vom unmittelbaren Lebensvorgang, und damit natürlich auch zu einer Abstraktion im Sinne der üblichen Verwendung des Wortes: Konkrete Glaubens- und Religionserfahrung wird formalisiert und verallgemeinert. Entsprechend stellt sich auch in der Sprache eine gewisse Abstraktheit ein. Von da her ist der häufige Abwehreffekt gegen die Theologie im Namen des „einfachen", unmittelbaren Glaubens zu erklären; ein Affekt, der neuerdings auch bei Theologen selbst zuweilen zu beobachten ist. Trotzdem ist die Theologie fraglos ein typischer Bestandteil des Christentums.

Nicht alle Religionen zeigen dieses Phänomen eines distanzierten Nachdenkens, welches dem religiösen Lebensvollzug folgt. Es kommt nur in ganz bestimmten historischen Zusammenhängen vor. Ganz allgemein kann man sagen, daß religiöse Reflexion kaum in Religionen schriftloser Kulturen begegnet; sie ist hier allenfalls Eigenart dieses oder jenes grüblerisch veranlagten Menschen, findet aber keine Institutionalisierung (vgl. 3.2). Zwar stellen die sprachlichen Äußerungen jeder Religion eine oft sehr tiefsinnige und scharfsinnige Form des Denkens dar: Wenn ein Mythos die elementaren Fragen des Lebens zur Sprache bringt und etwa das Verhältnis zwischen Leben und Tod, zwischen Natur und Kultur, zwischen Tier und Mensch usw. erzählenderweise behandelt, so ist darin eine Form des Denkens zu sehen; aber diese Denkleistungen bleiben implizit, sie werden nicht reflexiv. In gewissen Kulturen kommt es jedoch zu einer Explikation dieses Denkens, d. h. die unmittelbaren religiösen Lebensvollzüge werden auf der distanzierten Ebene des Denkens noch einmal nachvollzogen. Dieser Vorgang der Explikation soll an späterer Stelle ausführlicher thematisiert werden (vgl. 4.4.7). In diesem Zusammenhang genügt die Feststellung, daß das Christentum in einem religionsgeschichtlichen Kontext entstand, in welchem reflexive Momente eine große Rolle spielten; sowohl die spätisraelitische Religion wie das Griechentum, welches seine Überlieferungen der philosophischen Kritik aussetzte, entwickelten theologische und spekulative Konzepte, welche die Basis christlicher Theologie abgaben.

Ein Anstoß zum Durchdenken der Religion „von innen" ist im _Religionskontakt_ gegeben. Religionskontakte führen zu unterschiedlichen Reaktionsmustern; in diesem Zusammenhang geht es insbesondere um Religionen mit einem Exklusivitätsanspruch, also Judentum, Christentum und Islam. Das Zusammentreffen mit anderen Religionen löst hier in erster Linie Abgrenzungsmechanismen aus, die sich einerseits als Missionsdrang, andererseits als Abwehr manifestieren. In beiden Verhaltensweisen können Elemente der Reflexion eine Rolle spielen. Bereits in seiner Anfangszeit behandelte das Christentum Fremdreligionen (also insbesondere das antike Heidentum) mit den Mitteln des theologischen Denkens. Man versuchte, den Nachweis zu führen, daß das Christentum die *wahre* Religion sei, die anderen Kulte dagegen als falsche Religionen abzuweisen seien. Die Apologeten der ersten Generation waren noch weitgehend mit Abwehr beschäftigt, sie verteidigten den Anspruch des Christentums vor dem Forum antiker Philosophie; in späterer Zeit ging die theologische Reflexion dann zum Angriff über, die *Missio*n wurde durch Mittel des Denkens untermauert. Missionstheologie ist von daher ein Zweig theologischer Bemühung, der bis in die Gegenwart gepflegt wird.

Freilich hat diese Missionstheologie in der jüngsten Vergangenheit tiefgreifende Modifikationen erfahren. Mit dem ersten Weltkrieg wurde das kulturelle und religiöse Überlegenheitsgefühl des Christentums der nichtchristlichen Welt gegenüber in hohem Maße erschüttert. Gleichzeitig wurden viele unheilvolle Folgen christlicher Religions- und Kulturausbreitung deutlich. Die nichtchristlichen Religionen und nichtabendländischen Kulturen dagegen erwachten zu neuem Selbstbewußtsein. Der Missionsgedanke wurde im Christentum zunehmend in Frage gestellt, und heute begegnet man in christlichen Kreisen, auch unter Theologen, häufig der Ansicht, die klassischen Formen der Mission seien durch Maßnahmen der Entwicklungshilfe zu ersetzen.

An die Stelle des Missionsmodells, welches das Christentum als gebende, das „Heidentum" (der Begriff ist heute obsolet geworden) als nehmende Seite sieht, ist das Modell des *interreligiösen Dialogs* getreten. Das Gespräch zwischen den Religionen ist zunächst eine rein praktische Notwendigkeit; geschlossene religiöse Gebiete existieren kaum mehr, und wo Menschen verschiedener Religionen zusammen leben, sind sie zum Gespräch genötigt. Die Erfahrung des Dialogs hat das Christentum und seine Missionstheologie mit ganz neuen Einsichten versehen: Man hat etwa entdeckt, daß manche Fremdreligionen hervorragend in die dortigen Kulturen eingepaßt sind und zur Bewältigung ganz alltäglicher lebenspraktischer Probleme dienen, was von vielen Gestalten des Christentums in dieser Weise kaum gilt. Schließlich hat man häufig entdeckt, daß in fremden Religionen Bedürfnisse verarbeitet sind, die im Christentum verschüttet sind (Einbezug der Leiblichkeit in die Frömmigkeitsformen, Meditationspraktiken usw.). So kommt es zur Vorstellung, daß das Christentum des Dialogs mit Fremdreligionen geradezu bedarf, um seinen eigenen Weg zu finden. Dies kann auch ohne Verzicht auf einen grundsätzlichen Positionsbezug geschehen; so besteht auch eine Missionstheologie, die vom Dialoggedanken geprägt ist, auf dem Standpunkt, daß die christliche Botschaft in dieser oder jener Weise für alle Menschen von Bedeutung sei. Von diesem Standort her läßt sich eine Religions- und Missionswissenschaft aufbauen. Sie ist bewußt „von innen" her, aus dem Binnenraum christlicher Theologie heraus, konzipiert. Viele theologische Fakultäten im deutschsprachigen Raum haben Lehrstühle und Institute für Religions- und Missionswissenschaft, in welchen dieser Zugang zu den Religionen institutionalisiert ist.

2.2 Durchdenken der Religion „von außen": Religionswissenschaft

Neben dem methodischen Zugang zum Phänomen der Religionen, der die eigene Verwurzelung in einer Religion zum methodischen Ausgangspunkt macht, steht die andere Möglichkeit, von Anfang an eine größtmögliche methodische Distanz zum eigenen Standort einzuführen. Methodische Distanzierung bedeutet nicht Ausschaltung. Es ist selbstverständlich, daß auch in diesem Falle die Religion des eigenen kulturellen Kontextes ein Vorverständnis von Religion überhaupt schafft, welches man nicht hinter sich lassen kann. So hat der abendländisch geprägte Religionswissenschafter (und kulturell anders geprägte Religionswissenschaft gibt es gar nicht – dies hat nichts mit Ethnozentrismus zu tun, sondern ist ein historisches Faktum) bestimmte anthropologische Leitlinien: Der Mensch ist für den Abendländer primär ein Individuum, das ein unverwechselbares Leben lebt; seine religiöse Erfahrung ist geprägt durch einen Gott, der sich als personhaftes Gegenüber darstellt, etc. Der Hintergrund der eigenen kulturellen und religiösen Tradition stellt also ein Arsenal an Leitfragen zur Verfügung. Wenn etwa in der Frage nach universalen religiösen Erfahrungen mit dem Hinweis auf das persönliche Gegenüber Gottes geantwortet wird, dann ist diese Antwort aus Prämissen der Fragestellung erwachsen, die ungenügend am empirischen Material kontrolliert worden sind (vgl. 1.1.1).

Daher ergibt sich die methodische Forderung, daß die Fragestellungen, mit denen man an die Beschreibung und Analyse einer fremden Religion herangeht, ganz exakt formuliert und fixiert werden. Natürlich handelt es sich dabei nur um eine Auswahl aus vielen möglichen Fragen, und damit ist eine Beschränkung jeder Untersuchung gegeben. *Die Forderung eines „unbefangenen", „objektiven" Herantretens an eine Religion ist pure Naivität.* In solchen Fällen werden unkontrolliert unbekannte Fragestellungen an die andere Religion herangetragen.

Die Begrenzung der Fragestellung bedeutet auch eine Begrenzung der möglichen Antworten. In diesem Sinne sind religionswissenschaftliche Untersuchungen von *begrenzter Reichweite*; sie erfassen nicht alles an der andern Religion, sondern sie analysieren die andere Religion soweit, als sie entsprechende Fragen zu stellen vermögen.

Im konkreten Vollzug religionswissenschaftlicher Arbeit erfahren die gestellten Fragen stets Korrekturen durch das bearbeitete Material. Fragen können sich als unangemessen erweisen, sie müssen dann korrigiert werden. Neue Fragen, welche im Horizont des Forschers vielleicht gar keine Rolle spielen, ergeben sich, müssen präzis gefaßt und mit den bisherigen Problemstellungen in Zusammenhang gebracht werden. So kommt es zum Versuch einer Synthese zwischen dem eigenen vorgegebenen Fragehorizont und dem zu bearbeitenden historischen oder ethnographischen Material. Allerdings darf man sich nicht der optimistischen Illusion hingeben, daß diese Synthese je über eine gewisse Näherung hinaus gelänge. Der Religionswissenschafter trägt grundsätzlich auch Fragestellungen an seinen Gegenstand heran, die diesem fremd sind; und der Gegenstand wird immer Aspekte haben, welche sich der Interpretation des Forschers entziehen.

Fragestellungen verdichten sich zu Modellvorstellungen. Eine forschungsgeschichtlich wirksame und leistungsfähige Modellvorstellung wurde bereits im Zusammenhang mit dem Funktionalismus gestreift: das Harmonie-Modell einer Gesellschaft. Die gesellschaftlichen Einzelbereiche tragen je ihren Teil zum Funktionieren der Gemeinschaft insgesamt bei. Neben solchen Gleichgewichtsmodellen, welche die Tendenz haben, den Faktor „Geschichte" aus der Betrachtung auszuklammern, stehen Ungleichgewichtsmodelle; sie legen sich vor allem bei starkem historischem Wandel nahe, bei politischen und religiösen Umbrüchen, und stellen die Dynamik des Geschehens in den Vordergrund. Die Wahl der Modelle hängt nicht nur mit dem Charakter des zu bearbeitenden Materials, sondern auch mit (explizierten oder nichtexplizierten) Wertvorstellungen des Forschers zusammen; ein Marxist wird prinzipiell Ungleichgewichtsmodelle vorziehen. Am sinnvollsten ist es, wenn man verschiedene, auch gegensätzliche Fragestellungen anlegt und verschiedenartige Modelle ausprobiert, um einen Sachverhalt zu beschreiben.

Der Komplex der angeschnittenen Fragen soll an einer Stelle

beispielhaft illustriert werden; es geht um die „Seelenkonzeption"
der alten Ägypter, ein klassisches Thema ägyptischer Religionsgeschichte. Dabei ist der Begriff „Seele" von außen an die ägyptische Religion herangetragen. Er entstammt dem abendländisch-
christlichen Vorstellungsbereich und bezeichnet etwa die unkör-
perliche Wesenheit des Menschen, die auch dem Tode widersteht.
Welche ägyptischen Sachverhalte lassen sich nun mit diesem Begriff der Seele bezeichnen? Die geläufige Antwort lautet, daß es in
Ägypten verschiedene Seelenbegriffe gebe. Allerdings ist zu bedenken, daß diese verschiedenen Seelenbegriffe nicht unter einen
Oberbegriff subsumiert werden. Der ägyptische Begriff *ka* wird
zum Teil als Frau dargestellt; nach unserem Verständnis würde es
sich also um eine „Göttin" handeln. Der Begriff *ba* wird in der
Regel als Vogel abgebildet; *ba* ist aber nicht nur ein Entspre-
chungswesen des Menschen (in alter Zeit nicht jedes Menschen,
sondern nur des Königs), sondern kann auch eine bestimmte Exi-
stenzweise der Götter darstellen. Die Hinzunahme weiterer ägyptischer Seelenbegriffe würde zeigen, daß jeder einzelne Ausdruck
Querverbindungen aufweist, die unserem Begriff der Seele entsprechen, aber auch, daß in jedem dieser Begriffe Sachverhalte mit
gemeint sind, die über unser Konzept von Seele hinausgehen. Es
ist nicht sinnlos, den Begriff der Seele im Hinblick auf die ägyptische Religion zu verwenden; aber man muß sich bewußt sein, daß
man damit mittels einer religionswissenschaftlichen Metasprache
eine Klassifikation einführt, die der ägyptischen Religion selbst
fremd ist (vgl. Hasenfratz 1985). Weitere Überlegungen zu diesem
vorläufigen Beispiel werden im Schlusskapitel folgen.

Eine weitere typische Frage des Abendländers richtet sich nach
Geschichte und Entwicklung einer Sache; entsprechend wird man
die Entwicklung der ägyptischen Seelenbegriffe untersuchen wollen. Die Frage kann auch in mancher Hinsicht beantwortet werden.
Sie ist aber dem ägyptischen Selbstverständnis fremd. In Ägypten
werden auch in späterer Zeit alte Texte gebraucht, ältere Vorstellungen leben damit weiter, ohne daß sie in einer späteren Zeit noch
reproduziert werden. (Dieses Phänomen ist auch dem Christentum
gar nicht so fremd, wie es auf den ersten Blick scheint: Im Gottesdienst singt man Kirchenlieder, mit denen man sich genau genommen nur schwer identifizieren kann; Glaubensbekenntnisse, die
im Gottesdienst verwendet werden, werden häufig nicht als au-
thentische Äußerung gegenwärtigen Glaubens gewertet.) Der Vorgang des Unterscheidens (nicht nur in der historischen Dimension), welcher für die Wissenschaft grundlegend ist, findet im

Bereich der betrachteten Religion häufig nur einen schwachen Widerhall.

Verallgemeinert man diese Beobachtungen, so ergibt sich, daß die *religionswissenschaftliche Darstellung einer anderen Religion vom Angehörigen dieser Religion in der Regel nicht als Selbstdarstellung* wird akzeptiert werden können. Wenn etwa ein abendländischer Forscher den Islam darstellt, dann wird dies durch den Muslim nicht als zutreffende Darstellung seiner Religion bejaht werden können. Die Offenbarung ist für ihn nicht in der Weise eine geschichtliche Größe, die auch mit der Persönlichkeitsentwicklung Mohammeds zusammenhängt, wie dies für den westlichen, historisch denkenden Beobachter erscheint (vgl. u. S. 187f.). Dieses Problem ist auch als interner Konflikt im Christentum bekannt: Die theologische Bearbeitung biblischer Offenbarung, in welche die Fragestellungen der Aufklärung integriert sind, widerspricht dem religiösen Selbst- und Gottesverständnis des Fundamentalisten.

Religionswissenschaftliche Arbeit besteht dann also darin, daß sie zunächst ihre eigenen Fragen, welche sie vom eigenen kulturellen Hintergrund her aufnimmt, genau klärt; daß sie dann den Raum ihrer Untersuchung ausgrenzt; daß sie schließlich die geklärten Fragestellungen in den ausgegrenzten Raum hineinträgt, revidiert, vervollständigt und neu formuliert. Im Verlauf der Arbeit an verschiedenen Religionen entsteht so ein Gerüst von Fragestellungen, Hypothesenbildungen und Modellvorstellungen, die es erlauben sollen, jedes religiöse Phänomen zu beschreiben und zu analysieren.

2.3 Das Verhältnis zwischen den religionswissenschaftlichen Ansätzen „von innen" und „von außen"

Die bisherigen Überlegungen haben zwei Modelle umrissen, die beide nicht standortunabhängig, also „objektiv" im herkömmlichen Sinne des Wortes sind. Sie unterscheiden sich jedoch im Hinblick auf den Stellenwert, den der eigene Standort beim Vollzug religionswissenschaftlicher Arbeit hat, und im Hinblick auf das Ziel religionswissenschaftlicher Arbeit. Im ersten Modell ist mit dem Vollzug religionswissenschaftlicher Arbeit ein direktes religiöses Interesse verbunden. Der Missionstheologe ist auf ein interreligiöses Gespräch aus, er sucht Verstehen und Verständigung, ohne den eigenen Ausgangspunkt aufzugeben. Freilich rechnet er damit, daß er sich, wie sein Gesprächspartner, im Vollzug des Dialogs verändert. Missions- und Religionswissenschaft in diesem Sinne ist also ein dynamisierendes Element innerhalb der Religionsentwicklung. (Dabei ist zu bedenken, daß die Mission schon immer die missionierende Religion tiefgreifend verändert hat; die Heidenmission der ersten christlichen Gemeinden hat dem Christentum ein völlig neues Gesicht gegeben, bis zu dem Ausmaß, daß das nicht missionierende Judenchristentum seine christliche Identität verlor.)

Es ist zu erwarten, daß in Zukunft der interreligiöse Dialog nachhaltigen Einfluß auf das Christentum insgesamt haben wird. In Gebieten, die nicht durch die abendländische Kultur geprägt sind, jedoch christlich geworden sind, entstehen ganz neue Synthesen von christlicher Botschaft und Erlebens- und Denktradition fremdkultureller Bereiche. Vor allem in Indien und Japan, zunehmend aber auch in Afrika, entsteht „einheimische Theologie", welche zum Teil zu Aussagen gelangt, die dem traditionell geprägten Christentum ganz fremd vorkommen müssen (vgl. z. B. Nyamiti 1984; Oguru 1980; Scherzberg 1982; Tutu 1984).

Auch das zweite Modell, das skizziert worden ist, ist nicht standortunabhängig. Es gewinnt aber von seinem Standort methodisch eine größere Distanz als das zuerst skizzierte Modell. Das eigene religiöse Interesse wird verfremdet und zum methodischen Zugang zu anderen Religionen umgeformt. Ziel ist nicht das unmittelbare Gespräch mit anderen Religionen, sondern eine Darstellungs- und Verstehensmöglichkeit der Religionen und der Religion überhaupt. Daß diese Darstellung dann nicht dem Selbstbild der Angehörigen der jeweils anderen Religion entspricht, wurde bereits gesagt.

Bei beiden Ansätzen religionswissenschaftlicher Arbeit ergeben sich Rückwirkungen der eigenen religiösen und kulturellen Tradition gegenüber. Religionswissenschaft, die an einer Theologie der Religion interessiert ist, führt den interreligiösen Dialog in einer ganz besonderen Weise; sie ist darauf aus, den Gesprächspartner vom eigenen religiösen Herkommen her zu verstehen, und sie läßt sich darauf ein, das eigene Herkommen durch die andere Religion in Frage stellen zu lassen. Damit ist sie genötigt, neue Aspekte und Fragestellungen in die Theologie einzubringen und die Tradition in einer weltgeschichtlichen Situation, die eine Koexistenz aller möglichen Religionen und Weltanschauungen verlangt, weiterzubilden. Die Dialogtheologie ist heute einer der stärksten Motoren zur Neuformulierung christlicher Einsichten.

Auch das zweite Modell zeitigt, wenn man es auf die eigene religiöse Situation anwendet, erhebliche Folgen; zunächst einmal solche der Verfremdung. Alle Äußerungen hinsichtlich des Verhältnisses zwischen dem Religionswissenschafter und seinem Gegenstand gelten auch dann, wenn dieser Gegenstand nicht eine fremde, sondern die eigene Religion (wie immer das persönliche Verhältnis dazu beschaffen sein mag) ist. Es werden also Fragestellungen angelegt, welche vom traditionellen christlichen Standpunkt aus irrelevant oder vielleicht unsachgemäß erscheinen, die sich aber von der Arbeit an anderen Religionen her nahe legen. So ergibt sich ein Fremdbild der eigenen Religion, das nicht als „authentisch" wird akzeptiert werden können, das aber manches aufdeckt, was dem gewohnten Blick entgeht.

Die beiden Modelle von Religionswissenschaft, die hier entworfen worden sind, lassen sich nicht vollständig voneinander trennen, sondern sie weisen *Berührungspunkte* auf. Beide vermitteln eine – unterschiedlich große – Distanzierung vom eigenen religiösen Herkommen. Beide bleiben aber in dieser oder jener Weise ihrem Herkommen verpflichtet. Geht es der Dialogtheologie aber in erster Linie um Begegnung und damit um Teilhabe am religiösen Leben, so ist die distanziertere Religionswissenschaft in erster Linie der Analyse verpflichtet, die freilich auch nicht im luftleeren Raum geschehen kann.

Für die Theologie hat Religionswissenschaft insofern eine wesentliche Bedeutung, als sie dieser zu einer für sie selbst notwendigen Distanzierung der Tradition gegenüber verhilft. Das Nachdenken des Glaubens braucht Abstand; Religionswissenschaft ist eine Weise, diesen Abstand zu gewähren. Auf der anderen Seite tut die Religionswissenschaft gut daran, sich auf die Theologie einzulassen; denn diese hat die Fragen, welche den kulturellen und religiösen Hintergrund des hier tätigen Religionswissenschafters bilden, auf der Ebene der Reflexion in ungeheurer Breite und Tiefe bearbeitet.

3. Die Gemeinschaft als Trägerin der Religion

Literaturhinweise: Einführungen in die Religionssoziologie: Matthes 1967, 1969; Robertson 1973; Stark 1974; Wallisch-Prinz 1977; Kehrer 1988. – Überblick über Forschungspositionen und Forschungsstand: Dahm/Drehsen/Kehrer 1975; Fürstenberg/Mörth 1979; Daiber/Luckmann 1983; Whaling 1984/85, Bd. 2, 89–281; Kaufmann 1989; Ferguson 1991; Pace/Acquaviva 1994; Hamilton 1995. – Textsammlung zur Geschichte der Disziplin: Fürstenberg 1964. – Klassische Entwürfe: Durkheim 1912/1981; über Durkheim: König 1976; Drehsen in: Dahm/Drehsen/Kehrer 1975, 57ff. – Weber 1920–21/1971, 1921/1964, 1982, 1984; über Weber: Drehsen in: Dahm/Drehsen/Kehrer 1975, 89ff.; Käsler 1978; Seyfarth in: Daiber/Luckmann 1983, 18ff. – Wissenssoziologischer Zugang: Berger 1967/1973/1988, 1979/1980, 1969/1981, 1992/1994; Luckmann 1963, 1967/1991; Fischer/Marhold 1978; Mörth 1978; Dux 1982; dazu Smart 1973b; Kreiner 1986. – Systemtheoretischer Zugang: Luhmann 1982, 1989; dazu Döbert 1973; Welker 1985. – Instruktiv hinsichtlich der gegenwärtigen Diskussion: Koslowski 1985. – Beispiele neuerer empirischer Arbeiten mit solider methodologischer Grundlage: Feige 1990; Dubach/Campiche 1993; Daiber 1995; Kecskes/Wolf 1996. – Zu Kulturanthropologie, Religionsethnologie u. ä.: Überblick: Girtler 1979. – Gesamtdarstellung: de Waal Malefijt 1969; van Baal 1981. – Zur Theoriegeschichte: Kardiner/Preble 1961/1974; Mühlmann 1984. – Textsammlungen zur Geschichte der Disziplin: Schmitz 1963, 1964, 1967; König/Schmalfuß 1972. – Klassische Positionen: Lévy-Bruhl 1910, 1922; Malinowski 1944/1975, 1948/1973; Evans-Pritchard 1948, 1965/1968. – Instruktiv für den gegenwärtigen Forschungsstand: Banton 1968/1985; Geertz 1968/1983; Turner 1986. – Überblick über die Soziobiologie: Schmied 1989. – Zur Religionsgeographie: Büttner (u. a.) 1985; Henkel 1988; Rudolph/Rinschede 1989; Casimir/Aparna 1992; Park 1994. – Weitere einschlägige Literatur ist z.T. auch bei Kapitel 2 und Kapitel 4 angeführt.

Bis ins 19. Jahrhundert hinein war es im europäischen, insbesondere protestantischen Raum selbstverständlich, daß Religion letztlich eine Sache des einzelnen, des Individuums sei. Dann jedoch wurde deutlich, daß Religion in vielfacher Weise primär nicht vom einzelnen, sondern von der Gemeinschaft getragen wird. Die Zuordnung von Religion und Gemeinschaft führte zur Ausbildung der Disziplin der Religionssoziologie. Als ihr Begründer gilt Auguste Comte (1798–1857). Seine Soziologie hat jedoch noch nicht empirischen

Charakter, vielmehr handelt es sich um eine Sozialphilosophie, die selbst stark religiöse Züge aufweist. Immerhin hat er eine Aufgabe gestellt, welche Generationen nach ihm aufgenommen und in verschiedener Weise gelöst haben. Im folgenden geht es zunächst darum, einige Klassiker kurz darzustellen und die von ihnen aufgeworfenen bleibenden Fragestellungen zu skizzieren; dann folgt die Diskussion einiger spezieller Probleme des Zusammenhangs von Religion und Gemeinschaft; schließlich sollen Entwürfe der Typologie von Gesellschaftsformen und entsprechenden Ausprägungen der Religion zur Darstellung kommen.

3.1 Klassische Entwürfe der Religionssoziologie

3.1.1 Emile Durkheim

Durkheim wurde 1858 in Epinal (Lothringen) als Sohn einer jüdischen Familie geboren. Seine Vorfahren waren Rabbiner, er war ursprünglich also stark religiös geprägt und wuchs in einer Glaubensform auf, welche das alltägliche Leben in einem hohen Maß reguliert. Beim Studium in Paris wandte sich Durkheim von den religiösen Bindungen seiner Kindheit ab (eventuell unter dem Einfluß des Sozialisten Jaurès, zu dem er enge Beziehungen unterhielt). Durkheim wurde zum Agnostiker, doch verband sich dieser Agnostizismus mit einem starken pädagogischen Impetus. Er erhielt den ersten sozialwissenschaftlichen Lehrauftrag, der in Frankreich vergeben wurde (in Bordeaux). 1896 begründete er die Zeitschrift Année sociologique, die für Jahrzehnte zum führenden soziologischen und religionssoziologischen Organ wurde. 1902 kam er an die Sorbonne, wo er bis zu seinem Tod 1917 lehrte. Von Durkheim gingen starke Impulse in den französischen und englischen Sprachbereich aus; im deutschen Sprachbereich dagegen wurde er weniger wirksam. Sein Schwiegersohn war Marcel Mauss, der Durkheims Werk in vieler Hinsicht fortgeführt hat.

Durkheim hat eine große Zahl von Werken verfaßt; besonders wichtig insbesondere auch im Hinblick auf den Zusammenhang von Gemeinschaft und Religion sind: ein Werk über die Arbeitsteilung (1893/1977); eine Arbeit über die Regeln der soziologischen Methode (1895/1961); über den Selbstmord (1897); Hauptwerk im Hinblick auf die Religion: „Les formes élémentaires de la vie religieuse" (1912/1981).

Durkheim begründet die Soziologie als *empirische Wissenschaft*. Damit löst er die in Frankreich führende Sozialphilosophie (philosophische Sozialisten; Rousseau; Comte) ab. Durkheim grenzt den Gegenstandsbereich der Soziologie genau ab; er entwickelt Verfahrensregeln, also eine Methodik, und entwirft eine Begrifflichkeit, die es erlaubt, diese Methodik sicher anzuwenden. In der Ausgrenzung des Gegenstandsbereichs unterscheidet Durkheim die Soziologie von der Biologie und der Psychologie. Der Mensch ist Gegenstand aller drei Wissenschaften. Wenn er ißt, so ist dies eine biologische Tatsache; wenn er denkt, so ist dies eine psychologische Tatsache. Wenn er aber beispielsweise seine Aufgaben in der Familie wahrnimmt, oder wenn er im Staate seine Pflichten erfüllt, wenn er also, allgemein gesprochen, eine Rolle in irgendeiner Gemeinschaft spielt, so ist dies eine soziale Tatsache. Alle Pflichten, die außerhalb des individuellen Beliebens stehen und in Recht oder Sitte verankert sind, verweisen auf solche sozialen Tatsachen. Werden solche Pflichten nicht wahrgenommen, so führt dies zu Sanktionen seitens der Gemeinschaft. Wie man sich persönlich diesen Verpflichtungen gegenüber stellt, spielt gar keine Rolle; man kann sich damit identifizieren oder man kann kritisch dazu eingestellt sein, die Pflicht besteht unabhängig davon.

Solche Gegebenheiten, die nicht vom Wollen oder Belieben des einzelnen abhängen, konstituieren den Gegenstandsbereich von *sozialen Tatsachen* (faits sociaux). Später erscheint in diesem Zusammenhang auch der Begriff der Institution (darunter versteht Durkheim Vorstellungen und Verhaltensweisen, die durch eine Gruppe getragen sind). Durkheim beobachtet nun soziale Tatsachen nach den Spielregeln der Naturwissenschaft. Dabei gilt der Grundsatz, daß Soziales nur durch Soziales erklärt und in seiner Bedeutsamkeit auf Soziales hin bestimmt werden kann. Eine psychologische Begründung eines sozialen Sachverhalts ist damit illegitim.

Es gibt ganz verschiedene Bereiche von sozialen Tatsachen: Der ökonomische Bereich (er ist also nicht nur mit den Fragestellungen der Ökonomie zu bearbeiten, im Hinblick auf den Zweck, sondern auch im Hinblick auf die Funktion; unterschiedliche Aufgabenzuweisung an Mann und Frau etwa ist weder biologisch noch ökonomisch bedingt) konstituiert den Gegenstandsbereich der Wirtschaftssoziologie; der Bereich von Moral, Recht und Normen den der Rechtssoziologie; Religion, Glaubenssysteme und Glaubenspraktiken sind die Themen der Religionssoziologie.

Das Anliegen Durkheims wird bereits im Werk über die Arbeitsteilung deutlich. Er fragt nicht primär nach dem Nutzen für den einzelnen (Arbeitsteilung wurde im 19. Jahrhundert in England häufig unter der Frage nach Eigennutz und Gemeinnutz abgehandelt), sondern ihn bewegt die Frage nach dem Bedürfnis, das hinter der Arbeitsteilung steht. Dabei führt Durkheim den Begriff der *Funktion* ein: Funktion umschreibt die Bedeutung, welche eine soziale Tatsache für den weiteren sozialen Zusammenhang hat. (Malinowski knüpft direkt an Durkheim an und nennt ihn „Vater des Funktionalismus".) Durkheim erarbeitet eine *Typologie von Gesellschaften*. Auf der einen Seite sieht er Gesellschaften, die häufig als „primitiv" oder „archaisch" bezeichnet wurden; es handelt sich um Gesellschaften ohne Arbeitsteilung, die man heute „segmentär" nennt. Tätigkeiten, Rechte, Glaubensvorstellungen sind allen Menschen dieser Gesellschaftsform gemeinsam. Verfehlungen gegen das Kollektiv werden repressiv geahndet, d. h. der Täter wird in seinen Handlungsmöglichkeiten der Tat entsprechend eingeschränkt. Die Skala der Sanktionen ist groß: Sie reicht von der moralischen Ächtung bis zur Verbannung oder Tötung. Durkheim nennt dies „mechanische Solidarität". Dem stellt er arbeitsteilige Gesellschaften gegenüber: Diese sind an der Ungleichheit der Menschen orientiert. Die Menschen führen ungleiche Tätigkeiten aus, sie haben ungleiche Rechte, unterschiedliche Funktionen, unterschiedliche Verantwortung. Das Gefüge solcher Gesellschaften ist viel differenzierter, die Solidarität ist hier höher organisiert; Durkheim spricht von „organischer Solidarität". Bei Verfehlungen gegen das Kollektivbewußtsein erfolgen restitutive Maßnahmen, welche das Funktionsgefüge über die Störung hinweg in Gang halten. Zu einem Höhepunkt kommt die organische Solidarität in einem Strafrecht, welches sich primär an der Wiedereingliederung von Delinquenten in die Gesellschaft orientiert.

Im einzelnen hat diese Arbeit mannigfache Kritik hervorgerufen; wichtig ist sie in der Hinsicht, daß sie versucht, Gesellschaftssysteme in verschiedene Grundtypen zu klassifizieren. Damit ist im Ansatz also eine Typologie von Gesellschaftsformen geschaffen, welche je spezifische soziale (und also auch religiöse) Mechanismen aufweisen. Dieses Programm ist noch heute aktuell, und die Versuche, Zusammenhänge zwischen bestimmten Gesellschaftstypen und (in unserem Zusammenhang) Religionstypen herauszuarbeiten, bleiben eine wichtige Aufgabe.

Einen wichtigen Markstein in der Arbeit Durkheims stellt die Studie über den *Selbstmord* dar. Im 19. Jahrhundert (und häufig bis in die Gegenwart hinein) wird der Selbstmord gern als Resultat eines psychopathologischen Vorgangs beschrieben. Durkheim untersucht breites statistisches Material und weist nach, daß keine signifikanten Zusammenhänge bestehen zwischen Selbstmord und Alkoholismus, Selbstmord und Geisteskrankheiten, Rassezugehörigkeit usw. Ebensowenig findet er geographische Schwerpunkte. Damit ist für ihn deutlich, daß der Selbstmord nicht biologisch oder psychologisch determiniert ist, sondern vielmehr soziologisch. Es zeigt sich etwa, daß unter den Angehörigen von Religionen mit starken wechselseitigen Beziehungen der Gläubigen (Juden, Katholiken) eine tiefe Selbstmordrate zu beobachten ist. In Gruppen mit schwachen wechselseitigen Beziehungen dagegen (Protestanten, erst recht Freidenker) findet sich eine hohe Selbstmordrate. Bei Verheirateten ist die Selbstmordrate niedriger als bei Ledigen, in Notzeiten, in welchen die Menschen in hohem Grade aufeinander angewiesen sind, ist sie geringer als in Zeiten der Prosperität. Der Grad sozialer Integration des einzelnen ins Gesamtsystem kann damit als Indikator für die Höhe der Selbstmordrate gelten. Bei „sozialer Gesundheit", bei hohem Integrationsgrad, gibt es wenig Selbstmorde; im gegenteiligen Fall ist das Umgekehrte zu beobachten. Durkheim will dahin wirken, daß die Integrationselemente gesteigert werden (er ist am Schluß seines Lebens Professor für Soziologie und Pädagogik). Die Religion hat als soziale Tatsache Integrationsfunktion, sie ist also an sich eine begrüßenswerte Erscheinung (nur glaubt Durkheim selbst nicht daran).

Zum eigentlichen Hauptgegenstand seiner Untersuchung macht Durkheim die *Religion* im Werk „Les formes élémentaires de la vie religieuse", mit dem Untertitel: „Le système totémique en Australie." Religion wird hier als zentrale Institution der Gesellschaft angesprochen. Sie muß, als Produkt des kollektiven Denkens, Antwort auf ein spezielles soziales Bedürfnis sein. Durkheim bezeichnet die Religion in einer Definition als „ein solidarisches System von Überzeugungen und Praktiken, die sich auf heilige, d. h. abgesonderte und verbotene Dinge, Überzeugungen und Praktiken beziehen, die in einer und derselben moralischen Gemeinschaft, die man Kirche nennt, alle vereinen, die ihr angehören." (1912/1981, 75). Einmal unterscheidet Durkheim Überzeugungen (Elemente der Imagination und des Denkens) und Praktiken (Handlungsabläufe, Riten); das religiöse System manifestiert sich also als konsistentes System mit einer Dimension im Bereich geistiger Konzepte und im Bereich ritueller Handlung. Durkheim hat diese Unterscheidung von William Robertson Smith übernommen, einem englischen Alttestamentler und Religionswissenschafter, von dem in anderem Zusammenhang die Rede sein wird (vgl. 4.1.2). Die religiöse Botschaft kommt also in verschiedenen Weisen zur Darstellung, sie ist auf verschiedenen Ebenen kodiert; der Religionswissenschafter darf sich nicht auf das beschränken, was die Angehörigen einer Religion *sagen.* Sodann unterscheidet Durkheim zwischen *profan und heilig.* Welche Dinge sind sakral? Dies ist beliebig. Alles mögliche kann in den australischen Religionen sakral sein und zum Totem werden (Durkheim entwickelt hier eine der vielen Totemismus-Theorien). Dinge, welche dem einen Stamm heilig sind, sind dem andern profan. Der Ursprung, warum etwas heilig geworden ist, interessiert Durkheim nicht, er meint, daß sich diese Frage letztlich nicht klären lasse. Hauptsache ist, daß es jetzt als heilig gilt; zu erfragen ist die Bedeutsamkeit der Idee des Heiligen. Heilige Sachverhalte haben gemeinschaftsrelevante Realität, sie sind also soziale Tatsachen.

Diese Realität ist in der Existenz der Lebensgemeinschaft, die an einem bestimmten Totemismus orientiert ist, selbst zu suchen. Die Religion stellt diese Lebensgemeinschaft selbst dar; allerdings nicht in ihrer alltäglichen, häufig in Frage gestellten, d. h. eben profanen Existenz. Die sozialen Regeln sind labil, ihnen wird im Alltag immer wieder zuwidergehandelt. Darum findet die Gesellschaft mit ihrem Regelsystem eine zusätzliche Darstellung in einer idealen, jeder Kritik enthobenen Form. Die australischen Schöpfungsmythen und Rituale erzählen die Herkunft und Bestimmung eines Stammes, und zwar des jetzt gegenwärtigen Stammes; aber sie überhöhen sein Dasein in eine Urzeit hinein, sie entnehmen ihn der empirischen Realität und lokalisieren ihn in einer sakralen Sphäre.

Alle wesentlichen sozialen Institutionen, Normen usw. haben daher ihren Ursprung in der Religion. Die Sphäre des Heiligen ist also die Grundlage der Sphäre des Profanen. Das für die Gesellschaft nötige soziale Verhalten, das labil ist, bedarf der dauernden Unterstützung und Stabilisierung aus dem Bereich der Religion. Religion nährt die sozial relevanten Verhaltensweisen; damit führt sie zu gewissen Einschränkungen der individuellen Regungen, sie fordert die Opferbereitschaft und schafft den Glauben an Mächte, die dem Menschen überlegen sind. Die Mechanismen dieser Regulierung arbeiten auf der Ebene des Unbewußten; es werden gemeinsame Gefühle und Emotionen geweckt. Religion ist also ein Produkt des Menschen; sie ist menschlich notwendig, sie bewahrt den einzelnen in der Gemeinschaft vor selbstzerstörerischen individuellen Regungen, welche ihn der Integration entziehen möchten.

Als Kurzformel zur Zusammenfassung der Religionstheorie Durkheims wird oft formuliert: Gott = Gesellschaft. Dies ist eine Vergröberung. Angemessener wäre die Aussage: *Die Gesellschaft ist Gegenstand der Religion*. Die Gesellschaft ist dem einzelnen über- und vorgeordnet; sie bedeutet für den einzelnen so etwas wie Transzendenz. Durkheim versucht also, Transzendenz innerweltlich und nicht metaphysisch zu orten. Die strikte Trennung zwischen den Bereichen der Soziologie und der Psychologie ist dabei ein Axiom, das nicht hinterfragt wird. Hier gibt es keine Vermittlung und keinen Übergang.

Durkheim ist der erste große Vertreter der Integrationshypothese. Religion hat die Funktion, den einzelnen in die Gemeinschaft zu integrieren; vgl. dazu die Äußerungen in 1.2.2. Besonders im Hinblick auf Religionen mit einem Offenbarungsanspruch und Religionen der Neuzeit ist diese These so allgemein sicher nicht zu halten.

3.1.2 Max Weber

Max Weber gilt als der Begründer der deutschen Soziologie und Religionssoziologie. Er ist protestantischer Herkunft, nimmt jedoch Distanz zu seiner eigenen religiösen Tradition; er bezeichnet sich selbst als „religiös unmusikalisch" (Brief an F. Naumann, in: Weber 1921). 1896 wird er Professor für Nationalökonomie, muß das Lehramt aber sehr schnell aus gesundheitlichen Gründen niederlegen. Nach mannigfaltigen Tätigkeiten ist er am Schluß seines Lebens wieder Professor (für Philosophie) in München, aber nur noch ein Jahr. Neben wissenschaftlicher Tätigkeit betreibt er vielseitige politische und journalistische Aktivitäten. Er bearbeitet verschiedenste Gebiete der Soziologie (Wirtschaftssoziologie, Rechtssoziologie usw.). Max Webers Rolle in Deutschland ist in vieler Hinsicht mit der Durkheims in Frankreich zu vergleichen. Er hat ein vielfältiges, zum Teil in sich widersprüchliches Werk hinterlassen.

Ausgangspunkt der Religionssoziologie und überhaupt der Soziologie Webers ist der Begriff des *sozialen Handelns*. „Soziologie ... soll heißen: Eine Wissenschaft, welche soziales Handeln deutend verstehen will und dadurch in seinem Ablauf und seinen Wirkungen ursächlich klären will ... soziales Handeln aber soll ein solches Handeln heißen, welches seinem von dem oder den Handelnden gemeinten Sinn nach auf das Verhalten anderer bezogen wird und daran in seinem Ablauf orientiert ist." (1921/1964, 3). Weber unterscheidet zwischen Handeln und Verhalten: Zum Verhalten gehören Imitation und bloße Reaktion, wie es auch beim Tier zu beobachten ist. Handeln dagegen ist mit *Sinn* verbunden, was die Einbettung in einen Bedeutungszusammenhang und die Orientierung an Zwecken und Werten bedeutet. Aufgabe der empirischen Wissenschaften – sowohl der Soziologie als auch der Geschichtswissenschaft – ist es, die Sinngebung eines Handelns nachzuvollziehen. Neben dieser rationalen Weise des Nachvollzugs von Handlungssinn, welche erfordert, daß eine Zielsetzung in ihrer ganzen Logik sprachlich expliziert wird, ist die Möglichkeit nachvollziehender Einfühlung, etwa bei künstlerischer oder religiöser Betätigung, gegeben.

Sinnhaftes Handeln läßt sich in verschiedene Komponenten zerlegen. Die Handlungsziele lassen sich beispielsweise als wertvoll klassifizieren, wenn es um die Verwirklichung von Idealen geht; als nützlich, wenn dahinter ökonomische, politische oder andere eigene Interessen stehen, oder wenn Affekte ausgelebt werden sollen. Die Ziele konkretisieren sich in näherliegenden Zwecken. Mit in das sinnhafte Handeln hinein gehört die Verrechnung der konkreten Ausgangslage, von welcher aus der Handelnde die Ziele wahrnimmt: Hier sind Bedingungen gesellschaftlicher und naturhafter Art usw. zu nennen. Jedes sinnhafte Handeln ist in einen Bedeutungszusammenhang eingebettet, der bereits vorgegeben ist (und der vom konkreten Handlungsträger gar nicht immer voll erfaßt wird); jedes Handeln hat seine Vorbilder, es lebt von bereits gemachten eigenen und fremden Erfahrungen. Schließlich gehört auch ein Abwägen der Erfolgschancen mit in die Sinngebung von Handeln hinein.

Sinnhaftes Handeln wird also nicht vom einzelnen isoliert vollzogen, vielmehr geschieht es immer in Interaktion mit anderen zusammen. Der einzelne ist so in ein Geflecht sozialer Beziehungen eingebunden, das aus aufeinander eingespielten und aneinander orientierten Verhaltensweisen besteht. Die so regulierte Interaktion kann auf ihre rein formale Struktur hin beschrieben werden; dann ergeben sich soziale Gebilde wie Familie, Staat, Kirche. Es ist für Weber wesentlich, daß diese Größen Abstraktionen darstellen, und daß sie im konkreten Leben durch eingespielte Verhaltensweisen der diese Institutionen bildenden Menschen realisiert werden.

Zwischen *Soziologie und Geschichtswissenschaft* besteht eine enge Beziehung. In beiden Fällen geht es um die Erhebung sinnhaften Handelns. Es besteht jedoch ein Unterschied in der Methode und Fragehinsicht. „Im Gegensatz zur Geschichte, welche die kausale Analyse und Zurechnung individueller, kulturwichtiger Handlungen, Gebilde, Persönlichkeiten erstrebt, muß die Soziologie Typenbegriffe und allgemeine Regeln des Handelns entwikkeln." (1921/1964, 14). Die Soziologie ist also mit einem Abstraktionsvorgang befaßt: Die Sinnzusammenhänge werden hier „rein" herausgearbeitet und zu *Idealtypen* stilisiert. Solche Idealtypen verhelfen dazu, das Grundprinzip, das einem Handeln zugrunde liegt, aufzudecken und einzuordnen. Die Geschichtswissenschaft mit ihrer Beachtung des Individuellen wird nie auf solche Idealtypen stoßen, und zwar aus verschiedenen Gründen. Einerseits treten in der historischen Wirklichkeit Idealtypen deshalb nie rein auf, weil die konkrete Verhaltensweise durch verschiedene Sinnmuster gesteuert ist; und andererseits wird dem historisch handelnden Menschen die Sinnhaftigkeit seines Tuns nie voll bewußt. Trotzdem ist natürlich die klassifikatorische Erarbeitung von Idealtypen auch für den Historiker wichtig, weil sie ihm gestattet, gerade das Individuelle auf dem Hintergrund des Typischen zu beschreiben.

Religion – Weber gibt nirgends eine eigentliche Definition des Begriffs – gehört zu den elementaren Sinngebungsschemata des Menschen. Sie hat es jedenfalls mit der Irrationalität des Lebens zu tun, wie sich am deutlichsten in den Widerfahrnissen von Unheil und Tod manifestiert. Erfahrung von Irrationalität setzt bereits einen bestimmten Grad von Bewußtheit voraus; Rationalitätserfahrung und die Gegenerfahrung der Irrationalität bedingen sich gegenseitig. Der Mensch wird nicht einfach durch das Leben gelebt, sondern er hat ihm gegenüber auch eine gewisse Distanz, er versieht es durch entsprechendes Handeln mit Sinn. Er bevölkert seine Welt mit Mächten, Göttern usw., er behandelt sie mit Kult, und er erlebt, wie diese Mächte wieder auf ihn zurückwirken, wie sie ihn in ihr Handeln einbeziehen. Religion vermittelt also eine letzte Sinnstiftung für die Welt und das Leben insgesamt, sie vermittelt aus der Unzahl möglicher Verhaltensweisen eine Selektion derer, die als sinnvoll gelten können. Dies ist ein normativer Vorgang; aus ihm leitet sich eine Hierarchie von Handlungszielen ab.

Weber verarbeitet sein religionssoziologisches Konzept zunächst zu einer Typologie religiösen Verhaltens. Innerhalb einer Gesellschaft verbinden sich religiöse Leitbilder des Handelns natürlich mit anderen Leitbildern, unterschiedliche soziale Gruppen und Berufsstände entwickeln dementsprechend je ihre eigene Religiosität. Die Krieger weisen eine Affinität zu religiöser Macht und Stärke auf, sie haben wenig übrig für religiöse Tugenden wie Demut. Entsprechende andersartige Affinitäten finden sich bei Bauern, Händlern usw.

Die Bereiche, in denen Weber seinen religionssoziologischen Ansatz konkretisiert, sind nicht die schriftlosen Kulturen (wie bei Durkheim), sondern „historische" Religionen, z. B. China, Indien, das alte Israel. In allen diesen Bereichen schält er verschiedene religiöse Verhaltenstypen mit je unterschiedlichen Zielsetzungen heraus. In China werden Konfuzianismus und Taoismus als Gruppen bestimmt, die je eigene religiöse Typen ausbilden, und im Bereich Indiens analysiert Weber Gegensätze zwischen einzelnen Gruppen innerhalb des Hinduismus. Entsprechend wird das antike Judentum (hier hat Weber die größten Detailkenntnisse; die diesbezüglichen Ausführungen sind heute noch wirksam) analysiert: Die Religion Israels wird als differenziertes Gefüge gegensätzlicher Kräfte und gegensätzlicher religiöser Orientierungen beschrieben.

Ob sich die Religion insgesamt in geringerem oder höherem Grade verändert, hängt von verschiedenen Faktoren ab. Ist eine Gesellschaft mit kulturellen Gütern und Errungenschaften gesättigt, so ist dies einer religiösen Erneuerung hinderlich. Mangelerscheinungen, insbesondere angesichts der Nachbarschaft von kulturell gesättigten Religionen, ist der religiösen Erneuerung dagegen förderlich. Daneben haben die bestehenden Religionsstrukturen einen bestimmenden Einfluß im Hinblick auf Erneuerungstendenzen: Magisch geprägte Religionen (in agrarischen Kulturen) und priesterlich kontrollierte Religionen (in städtisch geprägten Kulturen) tendieren je zu einer traditionalistischen Lebenshaltung. Es wird ein rigides Regelsystem entwickelt, aus dem man nicht ausbrechen kann. Dabei spielt es eine geringe Rolle, ob es sich um magische Regeln oder ein System von Kultvorschriften handelt.

Diese traditionalistische Daseinshaltung wird aber immer wieder durchbrochen durch den Typus des *Propheten*; Weber untersucht dies insbesondere an den alttestamentlichen Propheten. Der Prophetie wird das Merkmal der *Rationalität* zugeschrieben. In Problemsituationen, wenn die traditionalistischen Lebensformen nicht mehr tragen, treten Propheten auf, durchbrechen das rigide System magischer oder kultischer Regulierung und setzen eine

Rationalisierung der Lebensführung durch. Es kommt zu neuen, realitätsangepaßteren Sinnschemata und Handlungsweisen. Die jüdischen Propheten etwa machen der Vielgestaltigkeit religiöser Deutungsmöglichkeiten in Israel ein Ende, sie vereinheitlichen die unterschiedlichen Sinngebungsschemata und konzentrieren sie auf einen Punkt: auf den Willen Jahwes. Der Prophet ist „der Systemator im Sinne der Vereinheitlichung der Beziehung des Menschen aus letzten einheitlichen Wertpositionen heraus". Damit ist generell die rationale Systematisierung in die Menschheitsgeschichte eingeführt. An die Stelle der Orientierung an einer vielfältigen religiösen Tradition tritt die Orientierung an einem Kernpunkt religiöser Deutung. Dieses Zentrum kann nun freilich nicht der Tradition entnommen werden, sondern es wird eigenständig entwickelt und verantwortet. An die Stelle der vorgegebenen verbindlichen religiösen Überlieferung tritt die religiöse Gesinnung; gleichzeitig wird die Welt des Göttlichen auf eine Figur reduziert und konzentriert, es kommt zur Ausbildung des Monotheismus. Das ganze Verhalten ist einheitlich an dieser Gesinnung orientiert und damit rational gesteuert. Der revolutionäre Charismatiker und der an seiner Rationalität orientierte Mensch (wie er für die Neuzeit so typisch ist) sind also im Grunde identisch. Freilich sind Charismatiker in ihrer Wirksamkeit nur begrenzt; nach kurzer Innovationsphase fallen prophetische Bewegungen zurück in den Traditionalismus.

Prophetische Bewegungen kommen in arbeitsteilig ausdifferenzierten Kulturen auf. In diesem Zusammenhang sind nun gleichzeitig andere typische Entwicklungen zu beobachten. Wirtschaft, Politik und Religion sondern sich als kulturelle Teilbereiche voneinander ab, es kommt zu Spannungen unter diesen Bereichen. Manche Menschen halten diese Spannungen nicht aus, und sie ziehen sich in einen Teilbereich zurück. Besonders typisch für das Feld religiöser Erfahrung ist der Intellektuelle, der sich ganz der Religion hingibt, unter Vernachlässigung der Bereiche Wirtschaft und Politik. Diese Verhaltensweise kulminiert in der Weltflucht des *Mystikers*. Mystiker und Prophet sind gegensätzliche Figuren: Der Charismatiker will die Welt verändern, er wirkt insbesondere auf sozialem und politischem Gebiet revolutionär, er sucht also seine Verwirklichung (und gerade seine religiöse Verwirklichung) in der Welt und vereint die verschiedenen kulturellen Teilbereiche in seinem Handeln; der Mystiker dagegen zieht sich aus der Welt zurück, er will seine Religiosität gegen die Welt bewahren; seine Religion ist in einem ausgegrenzten Sonderbereich beheimatet.

Die wohl bekannteste These Max Webers betrifft den Zusammenhang zwischen *protestantischer Ethik und Kapitalismus*. Der Kapitalismus wird hier auf eine spezifisch protestantische, insbesondere calvinistische Verhaltensweise der Welt gegenüber zurückgeführt. Die Reformation gilt Weber als typisch prophetische Bewegung. Dabei betont er den Unterschied zwischen lutherischer und reformierter Ausprägung der reformatorischen Bewegung. Bei Luther finden sich noch vielfach mystische Elemente, im Calvinismus dagegen ist der prophetische Idealtyp reiner ausgebildet, wobei er sich in ganz neuen Verhaltens- und Sozialformen ausprägt. Einen wesentlichen Stellenwert nimmt die Lehre vom *syllogismus practicus* ein: Die Erwählung des Glaubenden kann abgelesen werden am Lebenswandel, die Früchte des Glaubens müssen unmittelbar sichtbar werden. Dies äußert sich dann in einem ethisch äußerst engagierten Lebenswandel. Es geht um Bewährung, die nicht um eines innerweltlichen Ziels willen geschieht, sondern für eine jenseitige Erfüllung. Genau dies macht aber auch den Geist des Kapitalismus aus. Der Kapitalist verbraucht die Früchte seiner Arbeit nicht, er ist kein Genießer; vielmehr verwendet er den Gewinn zur Neuinvestition. Insgesamt bleibt also die asketische Grundhaltung erhalten, obwohl die religiöse Dimension zunehmend zurücktritt. Es geht um den Gewinn um des Gewinnes willen.

Damit ist eine weitere Thematik gestreift, welche bei Weber wesentlich ist, ohne systematisch entfaltet zu werden: die *Säkularisierungsthese*. Der Kapitalismus ist zwar in seinen Wurzeln vom Calvinismus abhängig, aber er emanzipiert sich und gewinnt eine Eigengesetzlichkeit. Er entwickelt ein auf die Wirtschaft beschränktes äußerst rationales Handlungssystem. Das Wirtschaftssystem gewinnt also eine Eigendynamik und eine Eigengesetzlichkeit, die nicht mehr durch religiöse Vorstellungen und Normen reguliert ist.

Die neuzeitliche Ausweitung der rationalen Bearbeitung der Welt führt zur ständig erhöhten Abgrenzung einzelner Bereiche, die in sich abgeschlossen sind. Neben dem System der Wirtschaft entwickelt sich insbesondere die Bürokratie zu einem derartigen eigengesetzlichen Bereich. (Die Bürokratie ist dabei ein System, welches für Weber immer wieder zur Zielscheibe des Spottes wird.) Ein anderes eigengesetzliches System stellt die Wissenschaft dar; sie ist mit Welterklärung befaßt, es gelingt ihr, immer mehr Welt zu erklären (und zu entzaubern), ihre partielle Geltung zeigt sich aber darin, daß sie immer weniger imstande ist, umfassenden Sinn aufzuweisen. Die moderne Gesellschaft kann also keine allgemeine Weltanschauung mehr produzieren, sie kennt keine allgemeinverbindlichen Werte mehr. Es gibt eine Pluralität von Sinnstiftungen, und dies bedeutet ein Chaos von Wertentscheidungen und Weltanschauungen, die untereinander nicht mehr zu vermitteln und nicht mehr auf einen gemeinsamen Nenner zu bringen sind. In der Wissenschaft wird diese Pluralität besonders deutlich; hier zeigt sich, daß eine Versöhnung der Gegensätze schlechterdings nicht mehr möglich ist.

So wenig diese Säkularisierungsthese bei Weber ausgearbeitet ist, so wirksam ist sie trotzdem geworden. Dabei unterliegt sie ganz verschiedenen Wertungen; während die einen die Säkularisierung mit ihrem Verlust allgemein verbindlicher Werte beklagen, begrüßen sie andere als Befreiung. In der Theologie ist die Säkularisierungsthese insbesondere durch Friedrich Gogarten (1953) aufgenommen worden.

3.1.3 Der Ansatz der Wissenssoziologie

In diesem Zusammenhang sind insbesondere zwei Wissenschafter zu nennen: *Peter L. Berger*, geb. 1929 in Wien, 1939 über Frankreich und Israel in die USA emigriert. Als evangelischer Theologe ausgebildet, wendet er sich der Soziologie zu. *Thomas Luckmann*, geb. 1927, studierte in Österreich und den USA Linguistik, Philosophie und Soziologie, er lehrte in Konstanz. Zur Einführung in die Wissenssoziologie sei empfohlen: Berger/Luckmann 1966/1969. Im folgenden dienen die Arbeiten Bergers als Grundlage der Darstellung. Vgl. auch Luckmann 1963, 1967/1991 sowie in: Wössner 1972, 3ff.

Berger und Luckmann vertreten einen soziologischen Ansatz, der sich religionssoziologisch als äußerst fruchtbar erwiesen hat. Wissenssoziologie setzt bei dem ein, was in einer Gesellschaft als Wissen gilt, und zwar als *Alltagswissen*. Es wird also unterschieden zwischen dem wissenschaftlichen Wissen, den Ideen und Ideologien einerseits, und den ganz selbstverständlichen Gewißheiten des Alltags, mit denen jeder umgeht und die er mit seinen Mitmenschen teilt. Diese Selbstverständlichkeiten stellen eine „Konstruktion der Wirklichkeit" dar, die es in der Wissenssoziologie zu rekonstruieren gilt.

Die Wissenssoziologie bestimmt das Verhältnis zwischen Person und Gesellschaft dialektisch. „Gesellschaft ist ein dialektisches Phänomen, weil sie zwar ein Produkt des Menschen und nichts als das ist, ein Produkt jedoch, welches fortwährend auf seinen Produzenten zurückwirkt." (1973, 3). Dies kann an dem folgenden hypothetischen Sachverhalt einsichtig gemacht werden: Wenn sich Menschen gänzlich fremder Kulturbereiche im kulturell „luftleeren" Raum treffen sollten und genötigt wären, miteinander Kontakt aufzunehmen, so wäre dieser Kontakt nicht biologisch vorprogrammiert. Er müßte „künstlich" irgendwie erdacht und hergestellt werden, durch Gesten, Mimik usw. Ein zweiter Kontakt würde an den ersten anknüpfen, und so würde sich langsam eine Gewohnheit einspielen. Man kann sich der Kontaktgewohnheiten immer wieder bedienen, es entsteht eine Institutionalisierung des Kontakts, die das Zusammenleben erleichtert. Freilich ist diese Situation völlig irreal; faktisch ist ein Geflecht von Regeln des Verhaltens, des Reagierens und des Einordnens immer bereits vorhanden, also objektiv vorgegeben. Wenn der einzelne Mensch geboren wird, dann lernt er mit der Zeit, sich diese Regeln zu eigen zu machen.

Damit sind wesentliche Aspekte der Dialektik von Person und Gesellschaft deutlich: „Gesellschaft" ist auf der einen Seite ein Produkt von Personen, diese Personen setzen Verhalten aus sich heraus (*Externalisierung*). Dann aber bestehen diese Verhaltensweisen weiter, sie liegen in Form einer *Objektivierung* vor, losgelöst von der Situation ursprünglicher Produktion. In dieser objektiven Existenz müssen Gesellschaft und deren Institutionen auch immer wieder neu erklärt werden, bedürfen also der *Legitimation*. Und schließlich muß dann der einzelne Mensch sich die gesellschaftlichen Regeln wieder aneignen, es erfolgt also eine *Internalisierung*.

Kultur, oder, wie Berger auch sagt, „Nomos", ist menschlich notwendig. Sie gibt dem Menschen Orientierungsmöglichkeit, sie konstituiert Sinn. Das Verlangen nach Sinn ist beim Menschen da angesiedelt, wo angeborene Verhaltensweisen fehlen. Es besitzt für den Menschen geradezu die Kraft des Instinkts. Problematische Situationen ergeben sich insbesondere da, wo der Mensch an die Grenze des kulturell Gesicherten stößt. Eine ständige Bedrohung bildet vor allem der Tod. Die Erfahrung des Todes anderer und, daraus entstehend, die in Einbildungskraft und Denken geschehende Vorwegnahme des eigenen Todes destabilisiert in höchstem Maße. Aber auch sonst gibt es am Rande der Alltagserfahrungen Eindrücke, die aufweisen, daß die Welt anders sein könnte, als sie sich uns im akzeptierten Bild der Gesellschaft darstellt. Insbe-

sondere in Träumen, auch in Wachträumen, in der Welt des Neurotikers und erst recht des Psychotikers zeigen sich solche abweichenden Weltdeutungen. Abweichende Weltdeutungen aber irritieren, in gravierenden Fällen können sie Leiden und Grauen auslösen. Solche Grenzsituationen führen in die Konfrontation mit
dem Chaos. Sie sind nach Möglichkeit einzugrenzen, der Kosmos
ist so weit als möglich auszudehnen. Nichts ist der Sinngebung zu
entziehen.

Wie aber kann der Kosmos stabilisiert werden, wie kann er auf
einen Maximalumfang und zu einer Maximalgeltung gebracht
werden? Jedenfalls kann er nicht in den Wechselfällen des instabilen Alltags begründet sein. *Wirkliche Stabilität ist religiös begründet.* „Religion ist das Unterfangen des Menschen, einen heiligen
Kosmos zu errichten. Anders ausgedrückt: Religion ist Kosmisierung auf heilige Weise. Als heilig bezeichnen wir eine numinose,
furchterregende Mächtigkeit, die der Mensch anders als sich selbst
und doch mit ihm verbunden erlebt und von dem er glaubt, sie
hause in bestimmten Objekten der Erfahrung." (1973, 26). Das
Heilige sticht vom Alltagsleben ab. Auch Berger siedelt die Religion also – wie viele vor ihm – in einem Grundgegensatz zwischen
Sakralem und Profanem an. Zwischen den beiden Bereichen
herrscht eine positive Beziehung: das Sakrale gibt dem Profanen
seinen Ort. Daneben zeigt sich freilich ein weiterer, noch elementarerer Gegensatz: der zwischen dem Heiligen und dem Chaotischen, der absoluten Gefährdung des Menschen. „Alle nomischen
Konstruktionen sind dazu bestimmt, dieses Grauen in Schach zu
halten. Aber erst der heilige Kosmos ist der absolute Höhepunkt
dieser menschlichen Konstruktion. Er ist im wortwörtlichen Sinn
deren Apotheose." (1973, 28). In der Welterrichtung des Menschen spielt also Religion eine grundlegende Rolle. Schlechterdings alles Seiende ist letztlich dem Sinngebungsprozeß der Religion unterworfen. „Religion ist der kühne Versuch, das gesamte
Universum auf den Menschen zu beziehen und für ihn zu beanspruchen." (ebd.).

Religion hat als grundlegende Dimension der Wirklichkeitskonstruktion für alle Bereiche dieser Wirklichkeit legitimierende
Funktion, d. h. sie muß die Welt in ihrer Ordnung erklären, begründen, in Erinnerung rufen. Dafür stehen verschiedene Mittel
bereit. Zu nennen sind einmal Sprichwörter, die ganz am Rand des
Religiösen angesiedelt sind; dann Mythen, die immer auch mit der
Sozialordnung befaßt sind; und schließlich das Ritual.

Die orientierende Kraft der Religion muß sich auch in Grenzsituationen bewähren, gerade in Grenzsituationen, welche die Alltagswelt in Frage stellen. Diese müssen in den sinnvollen Nomos integriert werden. Wie angedeutet, sind Erfahrungen des Halbbewußten, Träume, Ekstase, Umgang mit dem Tod elementare Erfahrungen der Infragestellung. Religion nimmt deshalb gerade diese Erfahrungen auf und bezieht sie auf die Alltagswirklichkeit, sie stiftet einen Zusammenhang zwischen Grenzsituation und Normalsituation. Die Grenzsituationen sind jetzt strukturiert, sie können durchlebt werden; und anschließend ist dann die Möglichkeit gegeben, wieder in den Alltag zurückzukehren.

Religion wird konstituiert in ständigem religiösen Handeln, das im sozialen Zusammenhang geschieht. Damit ist der religiöse Kosmos kontinuierlich genährt und in Kraft gesetzt, und auf diese Weise gewinnt die religiös fundierte Welt ihre Dauerhaftigkeit und ihre Verbindlichkeit für den einzelnen; sie hat damit ihre *Plausibilitätsstruktur.*

Der Nomos, der letztlich durch die Religion garantiert wird, muß anomischen Erfahrungen standhalten. Damit ist das Problem der *Theodizee* gestellt. Theodizee ist nicht einfach eine Theorie, sie kann sich nicht auf ein Gedanken- und Vorstellungssystem beschränken; sie muß sich vielmehr lebenspraktisch bewähren. Der einzelne muß seine Erfahrungen im Erfahrungspotential der Gemeinschaft einordnen können. Er muß also Individuelles in Typisches umwandeln können, er muß seine ureigenen Erfahrungen von sich selbst wegbringen und in den Erfahrungsmöglichkeiten der Gemeinschaft einordnen. Damit ist ein Stück „Selbstverleugnung" gefordert; es geht um die Delegation der persönlichen Problematik an die Gemeinschaft, welche entsprechende Lösungsmöglichkeiten bereithält.

Es gibt verschiedene Typen von Theodizee. Sie lassen sich aufgliedern in eher irrational und eher rational orientierte. Am irrationalen Pol finden sich Lösungstypen, welche die einfache Identifikation des individuellen Selbst mit der Gesellschaft vorsehen. Der individuelle Tod wird dann etwa durch die Gewißheit verarbeitet, daß doch die Gemeinschaft als ganze überlebt; der persönlichen Todeserwartung wird die Lebenserwartung der Gemeinschaft gegenübergestellt. Solche identifikatorische Teilhabe ist nicht nur in primitiven Religionen zu beobachten, sondern auch in Hochreligionen; die Mystik hebt das Identifikationsprinzip auf eine höchste Ebene. Ein Gegenpol ist gegeben im Komplex der Karma-Samsara-Spekulation in der indischen Religion: Das individuelle Schicksal ist durch eine endlose Zahl von Lebens- und Todeswiederholungen nach genauem rationalem Plan strukturiert (*samsa-ra*). Der Kreislauf des Lebens ist durch *karma* geregelt, Tun und Ergehen sind ganz genau aufeinander abgestimmt. Jedem ist seine Ordnung vorgegeben (*dharma*), er kann demnach sein Geschick eigenverantwortlich steuern. Zwischen dem irrational-identifika-torischen und dem extrem rationalen Typ ist eine ganze Reihe von anderen Typen angesiedelt.

Berger wendet seine Fragestellung auch auf die Entwicklung der Religion in der *Neuzeit*, insbesondere im Bereich des Christentums an. Hier stößt er auf den Vorgang der *Säkularisierung*. Er definiert Säkularisierung als Prozeß, durch den Teile der Gesellschaft und Ausschnitte der Kultur aus der Herrschaft religiöser Institutionen und Symbole entlassen werden. Es entstehen autonome Bezirke des Lebens, Bereiche mit Eigengesetzlichkeit, ohne religiöse Inhalte oder Bezüge zum Religiösen. Dieser Vorgang hat auch seine subjektive Seite: Es gibt Personen, welche sich ihre Welt und ihr Dasein ohne Zuhilfenahme von Religion erklären können und für die die Religion lebenspraktisch keine Bedeutung mehr hat. Dabei betont Berger, daß die Wurzeln der Säkularisierung im Christentum selbst gründen. (Er knüpft an eine von Max Weber vorgetragene Interpretation des altisraelitischen Monotheismus an, nach welcher der Monotheismus die Welt „rationalisiert".) Die Säkularisierung schafft für die Religion in zwei Hinsichten ganz neue Probleme.

Ein Problem ergibt sich auf der Ebene der Plausibilität. Plausibilität ist an die Gemeinschaft gebunden, und der Bereich der Religion ist ursprünglich durch die Gemeinschaft als ganze vorgegeben. Nun wird aber dieser Bereich aufgegliedert. Bestimmte Räume erhalten ihre von der Religion unabhängige Eigengesetzlichkeit. Der Raum der Wirtschaft, der Raum der Politik usw. entschwinden aus dem Feld, in dem Religion gültig ist. So wird zunächst die private Alltagswelt und ihre Vergemeinschaftung zum Feld religiöser Plausibilität, insbesondere die Familie. Religion wird also individualisiert und privatisiert.

Gleichzeitig gelangt die Religion in eine Wettbewerbssituation. Verschiedene Religionsgemeinschaften konkurrieren im freien Markt, der einzelne hat also die Wahl zwischen ganz verschiedenen Möglichkeiten. Dabei sind alle Mechanismen festzustellen, die auch sonst im Markt gelten: Es kommt zur Rationalisierung der sozioreligiösen Strukturen, die nur so konkurrenzfähig bleiben können; es kommt zur Bürokratisierung; es kommt zur Kartellbildung (Ökumene). Die Religionen analysieren den Bedarf nach Religiosität, sie müssen sich nach Absatzmöglichkeiten richten usw. Die pluralistische Situation verringert natürlich die Kraft und die Dauerhaftigkeit der Plausibilitätsstruktur. Es gibt zwei Reaktionstypen auf diese Problematik: Entweder man öffnet sich der pluralistischen Situation und nimmt die Krise der Plausibilität in Kauf (dies der klassische protestantische Weg, im Katholizismus der Weg des *aggiornamento*); oder man tut, als ob nichts geschehen wäre (konservativer Weg), was aber zunehmend zu sozialer Randständigkeit der Religion führt.

Eine zweite Dimension, die für die neuzeitliche Religion problematisch wird, betrifft die Ebene der Legitimation. Insbesondere der protestantische Weg, Religion in der neuen Situation durchzuhalten, indem er eine Synthese zwischen Christentum und pluralistischer Kultur propagiert, muß neue Wege der Religionsbegründung suchen. Der bloße Verweis auf Tradition genügt nicht mehr. Genau so, wie sich der Weg der Konservativen verbietet, verbietet sich der Weg der Progressiven: Religion, die dauernd hinter säkularen Bewegungen herläuft, löst sich selbst auf.

Auf neue Möglichkeiten von Religiosität verweist Berger in seinem Buch „Auf den Spuren der Engel" (1981), mit dem bezeichnenden Untertitel: „Die moderne Gesellschaft und die Wiederentdeckung der Transzendenz." *Transzendenz* ist zu finden, wo sich die Konfrontation mit einer Wirklichkeit einstellt, die eine Ordnung vermittelt, welche die Zufälligkeit des Augenblicks übersteigt. Eine solche Ordnung ist ein Grundbedürfnis des Menschen. Gibt es nun Orte, an welchen eine Erfahrung von Ordnung zum Menschsein an sich gehört?

Berger skizziert zur Beantwortung dieser Frage Szenen, z. B.: Ein Kind wacht nachts auf, es ist desorientiert und weint. Es ruft die Mutter; die Mutter kommt und beruhigt das Kind: „Alles ist in Ordnung." (1981, 66). Dieser Vorgang ist eine Alltäglichkeit, zu deren Erläuterung keine religiöse Dimension nötig ist. Der Vorgang ist gewöhnlich. „Aber gerade, daß es so gewöhnlich ist, wirft die keineswegs gewöhnliche Frage auf – eine Frage, die unmittelbar in eine religiöse Dimension reicht: Belügt die Mutter das Kind? Nur wenn ein religiöses Verständnis des menschlichen Daseins Wahrheit enthält, kann die Antwort aus vollem Herzen nein lauten. Ist dagegen das ‚Natürliche' die einzige Wirklichkeit, so lügt die Mutter. Sie lügt zwar aus Liebe, und so lügt sie auch wieder nicht. Nimmt man sie jedoch statt bei der Liebe beim Wort und analysiert es radikal, so ist, was sie sagt, eine Lüge. Warum? Weil der Trost, den sie gibt, über sie und ihr Kind, über die Zufälligkeit der Personen und der Situation hinaus reicht und eine Behauptung über die Wirklichkeit als solche enthält." (ebd.). Eltern müssen also für ihre Kinder als „Weltbauer" und „Weltschützer" auftreten. Sie müssen eine Welt aufbauen, die in Ordnung ist; so können sie das Urvertrauen nähren, ohne welches das Kind nicht gedeihen kann. Diese Welt muß dem Kind Schutz versprechen. Berger spricht von einem „induktiven Glauben". Von der Struktur alltäglicher Erfahrungen her wird eine Dimension des Religiösen aufgewiesen.

Andere derartige Erfahrungsbereiche kommen etwa im Spiel vor, in dem heile Welt gesetzt wird. Noch in einigen weiteren Dimensionen, für die Berger unmittelbare lebensweltliche Evidenz postuliert, wird eine analoge Struktur aufgewiesen. Es gibt also Religiosität, die auch für den Menschen im pluralistischen Zeitalter selbstverständlich und lebensnotwendig ist. Diese im Privatraum angesiedelte Religiosität wird gar nicht als solche empfunden.

An dieser Stelle kommt die Frage nach dem Stellenwert religiöser Tradition auf. Diese hat explikative und interpretative Funktion im Hinblick auf individuelle religiöse Alltagserfahrung; in diesem Raum des Privaten muß sie ihre Plausibilität gewinnen. Solche Alltagserfahrung kann durch eine interpretative Verwendung traditioneller symbolischer Ressourcen benannt und eingeordnet werden.

Die Religion muß also die Felder ihrer Bewährung wieder neu entdecken, sie kann nicht von traditionellen Positionen aus operieren. Dabei sieht sich das Christentum in einer ganz neuen Situation; es steht in einem vielfältigen Konkurrenzkampf, den einerseits innerchristliche, andererseits neben- und außerchristliche Positionen bestimmen. Der einzelne hat volle Freiheit darin, wie er seine Bedürfnisse am Markt religiöser Möglichkeiten decken will. „Zwischen Jerusalem und Benares" (1980, 171ff.) steht ihm alles offen.

3.2 Konkretisierung eines Problemfeldes: Individuum und Gemeinschaft

Zweierlei ist aus dem vorhergehenden Abschnitt deutlich geworden: Die Gemeinschaft besitzt einen Komplex religiöser Vorstellungen, sie strukturiert bestimmte religiöse Vorgänge und gibt bestimmte religiöse Normen vor. Der einzelne rezipiert diese Vorstellungen, vollzieht sie nach und macht sich die Normen zu eigen; aber er gibt möglicherweise dem Vorgegebenen eine individuelle Ausprägung, er gestaltet es um. Das je individuelle Erlebnis beispielsweise eines Festes oder die Art und Weise, mit der der einzelne mit einer Norm umgeht, unterliegt erheblichen individuellen Unterschieden; die Erlebnistiefe variiert, die Prägung verläuft ungleich, und Erinnerungen werden unterschiedlich wirksam. Es kann zu Spannungen zwischen der vorgegebenen Religion und dem religiösen Erleben des einzelnen kommen, sogar Konflikte sind denkbar. Es gibt eine große Spannbreite an Verhältnisbestimmungen zwischen dem durch die Gemeinschaft Vorgegebenen und dem individuell Realisierten.

In welcher Weise ist das gemeinschaftlich Vorgegebene überhaupt zu fassen? Die unmittelbaren Daten, die dem Religionswissenschafter zugänglich sind, sind immer individuelle Daten; nur wenn diese einem Abstraktionsprozeß, einer Verallgemeinerung unterzogen werden, ergibt sich das allgemein Gültige und Verbindliche. Die Beschreibung eines religiösen Sachverhalts erfordert also bereits eine Beachtung zweier Gesichtspunkte: Man hat mit gesellschaftlich Vorgegebenem zu rechnen, welches individuell realisiert ist; das individuell Realisierte ist darzustellen als Verwirklichung einer gesellschaftlich vorgegebenen Möglichkeit.

In der Verhältnisbestimmung zwischen Individuum und Gemeinschaft ist forschungsgeschichtlich die Unterscheidung zwischen *„primitiven"* und *„entwickelten"* Gemeinschaften wesentlich gewesen (wobei „primitiv" nach dem Willen der meisten Gelehrten, die den Begriff verwenden, keinen wertenden Beigeschmack haben soll). Für primitive Gesellschaften hat man häufig eine Dominanz der Gemeinschaft in einem Maße postuliert, daß man der individuellen Lebensgestaltung kaum Raum läßt. Im Fall der entwickelten Gesellschaften dagegen ist man von einer Dominanz der individuellen Lebensgestaltung ausgegangen, so daß dann das gemeinschaftlich Vorgegebene in den Hintergrund tritt. Diese Unterscheidung und Wertung hat ihren Ursprung im 19. Jahrhundert. Die Prävalenz von Individualität und Individuum ist in dieser Epoche problemlose Selbstverständlichkeit und wird darum nicht hinterfragt; umso mehr konzentriert man sich auf die „primitiven und archaischen" Völker, die „Naturvölker". Dabei ist man von einem Evolutionsdenken geleitet: Man rechnet mit einer globalen Entwicklung der Menschheit vom primitiven zu einem zivilisiert-fortgeschrittenen Stadium (zu diesem Konzept gesellschaftlicher Evolution vgl. 6.2.1).

Beispielhaft für derlei Überlegungen sind die Arbeiten von *Lucien Lévy-Bruhl* (1857–1939). Lévy-Bruhl war ursprünglich Philosoph, als Professor für Philosophiegeschichte schrieb er Arbeiten über Jacobi und Comte. Er konzentrierte sich dann auf das Thema der Moral, und im Zusammenhang mit Überlegungen zur Geschichte der Moral geriet er an das Problem der Moral bei außereuropäischen, primitiven Völkern. In zwei bekannten Werken findet sich die klassische Fassung der Theorien von Lévy-Bruhl (1910, 1922). In der Folge problematisiert er selbst seine eigenen Thesen zunehmend; am deutlichsten in den Tagebuchnotizen der spätesten Zeit (posthum herausgegeben durch M. Leenhardt, 1949). Diese Notizen werden häufig als Widerruf früherer Überlegungen gekennzeichnet, was keineswegs stimmt.

Welches sind nun die Kennzeichen der *primitiven Mentalität*? Ein erstes Prädikat, das ihnen zukommt, lautet *prälogisch*. Prälogisch bedeutet nicht antilogisch; auch der Primitive kann nach Lévy-Bruhl logisch denken, d. h. sich angemessen der Umwelt gegenüber verhalten. Wenn es regnet, geht der Primitive unter das Dach. Insbesondere wenn er allein ist, gehorcht er den Gesetzen der Logik. In Gemeinschaft aber ist der einzelne ganz durch das Kollektiv bestimmt. Das Gesetz, das hier das Leben reguliert, ist das Gesetz der Teilhabe (loi de la participation, oder, genauer: participation mystique). Dieses Denken ist nicht auf deutliche Unterscheidung hin angelegt, vielmehr ist es assoziativ geregelt. Unterschiedliche Dinge werden zusammengedacht und miteinander verbunden, das kollektive Denken ist eher dem Bilde als der Logik verpflichtet. Das kollektive Bewußtsein wird in Kollektivveranstaltungen aufgebaut, insbesondere in kultischen Vorgängen, im Tanz usw. Solches Gemeinschaftserleben ist durch emotionale Faktoren bestimmt.

Für den Primitiven gibt es also eine ganz bestimmte Hierarchie der Denkweisen. Bestimmend ist für ihn die Orientierung der Gemeinschaft, welche ihn emotional steuert. Dem entspricht das prälogische Denken. Das logische Denken, welches in erster Linie dem individuellen Urteilen zugeordnet ist, ist zwar vorhanden, aber es ist untergeordnet. In der modernen Gesellschaft kehrt sich diese Hierarchie genau um: Hier steht das Individuum mit seinem logischen Denken im Zentrum, von da her kann sich die Logik als lebensbestimmende Macht durchsetzen. Demnach ergibt sich also eine gesellschaftliche Entwicklung, in welcher die Orientierung von der Gemeinschaft zunehmend auf das Individuum rückt, das Affektive zunehmend zugunsten des Intellektuellen abgebaut wird, und der einzelne immer mehr Selbstbestimmung erlangt.

Das Thema der „primitiven Religionen" und die Frage nach deren besonderen Denkvoraussetzungen hat auch nach Lévy-Bruhl die Forschung ausgiebig beschäftigt; vgl. z. B. Evans-Pritchard 1965/1968; Dupré 1975.

Die Problematik der Überlegungen von Lévy-Bruhl wird bereits klar, wenn man Feldforschungen zur Kenntnis nimmt, in welchen einzelne Dörfer und die darin lebenden Personen sogenannt primitiver Kulturen genau beschrieben werden. Beispielhaft ist etwa die Arbeit von *Margaret Mead* (1935/1979). Sie untersucht in den Zwanziger und Dreißiger Jahren dieses Jahrhunderts verschiedene Dörfer auf Samoa, auf den Admiralitätsinseln und auf Neu-Guinea. Dabei beschreibt sie die einzelnen Einwohner der Dörfer, sie beschreibt die unterschiedlichen Ehen, die Kinder, die diesen Ehen entspringen usw. Dabei wird deutlich, daß die Menschen absolut nicht untereinander gleich sind, vielmehr gibt es eine individuelle Variabilität genau wie bei uns. In den schriftlosen, technologisch ärmsten Kulturen entwickeln die einzelnen Menschen ihre Eigenart genauso wie in hochzivilisierten Gesellschaften.

Dieses Thema beschäftigt u. a. *Paul Radin* (1883–1959), der besonders bei den Ojibwa- und bei den Winnebago-Indianern Feldforschungen betrieben hat. Er kommt von sozialpsychologischen Fragestellungen seiner Zeit her und versucht, Reaktionstypen herauszuarbeiten, die sowohl im Bereich primitiver wie auch entwickelter Kulturen eine grundlegende Rolle spielen.

Radin trifft in seinen Werken zunächst eine Unterscheidung zwischen dem Tatmenschen und dem Denker: Der Tatmensch „interessiert sich in der Regel für praktische Ergebnisse und ist den Forderungen und Regungen seinem Inneren gegenüber gleichgültig. Er anerkennt sie zweifellos, aber er gesteht ihnen keinen bestimmenden oder ursächlichen Einfluß auf seine Handlungen zu. Auch der Denker strebt seinerseits praktische Ergebnisse an, und dies ist bei primitiven Menschen aus besonderen kulturellen Gründen in einem viel ausgesprocheneren Ausmaß der Fall als bei uns; aber er wird doch durch seine ganze Natur dazu getrieben, beträchtliche Zeit der Analyse seines subjektiven Zustandes zu widmen. Aus ihm leitet er sowohl einen ziemlich großen Einfluß auf seine Handlungen ab als auch auf die Deutung, die er ihnen gibt." (1953, 47; vgl. 1951, 26ff.). Tatmenschen und Denker findet Radin einerseits als Typen in allen menschlichen Gesellschaften, aber er entdeckt sie auch als Typen der Literatur, sowohl der nichtreligiösen als auch der religiösen; im letzteren Falle bedeutet dies, daß auch unter den höheren Wesen und Göttern einerseits Tattypen, andererseits Denktypen bestehen. So wie sich im Alltag Tatmensch und Denker voneinander unterscheiden, so können sie also auch in ihrer religiösen Orientierung auf verschiedene Figuren, die dem Tatmenschen bzw. eher dem Denker entsprechen, zurückgreifen.

Im weiteren unterscheidet Radin zwischen dauernd religiösen Menschen und nur sporadisch oder gar nicht religiösen Menschen. Häufig wird die Meinung geäußert, daß das Leben des Primitiven durch und durch religiös bestimmt sei; man spricht etwa von einer „primitiven Pansakralität", welche man z. B. auch für die Vor- und Frühzeit Israels vermutet hat und die eine durch und durch religiöse Regulierung aller Lebensvollzüge voraussetzt (Buber 1948, 71; aufgenommen durch v. Rad 1951, 29 usw.). Radin betont demgegenüber, daß ihm in den von ihm untersuchten Kulturen sowohl religiöse als auch nichtreligiöse Menschen begegnet sind, genau wie in der modernen Gesellschaft auch. So müßte man also zwischen religiösen und nichtreligiösen Individuen unterscheiden.

Schließlich unterscheidet Radin zwischen dem Mystiker und dem normalen frommen Menschen. Beide sind dauernd religiös, beide sind Denkertypen; der erstere aber ist zusätzlich ein Dichter, er versucht, seinen Empfindungen Ausdruck zu geben; der letztere ist ein Moralist, er versucht, seinen Normen Geltung zu verschaffen, er entwickelt deshalb sein Gewissen und kontrolliert sein Handeln besonders rigoros.

Die Unterscheidungen Radins sind insgesamt problematisch und heute kaum mehr verwendbar. Trotzdem bleiben seine Untersuchungen von Wert, weil er die individuelle Variabilität in einzelnen schriftlosen Kulturen thematisiert und zur Darstellung gebracht hat. Er hat damit das Zerrbild einer uniformierten, alle Individualitäten einebnenden Gemeinschaft überwunden. Einen neueren, außerordentlich wichtigen Beitrag zum Problem hat Mary Douglas (1970/1974) geliefert.

Über die Feststellung individueller Variabilität der religiösen Bindung hinaus ist das Gesamturteil sicher dennoch richtig, daß das Verhältnis zwischen Gemeinschaft und Individuum gewissen typischen Veränderungen und Entwicklungslinien unterliegt. Dies läßt sich etwa am Beispiel der Religion Israels deutlich machen. Es ist bekannt, daß mit dem babylonischen Exil in Israel ein Individualitätsschub einsetzt. In dieser Zeit kommen charakteristische Themen auf, zum Beispiel die Frage nach individueller Gerechtigkeit und Vergeltung. Ein Sprichwort, das im exilierten Judentum kursiert, lautet: „Die Väter haben saure Trauben gegessen, und den Kindern sind die Zähne stumpf geworden." (Ez 18,2). Man geht also von einer Kollektivschuld und einer Kollektivhaftung aus. Dies wird nun durch Ezechiel zurückgewiesen; er proklamiert die Einzelhaftung und die individuelle Vergeltung. Gerechtigkeit ist damit in erster Linie dem einzelnen zugeordnet, nicht der Gemeinschaft. Im selben Moment werden andere Probleme des isolierten Individuums drängender; zum Beispiel das Problem des individuellen Todes: Der einzelne ist nicht mehr integriert in die Sippe, die weiterlebt; die Konzeption einer Gemeinschaft der Lebenden und der Toten ist nicht mehr von Belang. Auch in dieser Beziehung erfolgen Umschichtungen im nachexilischen Israel. Natürlich werden die Lösungswege zur Bewältigung dieser Probleme nicht individuell entwickelt, sondern in der Gemeinschaft bzw. in einzelnen Gemeinschaften. Es sind jetzt freilich nicht mehr gewachsene, „natürliche" Gemeinschaften, sondern Glaubensgemeinschaften. Seit dem Exil gibt es ein Nebeneinander vieler konkurrierender jüdischer Gruppen mit je eigener Ausformung der Lösungswege religiöser Probleme. Es kommt also zu einer starken Zunahme des religionsinternen Pluralismus, und die Gruppen konkurrieren gegenseitig miteinander. Ein Stück weit hat der einzelne die Wahlmöglichkeit im Hinblick auf vorgeformte Strategien zur Lösung religiöser Probleme (vgl. Stolz 1983b).

Auch wo das persönliche, individuelle Verhältnis zu Gott besonders betont wird, liegt natürlich ein Gemeinschaftsbezug vor. Dies läßt sich innerhalb des Christentums etwa am Pietismus zeigen. Hier und in späteren Erweckungsbewegungen, auch in evangelikalen Kreisen der Gegenwart, sind die individuellen Bekehrungserlebnisse weitgehend nach einem einheitlichen Muster geformt. An Erweckungsveranstaltungen hört man ganz uniforme Zeugnisse von persönlichen, unverwechselbaren Bekehrungen. „Individuell" bedeutet also keineswegs „unvergleichbar" und „einzigartig"; doch ist der Orientierungsrahmen des Erlebnisses primär die eigene Person, erst sekundär die Gemeinschaft. Der Orientierungsschwerpunkt kann sich also zwischen den Polen Gemeinschaft und Individuum verlagern.

Darüber hinaus können ganze Kulturen als mehr oder weniger „religiös" qualifiziert werden. Es gibt Ethnien, in welchen das religiöse Symbolsystem für den Alltag eine besonders große, und andere, in denen es eine besonders kleine Rolle spielt (Douglas 1970/1974). In welchem Maße die Meinungen in dieser Hinsicht in Einzelfällen auseinandergehen, zeigt das Beispiel der Beurteilung der Religiosität frühsemitischer Nomaden. In der alttestamentlichen Forschung ist es üblich, daß für diese Stämme eine „dichte" Religiosität vorausgesetzt wird. Man rechnet mit „Vätergöttern", welche die einzelnen Sippen überall geleiten und ihnen ihren Schutz zukommen lassen (Alt 1929/1953; Maag 1958/ 1980); alle Lebenszusammenhänge im Frieden wie im Krieg wären demnach durch das Symbolsystem reguliert. Die Arabisten klassifizieren die Nomaden des semitischen Bereiches dagegen gern als insgesamt religiös desinteressiert. Klassisch ist das Zitat von Julius Wellhausen: „Selbst ist der Mann, sein Arm ist sein Gott, keinem Heiligen befiehlt er seine Seele." (Wellhausen 1897, 228).

3.3 Die menschliche Gesellschaft in ihrem natürlichen Umfeld

Menschliche Gemeinschaften existieren in einem bestimmten natürlichen und geographischen Umfeld, welches die Bedingungen des Lebens in höherem oder geringerem Maße bestimmt. Diese Faktoren spielen für alle Religionen eine Rolle, die freilich vielfach variiert; sie lassen sich als Problemstellungen der *Religionsgeographie* kennzeichnen.

Von seinen biologischen Ursprüngen her ist der Mensch in einer Frühphase seiner Geschichte zunächst ein Wildbeuter gewesen: Das Sammeln von eßbaren Früchten, Wurzeln, Samen usw. sowie die Jagd von größeren und kleineren Tieren (bis hin zu Insekten und Maden), natürlich auch das Fischen gehört zu den ursprünglichsten Formen menschlicher Wirtschaft, welche bis in die Gegenwart hinein von einigen Gruppen beibehalten wurden. Diese Lebensweise bedingt eine hochgradige Einpassung an die natürliche Umwelt, von der man völlig abhängig ist. Die Nahrungsressourcen einer bestimmten Ortslage sind in der Regel schnell erschöpft, so daß die Gruppe dazu genötigt ist, weiterzuziehen. Der Lebensraum besteht also in einem größeren Gebiet, in welchem die Einheit (in der Regel eine Großfamilie) umherschweift; die lebensbestimmenden Mächte sind in diesem Lebensraum angesiedelt, sie verkörpern sich beispielsweise als Eigner des Jagdwildbestandes (man spricht in der Regel vom „Herrn der Tiere"), sie manifestieren sich (in ariden Gebieten) als Wasserlöcher, sie sind sichtbar als besondere Merkmale der Landschaft, an denen man sich orientieren kann. Diese Art religiöser Bearbeitung der Landschaft ist auch in anderen gesellschaftlichen und kulturellen Kontexten zu beobachten: Bei den Griechen sind Berge, Flüsse und bestimmte Haine von Göttern, Halbgöttern und Dämonen besetzt, auch die meisten Varianten des Christentums kennen noch eine sakrale Geographie; erst der Protestantismus versucht sich davon freizumachen.

Je größer die Abhängigkeit des Menschen von seiner Umwelt, desto „dichter" deren religiöse Bearbeitung; wichtig sind die Nahrungsressourcen der Umwelt, das Klima und besonders auffällige Merkmale der Landschaft (Fragestellungen der *Religionsökologie*). Vielfach entwickeln sich in Religionen mit ähnlichen Umweltbedingungen analoge Erscheinungen (eine sogenannte „Konvergenz"); allerdings darf man keineswegs annehmen, daß analoge Umweltbedingungen notwendig zu Analogien religiöser Strukturen führen; die Beobachtung solcher Zusammenhänge zwischen Umweltverarbeitung und Religion ergibt jedoch eine wesentliche Perspektive für Analyse und Vergleich.

Charakteristische Veränderungen im Verhältnis zwischen Lebensgestaltung und Lebensraum ergeben sich beim Übergang vom Wildbeutertum zum Pflanzertum. Diese Entwicklung ist in gewissen Bereichen archäologisch nachweisbar; insbesondere im Vordern Orient (iranisches Bergland) ist die „neolithische Revolution" (die sich über Jahrhunderte und Jahrtausende erstreckt) dokumentiert: Sehr langsam erfolgt der Übergang von aneignenden zu anbauenden Wirtschaftsformen; bestimmte Getreidearten werden mit der Zeit systematisch angebaut, gleichzeitig kommt es zur ersten Domestikation von Wildtieren (Ziege, Schaf, Hund). Die Siedlungsform paßt sich an: Dauerhaftere Siedlungsformen werden möglich, es entstehen Dörfer, andererseits entstehen neue Typen von Nomadismus im Zusammenhang mit der Haltung von Herdentieren. Im Umfeld von Urwäldern ergibt sich häufig die Brandrodungskultur (shifting culture), d. h. man legt in regelmäßigen Abständen neue Felder an, indem man den Urwald niederbrennt. Im Verhältnis zu den Wildbeutern wird hier die Umwelt also in viel höherem Maße durch kulturelle Techniken umgeformt. Damit ergeben sich neue Lebensbedingungen, welche religiös artikuliert werden: Der planmäßige Eingriff in die natürlich gegebene Umgebung wird häufig als problematisch empfunden, der Erwerb kultureller Techniken als zwiespältig (die „Kulturbringer" oder Trickster gelten häufig als Gauner oder gar Frevler, man denke etwa an Prometheus, der den Menschen den Gebrauch des Feuers lehrt). Die gezielte Produktion von Leben durch Zucht von Pflanzen und Tieren bedeutet auch bewußten Umgang mit dem Tod; häufig wird in diesem kulturellen Umfeld die Tötung zum Thema von Mythen und Riten (Jensen 1948).

Eine Intensivierung der Ackerbaukultur führt zu neuen Gestaltungen des Lebensraumes. Historisch am frühesten faßbar sind die Hochkulturen Mesopotamiens und Ägyptens. Sie sind je durch die Technik des Bewässerungsfeldbaus bestimmt: Die Flußläufe werden der Kontrolle unterworfen; Sumpf wird trockengelegt, trockenes Land bewässert. Die Siedlungen werden größer – erste Großstädte entstehen. Der Bedarf an Holz für Sakral- und Repräsentationsbauten führt zu ersten Entwaldungen im Gebiet des Libanons und Syriens. Wieder sind diese Vorgänge religiös verarbeitet; gerade die Entwaldung des Libanon beispielsweise wird als kulturelle Großtat des Helden Gilgameš gefeiert, der unter dem Schutz seines Gottes die Gottheit des unberührten Waldes zu überwinden vermag. Die Bewässerungstechnik, der Unterhalt der Kanäle und das Leben in größeren Gemeinschaften bedingt eine hochgradige Organisation und Aufteilung der Arbeit, eine Neuverteilung der Macht usw. Die Gestaltung der Umwelt und die Formung der sozialen Beziehungen hängen eng miteinander zusammen (vgl. 3.4).

Insgesamt zeigt sich eine Entwicklung zu immer größerer Beherrschung der Umwelt; sie gipfelt in der Moderne darin, daß „Natur", also der Bereich, der dem Menschen ursprünglich entzogen war, „unter Schutz gestellt" werden muß: Man muß dafür sorgen, daß es noch Bereiche gibt, die nicht vom Menschen beherrscht, genutzt und verplant werden. Natürlich unterliegen auch solche Erfahrungen religiöser Verarbeitung (etwa im Bereich „ökologischer" Religiosität).

Andere religionsgeographische Problemstellungen betreffen sodann die Verbreitung der Religionen im geographischen Raum. Gewisse Typen von Gesellschaften zeichnen sich durch eine „Identität aller Grenzen" aus: Als „eigentliche" Welt wird nur wahrgenommen, was zum eigenen Lebensbereich gehört (also das eigene Dorf, das eigene Schweifgebiet o. ä.). Dieser Bereich ist durch die „Religion" (die freilich gar nicht als eigener Gegenstandsbereich empfunden wird) beleuchtet; das andere bleibt im Dunkel, erscheint höchstens als „Gegenwelt" (vgl. 4.3). Vielfach bleibt Religion mit den gesellschaftlichen Autoritäten – von der Familie bis hin zu den Zentren der Machtverteilung – verbunden, etwa in den Reichsreligionen der Hochkulturen, im Islam der klassischen Zeit oder auch im mittelalterlichen Christentum. Die Ausbreitung einer Religion erfolgt dann mit der Ausbreitung des Herrschaftsbereichs, häufig auch mit gewaltsamen Mitteln – man denke an die Ausbreitung des Christentums oder des Islam im Mittelalter.

Religion hat jedoch in Gesellschaften mit höherem Organisationsgrad auch eine eigenständige Gestalt gefunden und sich von anderen Formen der Gesellschaft abgelöst. Religiöse Praktiken, Anschauungen und Schriften verbreiten sich dann unabhängig von politischen Grenzen, insbesondere entlang der Handelswege. Geistige Güter werden vielfach mit den materiellen zusammen ausgetauscht: Manichäismus und Christentum fanden im frühen Mittelalter der „Seidenstraße" entlang ihren Weg bis hin nach China; der Islam verbreitete sich an der ostafrikanischen Küste, malaiische Kaufleute brachten ihn nach Indonesien, was dort zu gravierenden sozialen Umschichtungen führte (in vielen traditionellen Gemeinschaften hatten die Frauen einen viel höheren sozialen Rang als im Islam). Politische, wirtschaftliche, soziale und religiöse Faktoren wirken so zusammen; sie sind zu beschreiben einerseits im geographischen Raum, andererseits in der historischen Dimension.

3.4 Typologie von Gesellschafts- und Religionssystemen

Verschiedene Typen menschlicher Gesellschaft haben ein unterschiedliches Verhältnis zu ihrer natürlichen Umwelt. Das Maß der Bearbeitung und Umgestaltung der natürlichen Umwelt bestimmt auch die innere Gliederung einer Gesellschaft, deren Arbeitsteiligkeit und Ausdifferenzierung gesellschaftlicher Funktionen. Als Faustregel gilt: Je größer die Kontrolle über die Umwelt wird, desto komplexer die gesellschaftliche Organisation. Unterschiedliche Grade gesellschaftlicher Ausdifferenzierung können in einem evolutionären Schema gesehen werden: Höhere Differenzierung löst niederere ab. Dies entspricht bereits der biologischen Evolutionstheorie: Höher organisierte Lebewesen mit spezifischerer Umweltanpassung sind im Evolutionsverlauf später angesiedelt als niederer organisierte. In der Evolution der Kulturen wäre dann allerdings nicht Umwelteinpassung, sondern Umweltbeherrschung das Kriterium. Je differenzierter die Gesellschaft, desto erfolgreicher ist die Umgestaltung der Umwelt, die Distanz zwischen Kultur und Natur, damit auch der Gewinn an Arbeitskraft, die nicht zum unmittelbaren Überleben eingesetzt werden muß (vgl. die ausführlichere Diskussion dieses Konzepts unter 6.2.4).

a) Gesellschaften, die häufig als „primitiv", „archaisch" bezeichnet werden, sind Gesellschaften mit geringer Arbeitsteilung und einer wenig entwickelten Technologie. Jeder kann jede wirtschaftlich notwendige Funktion übernehmen; allenfalls gibt es eine Ausdifferenzierung der Aufgaben von Mann und Frau (in Jäger- und Sammlerkulturen ist es häufig so, daß dem Mann die Jagd obliegt, der Frau das Sammeln; doch ist eine derartige Einteilung nicht obligatorisch). Was ihren sozialen Aufbau betrifft, können solche Gesellschaften als *segmentär* bezeichnet werden. Die Gesamtgesellschaft ist in Personengruppen unterteilt, die durch verwandtschaftliche Bande zusammengehalten werden. Man unterteilt häufig in Clan, Subclan und Lineage, wobei Clan den weitesten, Lineage den engsten Verwandtschaftsbereich bezeichnet.

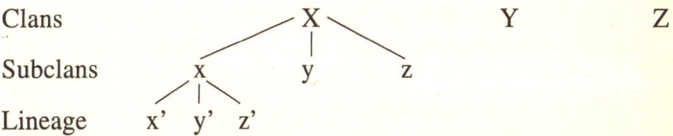

Clans   X   Y   Z

Subclans   x   y   z

Lineage   x'   y'   z'

Diese Gemeinschaften identifizieren sich in Vorfahren, von denen sich das einzelne Verwandtschaftsgefüge ableitet. Die Verwandtschaftsgruppierungen stehen nebeneinander, ihnen ist kein Machtgefüge zugeordnet. Dennoch spielt die soziale Strukturierung für die Orientierung in der Welt eine zentrale Rolle, sie ist nicht nur Gegenstand der sozialen und wirtschaftlichen, sondern auch der religiösen Wirklichkeit, wobei natürlich zwischen diesen verschiedenen Wirklichkeiten gar nicht unterschieden wird.

b) Komplexere Wirtschaftsformen verlangen in höherem oder minderem Maße Arbeitsteilung. Arbeitsteilung jedoch bedingt Organisation und Verwaltung, Verteilung von Kompetenzen und Koordination. Es kommen spezialisierte Berufsstände auf, es entstehen verschiedene Bevölkerungsklassen. Diese Vorgänge bezeichnet man gern als *Stratifizierung*. Wir haben es mit hierarchisch gegliederten Gesellschaftsformen zu tun.

Es gibt graduell ganz unterschiedliche Ausgestaltungen von Stratifizierung, und es sind ganz unterschiedliche Gründe, die dazu geführt haben. Anstöße können aus dem Bereich der Wirtschaft kommen. Ein Beispiel bildet das alte Mesopotamien. Hier ergab sich in prähistorischer Zeit eine rasante wirtschaftliche Entwicklung durch die Erfindung der Bewässerung und durch die Herausbildung mehrzeiligen Getreides. Dies führte zu sehr viel größerer Produktivität, damit waren größere Lebensgemeinschaften möglich, die Dörfer entwickelten sich zu Städten. An anderen Stellen kam es zur Stratifizierung durch politische Vorgänge: Ältere Bevölkerungsschichten wurden durch eine dominierende Herrenschicht überlagert, und von daher kam es zur Ausformung verschiedener Klassen. Die Arbeitsteilung folgte dann der politischen Stratifizierung und zementierte sie. Dergleichen ist beispielsweise mancherorts in Indonesien zu beobachten; aber auch im alten Indien gehören die Angehörigen der untersten Kaste, die Shudras, ursprünglich einer vorarischen Bevölkerungsschicht an, welche durch die Arier beherrscht wird.

Es gibt ganz verschiedene Typen der Stratifizierung. Häufig ist ein Zweischichtensystem zu beobachten (Unterschied zwischen Adel und normaler Bevölkerung, zwischen Freien und Sklaven usw.), oft sind noch mehr Schichten zu beobachten. Zur Vollendung gelangt die Stratifizierung im Königtum: Die Gesellschaft ist dann pyramidisch aufgebaut, es gibt eine Zentralfunktion, welche die vielfältigen wirtschaftlichen und sozialen Funktionen zu koordinieren hat. Dies ist überall bei sehr komplexem Aufbau der Gesellschaft zu beobachten.

Eine weitere Unterscheidungsmöglichkeit innerhalb stratifizierter Gesellschaften ergibt sich durch das Kriterium des Schriftgebrauchs. Die Schrift wurde menschheitsgeschichtlich erstmals in Mesopotamien erfunden, und zwar als Hilfsinstrument für wirtschaftliche Vorgänge (konkret mußten Quittungen, Lieferscheine, Warenlisten usw. verzeichnet werden). Doch entwickelte die Schrift sofort eine Eigendynamik im geistigen Leben der Kultur, sie setzte überall, wo sie erfunden war, früher oder später Wissenschaft aus sich heraus. Damit ergab sich ein methodischer Umgang mit der Wirklichkeit, und eine reflektiert-distanzierte Betrachtung wurde möglich.

c) In der modernen technologischen Gesellschaft zeigt sich wiederum ein ganz anderes Bild. Einzelne gesellschaftliche Bereiche haben sich zu *funktional ausdifferenzierten* Teilsystemen entwickelt, die einander durch keine klare Hierarchie zugeordnet sind. Vielmehr stehen diese Teilsysteme in wechselseitiger Interdependenz. Als Beispiele sind etwa zu nennen: Wirtschaft, Staat, Erziehungswesen, Familie usw. Der einzelne partizipiert an verschiedensten sozialen Teilsystemen, entsprechend nimmt er ganz unterschiedliche Rollen wahr. Dabei können Anforderungen, welche

74

die verschiedenen Rollen stellen, weit auseinander gehen. Was man innerhalb der Familie zu tun hat, was innerhalb des Berufs, innerhalb des Militärs oder innerhalb verschiedener Freizeitaktivitäten, kann stark voneinander abweichen. Entsprechend variieren auch die Normenzusammenhänge und Wertvorstellungen, die in diesen verschiedenen Bereichen herrschen. Die Ethik eines Mannes als Familienvater muß absolut nicht mit der Ethik desselben Mannes als Arbeitgeber übereinstimmen; vielleicht ist dies sogar ausgeschlossen.

Ansätze zu einem derartig komplexen sozialen System sind bereits in der Antike gegeben. Die altorientalischen Großreiche wachsen bis zu einem Maße, das eine Gesamtüberschaubarkeit verunmöglicht; dies aber ist die Voraussetzung für eine stratifizierte Gesellschaft. Seit Alexander dem Großen gibt es Reiche, welche durch Pluralismus jeder Art gekennzeichnet sind. Man kann ethnischen, religiösen und weltanschaulichen Pluralismus beobachten. Später erfolgt mit dem Christentum als Staatsreligion nochmals die Rückkehr zu einer stratifizierten Gesellschaft. Aber dies bleibt doch eine Episode.

Derart unterschiedliche Gesellschaftstypen schlagen sich natürlich auch in der Ausformung der religiösen Systembildung nieder. Religiöses und gesellschaftliches System sind also in engem Zusammenhang zu betrachten:

a) *Segmentäre* Gesellschaften, welche durch wenig soziale Differenzierung ausgezeichnet sind, weisen diese Charakteristik auch im Bereiche der Religion auf. Häufig findet sich eine Spezialisierung mit einem umfassenden Charakter, welche jedoch nicht scharf konturiert ist. Man spricht dann gern von „Schamanen", „Medizinmännern", „Zauberern" usf., wobei diese Ausdrücke irreführend sind. Generell läßt sich sagen, daß es sich um Figuren handelt, welche im Kontakt zu den lebensbestimmenden Mächten eine besondere Vermittlerposition innehaben.

Segmentäre Gesellschaften haben *traditionalen* Charakter: Lebensweise, Normen, Werte und Institutionen sind selbstverständlich, sie werden von einer Generation auf die andere übertragen. Natürlich verändern sich auch solche Kulturen; insbesondere Kulturkontakt, aber auch andere innovative Momente führen zu Veränderungen (vgl. 6.3). Doch wird das Neue nicht als Neues qualifiziert, es gibt keine qualitative Unterscheidung zwischen früheren und späteren Zeiten. Ein gewisses Geschichtsbewußtsein ist zwar vielfach zu finden; so werden häufig Stammbäume sehr genau und manchmal über eine längere Dauer hinweg im Gedächtnis behalten. Doch ist dies nicht gekoppelt mit einem Bewußtsein unterschiedlicher Qualitäten der Zeiten.

Die Welt ist ganz auf die jeweilige Ethnie bezogen (*Ethnozentrismus, Tribalismus*). Lebewesen jenseits des eigenen Kosmos werden oft gar nicht als Menschen anerkannt; allenfalls werden sie als Negativmenschen in die eigene Kultur einbezogen (etwa bei der Kopfjagd). Die geordnete Welt hört bei den Dorf- bzw. Stammesgrenzen auf; manchmal sind diese Grenzen fließend, so sind sie etwa bei Tag weiter ausgedehnt als bei Nacht. Die Welt ist *eine* (Döbert spricht zu Recht von einem monistischen Weltbild). Die Religion umfaßt und regelt alle Lebensbereiche, wenngleich nicht in allen Situationen und bei allen Menschen dieselbe Intensität in der Wahrnehmung der Mächte, die das Leben bestimmen, vorliegt.

Die Orientierung, welche die Religion vermittelt, bringt Bereiche in einen Zusammenhang, die für uns getrennt sind. Das Ritual ist lesbar auf verschiedenen Ebenen; es bezieht sich auf die Ebene der Geographie, auf die der Gesellschaft, auf die der Natur, auf die des Klimas und Wetters usw. Alle diese Ebenen werden zusammen verarbeitet und in einen wechselseitigen Zusammenhang gebracht. Damit ergibt sich eine Orientierung, welche die Grundprobleme des Lebens angeht; im einzelnen wird immer wieder das Verhältnis zwischen Leben und Tod geregelt, das zwischen Natur und Kultur und zwischen analogen Spannungen, welche das Menschsein überall betreffen.

Die Aktualisierung dieser Orientierung geschieht fragmentarisch, nicht in umfassendem Zusammenhang. Dabei kommt die religiöse Botschaft, die dieser Orientierung dient, auf verschiedenen Ebenen zur Darstellung, auf derjenigen der Handlung, des Sehens, der Sprache, der Musik, des Geruchs usw. (dazu vgl. Kap. 4).

Im Konzept des Menschen derartiger Kulturen findet sich keine durchgehende Unterscheidung zwischen ich und wir, zwischen innen und außen, vielmehr sind diese Grenzen fließend. Erfahrungen psychischer Natur werden Außenerfahrungen daher gleichgestellt.

Höhere Wesen, die das Leben bestimmenden Mächte, sind ähnlich unscharf abgegrenzt, auch dem Menschen gegenüber. Der religiöse Umgang mit ihnen kann entweder die Distanz oder die Nähe akzentuieren (man kann häufig höhere Wesen im Kultdrama oder im Kulttanz „spielen"; handkehrum aber können sie als übermächtiges Gegenüber erscheinen). Vgl. die Erläuterungen zur Thematik „Gott" unter 1.1.1.

b) Mit zunehmender *Stratifizierung* der Gesellschaft kommt es zu höherer Spezialisierung im Bereich der Religion. Es entstehen Priestertümer mit genauer Funktionsabgrenzung; insbesondere in Schriftkulturen findet sich eine vielfältige Aufgliederung. Priester verrichten verschiedenste Dienste, sie bedienen sich unterschiedlicher Methoden, um ihre Vermittlungsfunktion wahrzunehmen. Die Stratifizierung bringt im Bereich der Religion eine *Hierarchie* (im eigentlichsten Sinne des Wortes). Wird ein Königtum ausgebildet, so ist dieses in der Regel ein *sakrales Königtum*, d. h. der König ist auch oberster religiöser Funktionär (sakrales Königtum oder Priesterkönigtum im Alten Orient, in Afrika und in Polynesien).

In diesem Zusammenhang verdienen die Arbeiten von *Georges Dumézil* zur Gesellschaft, Kultur und Religion der Indogermanen Erwähnung (das Resultat vieler Einzelarbeiten zusammenfassend Dumézil 1958; vgl. dazu Littleton 1973). Dumézil findet im Aufbau der menschlichen Gesellschaft und dem des Pantheons verschiedenster indogermanischer Völker eine analoge Dreiteilung. Erstere kann man – mit Luthers Formulierung – in einen *Lehrstand*, einen *Wehrstand* und einen *Nährstand* untergliedern; entsprechend unterscheidet man z. B. in Indien die Gruppe der *Brahmanen* (Priester, welche das Opferritual ausführen), der *Kṣatriyas* (Krieger, Militäradel) und der *Vaiśyas* (Bauern). Im Pantheon ist die Autoritätsfunktion komplementär durch die Götter Varuṇa und Mitra vertreten; ersterer repräsentiert den magischen, letzterer den juristischen Aspekt der Herrschaft und Machtausübung. Als Kriegsgott fungiert der kämpferische Indra; die nährende Funktion ist durch verschiedene Götter und Göttinnen wahrgenommen. Entsprechende Parallelanalysen von Gesellschaft und Pantheon legt Dumézil zu verschiedenen indogermanischen Bereichen vor; sie sind von unterschiedlicher Überzeugungskraft, haben immerhin heuristischen Wert. Im Zusammenhang mit dieser Problematik ist stets daran zu erinnern, daß „indogermanisch" zunächst ein Terminus der historischen Sprachwissenschaft ist. Ob man von „Urindogermanen" als einer geschlossenen sprachlichen oder gar ethnischen Größe ausgehen kann, ist umstritten. In welcher Weise sprachliche Entwicklungen – die z. T. unbestreitbar mit religionsgeschichtlichen parallel laufen – umfassende religiöse und gesellschaftliche Konzepte konservieren, ist offen.

Die Begrenzung der Welt bleibt in stratifizierten Gesellschaften grundsätzlich bestehen: Der eigene Stamm, das eigene Volk bildet den Raum der eigentlichen Welt, jenseits davon ist eine „Unwelt" angesiedelt. Die Grenze ist jetzt häufig noch stärker akzentuiert als im vorher skizzierten Religions- und Gesellschaftsbild: Die Welt der stratifizierten, „hochkulturellen" Gesellschaft empfindet sich stets als bedroht, sie ist angefeindet durch andere Völker. Die Gefährdung durch politische Ereignisse ist bewußter, insbesondere in Schriftkulturen, wo sich ein gewisses Geschichtsbewußtsein herausbildet.

Die Mythen und Riten sind jetzt in einem höheren Maße in einen Zusammenhang gebracht. An die Stelle fragmentarischen rituellen Handelns tritt jetzt das umfassendere Ritual. Religiöse Spezialisten bearbeiten die überkommenen religiösen Materialien, sie wenden sie nicht einfach an. Es kommt zu Anfängen priesterlicher Spekulation, insbesondere natürlich innerhalb der Schriftkulturen.

Gleichzeitig ergibt sich ein gewisser Raum für *religionsinternen Pluralismus*. Es kommt zur Ausbildung von Bünden, welche Kulte tragen, die nicht unmittelbar mit dem Kult der Gesamtgemeinschaft identisch sind. Damit zeigt sich ein Ansatz zur Bildung religiöser Subsysteme. In den Reichskulten der Hochkulturen zeigt sich die Tendenz, vom offiziellen Kult den Privatkult abzuheben, in welchem die Anliegen des privaten, familiären Ergehens wahrgenommen werden. Der einzelne wendet sich einem persönlichen Gott zu, welcher mit den Anliegen seines Schützlings vertraut ist (vgl. z. B. Albertz 1978).

Die Götter sind schärfer akzentuiert. Im selben Maß, wie sich bei den Menschen die innen/außen-Differenzierung schärfer ausbildet, werden die Götter deutlicher voneinander abgegrenzt, sie erhalten ihren Charakter und ein Stück weit ihre Unverwechselbarkeit. Damit werden Götter zu Persönlichkeiten, wie dies dem Gottes- und Persönlichkeitsbegriff des Abendlandes ungefähr entspricht. Das System des *Polytheismus* entsteht (Brelich 1958).

Mit zunehmender Weiterdifferenzierung solcher stratifizierter Gesellschafts- und Kultursysteme können sich wesentliche Umschichtungen einstellen. Einerseits kommt es zum Zerfall der polytheistischen Strukturen, und zwar dann, wenn die Ordnung der Kultur nicht mehr durchschaubar ist, weil sie zu komplex geworden ist. Die *Privatkulte* nehmen einen immer wesentlicheren Stellenwert ein, und davon ist dann in der Regel der Staatskult völlig getrennt. Diese Situation trifft man etwa im hellenistischen Synkretismus an, wo neben dem Herrscherkult, der dem Staat zugeordnet ist, zur Deckung der persönlichen Bedürfnisse eine unendliche Anzahl religiöser Gemeinschaften miteinander konkurrieren. Andererseits kommt es in dieser Phase religiöser Entwicklung auch gern zu *religiösen Revolutionen*, das heißt, Einzelgestalten treten auf und bilden aus eigenem Antrieb das Symbolsystem um. Damit werden sie zu eigentlichen *Religionsstiftern*. Der Zusammenhang zwischen Gesellschaftssystem und neu gegründetem Religionssystem ist spannungsvoll: Der Religionsgründer paßt nicht in die bisherige kulturelle Landschaft, die neue Religion ist ein Fremdkörper, der entweder marginalisiert wird oder aber sich durchsetzt und dann auch die Gesellschaft umbildet. Dabei haben die verschiedenen Religionsgründer nur zum Teil bewußt eine neue Religion gründen wollen. Beispiele sind etwa Amenophis IV. Echnaton in Ägypten (ein religiöser Revolutionär, der einen Umsturz aus der Position des Herrschers heraus versucht und damit scheitert); Zarathustra, der eine religiöse Bewegung in bewußter Opposition gegen die Religion und Kultur seiner Umwelt begründet; Buddha, der zwar altindische Religionsmotive aufnimmt, diese aber zu einem insgesamt doch recht neuen Symbolsystem zusammenfügt; schließlich die alttestamentlichen Propheten und Jesus, die zwar nicht willentlich, aber umso wirkungsvoller neue Religionsformen begründen.

c) In der *modernen Gesellschaft*, in welcher einzelne gesellschaftliche Bereiche ausdifferenziert und zu eigentlichen Teilsystemen ausgebaut werden, bildet Religion ein System neben anderen Systemen. Damit gehen verschiedene Entwicklungen einher. Dadurch, daß die Religion vom Bereich der Politik, aber auch vom Bereich der Schule getrennt wird, erscheint sie zunehmend als *Privatsache*, als persönlich zu verantwortender und zu entwickelnder Orientierungsrahmen. Gleichzeitig schreitet die Spezialisierung der Theologie als Wissenschaft voran: Sie wendet sich immer spezifischeren Fragen zu, die vom Nicht-Fachmann immer weniger verstanden werden. Es stellt sich die Frage, in welchem Bereich Religion überhaupt als Orientierung notwendig bleibt. Offenbar ist es für viele Zeitgenossen ohne weiteres möglich, ohne Religion, oder zumindest ohne institutionalisierte Religion auszukommen; dann aber ist zu fragen, wie das Religionsphänomen in der Gegenwart überhaupt analysiert werden kann, ein Problem, das zu den schwierigsten der Religionswissenschaft überhaupt gehört (vgl. weiter unter 4.4.9).

4. Die religiöse Botschaft und ihre Darstellung

4.1 Zum Problem

Literaturhinweise: Zur Einführung: Leach 1976/1978. – Klassische Entwürfe: Die in der Bibliographie angegebenen Werke von Lévi-Strauss; zu Lévi-Strauss und zum Strukturalismus in der Anthropologie: Leach 1971; Oppitz 1975; Sperber 1968/1973. – Allgemeiner zum Strukturalismus: Schiwy 1969; Piaget 1968/1973; Wahl 1968/1973. – Beiträge zur Semiotik, Epistemologie: Barthes 1957/1964; Sperber 1974/1975; Alleau 1989; Firth 1973; Skorupski 1976; Bell 1992; Boyer 1993; Staal 1993; Yandell 1993. – Semiotische Arbeiten am religionsgeschichtlichen Material: Stolz 1988a, 1993. – Instruktive anthropologische Arbeiten mit besonderer Berücksichtigung der Symbolik: Turner 1967, 1969/1989, 1978, 1986; Douglas 1966/1985, 1970/1974; Geertz 1968/1983. Zur neueren Diskussion: Honko 1979, Teil 3.

Zur bildlichen Darstellung religiöser Symbolik: Zeitschrift zum Thema: Visible Religion 1982ff. – Materialien: Moore 1977; van Baaren 1982ff.

Im ersten und dritten Kapitel war viel von Leistung und Funktion der Religion die Rede. Sie hat die Aufgabe einer umfassenden Orientierung, indem sie die Erfahrungsbereiche des Unkontrollierbaren und des Kontrollierbaren in Beziehung setzt und Unkontrollierbares in Kontrollierbares transformiert. Sie schafft damit Werte und Normen, sie konstruiert die Wirklichkeit ganz grundlegend. Religion gibt den Dingen ihren Sinn; sie schafft Einordnungsmöglichkeiten für alles, was Menschen widerfährt. Religion ist also ein grundlegendes Sinngebungssystem, von dem andere Sinngebungssysteme abhängig sind.

Wie erfüllt die Religion diese ihre Funktion? Man spricht gern von einer „Botschaft", die zu einer Religion gehört. Die Fragen dieses Kapitels lauten: Welches sind die Inhalte solcher religiöser Botschaften? In welcher Weise werden diese Botschaften überbracht? Welches sind Darstellungsmöglichkeiten, „Kodierungsmöglichkeiten" für solche Botschaften?

Der abendländische Mensch geht mit ganz bestimmten Annahmen an diese Fragen heran. Was die Darstellungsweise religiöser Botschaft betrifft, so sucht er auf der Ebene der Sprache. Man fragt nach der Lehre einer bestimmten Religion. Sprachliche Äußerungen der Religionen werden entsprechend systematisiert, in einen geschlossenen Zusammenhang gebracht und so dargestellt. Viele Lehrbücher beginnen, wenn sie eine Fremdreligion behandeln, zunächst mit den Göttern, deren Eigenheiten aufgelistet werden, deren Charakteristik und Funktion dargestellt wird. Alle möglichen sprachlichen Einzeläußerungen einer Religion zu einem bestimmten Gott werden gesammelt, zusammengestellt und auf einen Nenner gebracht. Dabei handelt es sich eventuell um einzelne Zeugnisse, in welchen von einem einzelnen Gott ganz unterschiedlich die Rede ist. Solche Unterschiede werden im Abstraktionsvorgang eingeebnet. Ähnlich werden andere Themen der Religion behandelt, z. B. Kosmogonie und Kosmologie: Alle Aussagen, die sich unter den Oberbegriff der Schöpfung einordnen lassen, werden summiert und vereinheitlicht. Dieses Verfahren ist von der Religionsstruktur des Abendlandes bestimmt: Hier hat sich Religion unter der Führung der Theologie zur Lehre verdichtet; die Themen dieser Lehre werden nun in anderen Religionen aufgesucht, und auf diese Weise wird die Lehre der anderen Religionen rekonstruiert.

Die Systematisierung in sprachlicher Form ist ein typischer wissenschaftlicher Zugriff des Abendlandes. Ähnlich systematisieren andere Wissenschaftsdisziplinen ihre Erkenntnisse. Dabei ist zu bedenken, daß eine lehrhafte Darstellung schon dem Christentum nur zum Teil gerecht wird. Diese Religion kennt ja auch manche anderen Äußerungsformen: Es gibt gottesdienstliches Handeln, es gibt Lieder, Musik usw. Freilich spielen solche Dinge eine eher nebensächliche Rolle. Im Laufe der Kirchengeschichte hat immer die Lehre im Vordergrund gestanden; Kirchentrennungen, Ketzerstreite usw. haben sich aufgrund von Lehrdifferenzen, kaum je aufgrund von liturgischen Differenzen ergeben.

Diese Konzentration auf die Lehre ist in Religionen keineswegs selbstverständlich. Im Griechentum wird im Hinblick auf die Religion unterschieden zwischen *dromena, deiknymena* und *legomena*, also zwischen den Bereichen des Tuns, des Sehens und des Sprechens. In den Mysterien von Eleusis ist zweifellos die Kategorie des Sehens zentral: Die *epopteia*, die Schau eines heiligen Gegenstandes, bezeichnet den Kulminationspunkt des Rituals. Demgegenüber sind die *dromena*, die Handlungselemente, etwas weniger wesentlich. Am wenigsten wichtig sind wohl die *legomena*, das, was gesagt wird. Die eleusinischen Mysterien sind mit einer Arkandisziplin belegt: Man darf also über das Ritual, in das man eingeweiht ist, nicht sprechen. Trotzdem ist der homerische Demeterhymnus überliefert worden, der als Kultlegende der eleusinischen Mysterien anzusprechen ist. Man hat diesen Mythos also trotz Schweigegebot überliefern dürfen, wohl deshalb, weil er nur zu den *legomena* gehört. Was aber Gegenstand der heiligen Schau gewesen ist, ist und bleibt unbekannt. So zeigt sich also in diesem Bereich der Mysterien eine eindeutige Hierarchie der Darstellungsebenen: Am wichtigsten ist die Ebene des Schauens, am wenigsten wichtig die Ebene des Sprechens. Dies gilt freilich nicht für das gesamte Griechentum; in der Traditionslinie, die über Homer zu Hesiod führt und dann schließlich in der Philosophie (freilich kritisch) aufgenommen wird, spielt die Sprache zweifellos eine zentrale Rolle.

Damit ergibt sich jedenfalls, daß die religiöse Botschaft auf verschiedene Weise zur Darstellung gelangen kann, und daß diese verschiedenen Darstellungsebenen ihre Inhalte unterschiedlich anzeigen. Wie sind nun die Darstellungsebenen einander zugeordnet? Wie ist das Dargestellte der verschiedenen Darstellungsebenen in Zusammenhang zu bringen? Die hier aufgeworfenen Probleme sollen zunächst anhand einiger wissenschaftsgeschichtlicher Informationen weiterentwickelt werden.

4.2 Hinweise zur Wissenschaftsgeschichte

✗ 4.2.1 F. Max Müller

Müller (1823–1900), aus Deutschland gebürtig, gelangte mit etwa 25 Jahren nach England und lehrte dann hauptsächlich in Oxford. Er beschäftigte sich insbesondere mit Indologie und übersetzte wichtige indische Werke ins Englische. Er ist der Herausgeber der Sacred Books of the East (1879ff.), der noch heute vollständigsten Sammlung östlicher Texte. Er ist ganz vom Geist der Romantik geprägt; seine Sprache ist nicht die heutige Wissenschaftssprache, vielmehr versucht er eine Vermittlung zwischen Wissenschaft und Dichtung, und vom Religionsforscher verlangt er in erster Linie Einfühlung und Phantasie. Seine Werke bestehen aus kleineren Essays (1867–75/1869ff.), wesentlich für das Gesamtverständnis sind die Arbeiten zum Konzept einer vergleichenden Religionswissenschaft (1873/1876) und zum Ursprung der Religion (1878/1880).

Im Werk Müllers werden verschiedene Momente wirksam. Zum einen ist zu bedenken, daß erst im 19. Jahrhundert außerchristliche Quellen in größerem Maße im Abendland bekannt werden. Man beginnt, fremde Texte zu lesen und zu übersetzen. Damit ergibt sich überhaupt erst ein einigermaßen deutliches Bild fremder Religionen. Im selben Moment fallen auch Ähnlichkeiten zwischen den Religionen auf. Es beginnt eine Zeit des Vergleichens, die am Gleichartigen innerhalb der verschiedenen Religionen orientiert ist. Müller ist der Meinung, daß Religionswissenschaft sinnvoll nur als *vergleichende Religionsgeschichte* betrieben werden könne. „Wer *eine* (Religion) kennt, kennt keine." (1874, 14). Andererseits betont Müller die Parallelität zwischen Sprachwissenschaft und Religionswissenschaft. Auch Sprachwissenschaft ist nur vergleichend möglich. Es ist die große Zeit der Indogermanistik: Man entdeckt den Zusammenhang der indogermanischen Sprachen, der Vergleich und die etymologische Ableitung schließen die Geschichte der ganzen Sprachfamilie auf.

Sprache und Religion hängen also eng miteinander zusammen: Die Götter erwachsen demnach aus der sprachlichen Verarbeitung der umgebenden Welt. Der Mensch ist überwältigt von den Phänomenen der Natur, die ihm entgegentreten – etwa vom leuchtenden Himmel, der strahlenden Sonne, der dunklen Nacht. Es ist vorauszusetzen, „daß es in jedem menschlichen Herzen von Anfang an ein Gefühl gab, das wir Schwäche, Abhängigkeit, Unbefriedigtheit ... nennen mögen." (1874, 248). Dieses auf Transzendenz hin ausgerichtete übersinnliche Gefühl stellt sich bei den unterschiedlichsten Erfahrungen ein; es bildet den Kern der Religion. Wenn der Mensch diese Dinge benennt, ist mit der Namengebung ein Transzendenzbezug mitgegeben, der stark affektiv besetzt ist; unter solchen Umständen werden die *nomina* zu *numina*.

Nach dieser Konzeption ist also Sprache ein primäres Darstellungsmittel der religiösen Botschaft; freilich nicht die systematisierende, distanzierende Sprache, die dann geeignet ist, zur Lehre zu werden, sondern die unmittelbare, affektgeladene, poetische Sprache.

Auf Max Müller ist der heute noch gebrauchte Terminus *Henotheismus* zurückzuführen. (Müller braucht neben Henotheismus den Ausdruck „Kathenotheismus"). Der Henotheismus wird als Phänomen der indischen Religion beschrieben: Wenn ein Mensch von einer überwältigenden, transzendenzeröffnenden Erscheinung getroffen wird, dann verehrt er diese als Gott, und zwar als einzigen und höchsten Gott. Diese Verehrung ist aber ganz situationsbezogen. Wenn sich die Erscheinung verliert, dann verliert sich auch das entsprechende religiöse Wesen in seiner Einzigartigkeit. Der Gott hat also noch keine Konstanz, und der Henotheismus hat damit seinen Ort entwicklungsgeschichtlich vor dem Polytheismus, welcher mit einer Vielzahl von konstanten Göttern rechnet. Erst recht hat dieser Henotheismus nichts mit Monotheismus zu tun. (Heute wird der Begriff des Henotheismus meist anders verwendet: Man bezeichnet damit eine religiöse Haltung, die zwar mit einer Vielzahl von Göttern rechnet, jedoch nur einen Gott eigentlich verehrt; die Anknüpfung an Müller ist bei dieser Verwendung ganz oberflächlich.)

Welches sind nun nach Müller die Inhalte der religiösen Botschaft, welcher Art sind die Numina, mit denen der Mensch konfrontiert wird? Müller selbst spricht häufig von einer *Naturmythologie*, und dementsprechend wird seine Religionstheorie gern als Theorie der Naturreligion bezeichnet. Die Figuren der Religion wären demnach einfach mit den Mächten der Natur identisch. Dies ist eine alte Religionstheorie, sie wird bereits bei griechischen und römischen Philosophen vertreten: Die Götter des Homer seien nichts anderes als personifizierte Naturmächte. Damit ist aber Müllers tatsächliche Religionstheorie nur verzerrt wiedergegeben. Die Mächte der Natur einerseits und der spezifisch menschliche Zugang zu diesen Mächten – in erster Linie ein sprachlicher Zugang – machen die Religion aus. Deshalb ist dieser Zugang kulturspezifisch verschieden; Müller typisiert ihn nach verschiedenen Sprachfamilien, er unterscheidet also typische religiöse Haltungen der indogermanisch sprechenden Völker, der semitisch sprechenden Völker und der Turaner (Sammelbegriff für die östlichen Religions- und Sprachfamilien).

4.2.2 William Robertson Smith

Smith (1846–1894) war ein schottischer Theologe und wirkte als Professor für Altes Testament. Als Exponent des kirchlichen Liberalismus geriet er mit seiner Kirche in Schwierigkeiten; der Liberalismus blieb in Schottland eine Oppositionsströmung, die sich nicht durchsetzte (anders als z. B. in der Schweiz). Schon früh wandte er – der Zeit entsprechend – religionsgeschichtlich vergleichende Fragestellungen an. Für die Auslegung des Alten Testaments wertete er altarabische Quellen aus (damit ist er dem großen deutschen Alttestamentler und Arabisten Julius Wellhausen,

1844–1918, vergleichbar). Die arabische Kultur war in dieser Zeit noch das einzig mögliche Vergleichsfeld für alttestamentliche Gegebenheiten; die Kulturen des Zweistromlandes und auch des alten Ägypten waren zwar entdeckt und die archäologische Erschließung war im Gange, doch waren die Texte noch kaum bekannt und jedenfalls nicht wirksam. Smith verband eine Freundschaft mit J. G. Frazer (1854–1941; vgl. 6.2.1), den er stark beeinflußte. Durch Frazer kam es zur Rezeption ethnographischer Sachverhalte, die mit in die Forschung einbezogen wurden, längst vor der Wirksamkeit der religionsgeschichtlichen Schule in Deutschland. Smith war zu seiner Zeit in Deutschland recht beachtet – heute ist sein Name kaum mehr in einem Lexikon zu finden.

Im Hauptwerk Smiths (1894/1899) finden sich einige grundlegende Thesen, die zunächst ihren Ort im Zusammenhang des letzten Kapitels haben könnten. Smith führt aus, daß Religion nicht Sache des einzelnen sei, sondern der Gemeinschaft, des Volkes oder Stammes. Das Volk ist konstituiert durch bestimmte Institutionen, Teilaspekte des gesellschaftlichen Gesamtgefüges; die Religion ist einer dieser Teilaspekte, sie kann also nicht isoliert werden von anderen Aspekten wie Recht oder Politik. In heutiger Terminologie würden wir sagen: Religion ist Teilsystem des Gesellschaftssystems. Dieses System wird konstituiert durch ein eingespieltes Handeln; es besteht also nur praktisch und wird nicht theoretisch reflektiert, es wird vollzogen und nicht beschrieben.

Dies gilt nun auch für die Religion. *Religion ist primär religiöses Handeln, Ritus.* Der Ritus ist festgelegt, er ist obligatorisch und verpflichtend und konstituiert das religiöse System; sprachliche Deutung des Ritus, also der Mythos, ist demgegenüber von sekundärem Gewicht, er ist fakultativ und nicht verpflichtend. Zu ein und demselben Ritus sind also verschiedene Mythen denkbar (und faktisch zum Teil auch überliefert). Mythen entwickeln sich schnell, während der Ritus als das eigentlich Wesentliche viel dauerhafter ist. Im Laufe der altorientalischen Religionsgeschichte stellt Smith dann eine Umgewichtung fest: Der Ritus tritt zurück, die sprachliche Darstellung der Religion gewinnt demgegenüber an Gewicht. Aus den „traditionellen" Religionen werden „positive Religionen" (Judentum, Christentum, Islam), welche auf Religionsstifter und deren Ideen zurückgehen. Diese Ideen sind aber in erster Linie sprachlich zu fassen.

Damit hat Smith grundlegende Erkenntnisse in die Religionswissenschaft eingebracht: Er erkennt, daß die Darstellung religiöser Botschaft einerseits im Handeln, andererseits in der Sprache erfolgen kann, und daß diese beiden Ebenen unterschiedlich gewichtet sein können. Weiter stellt er fest, daß in einem religionsgeschichtlichen Prozeß die Rangordnung der Darstellungsebenen wechseln kann. Diese Erkenntnisse werden freilich noch nicht theoretisch formuliert, sondern in einem religionsgeschichtlichen Einzelfall beobachtet.

Die ursprüngliche Funktion des religiösen Handelns liegt in der Gemeinschaftsbildung und -strukturierung. Smith nimmt für die Frühzeit der semitischen Religion einen allgemeinen Totemismus an. Er orientiert sich an australischen Sachverhalten, um die Religion der Frühsemiten zu deuten. Dabei analysiert er insbesondere das Opfer und die Verwandtschaftsverhältnisse. Smith formuliert hier wegweisende Fragestellungen; in der historischen Konkretion kommt er dann allerdings zu vielen Vermutungen hinsichtlich der semitischen Religion, die sich als Fehldeutungen erwiesen haben. Aus diesem Grund ist er später in der alttestamentlichen Exegese kaum mehr beachtet worden. Wissenschaftsgeschichtlich ist er jedoch durch seine Wirkung auf Frazer und auf Durkheim von größter Bedeutung.

4.2.3 Die Myth-and-Ritual-Schule

In einer Gruppierung von Altorientalisten und Ägyptologen in England wurde seit den zwanziger Jahren dieses Jahrhunderts die Frage nach den religionsgeschichtlichen Parallelen innerhalb der Kulturen des fruchtbaren Halbmonds (Mesopotamien, Syrien-Palästina, Ägypten) diskutiert. Die Parallelen wurden in der Regel diffusionistisch erklärt, d. h. man rechnete damit, daß der Ursprung der Hochkultur an *einer* Stelle zu lokalisieren sei, und daß diese sich dann von da aus verbreitet habe. Wo dieser Ursprung zu suchen sei, blieb umstritten; sowohl Mesopotamien als auch Ägypten kamen in Frage, und zudem wurden komplexere Modellvorstellungen erwogen, die mit Einflüssen in verschiedenen Richtungen rechneten.

Gegenüber der Arbeit von Robertson Smith bestand ein wesentlicher Fortschritt darin, daß jetzt die versunkenen Hochkulturen Mesopotamiens und Ägyptens weitgehend greifbar waren. Eine gute Dokumentation der Fragestellung ergibt sich aus den von Hooke herausgegebenen Arbeiten; der erste Sammelband der Gruppierung, die den Namen „Myth-and-Ritual-Schule" erhielt, erschien 1933 (vgl. Hooke 1933 sowie 1935, 1958). Wenig später formierte sich eine Gruppierung von Gelehrten in Skandinavien, welche ähnlichen Problemstellungen nachging; man pflegt von der „Uppsala-Schule" zu sprechen (Arbeiten skandinavischer Gelehrter: Widengren 1951; Mowinckel 1953). In diesem Zusammenhang ist zu bedenken, daß von solchen „Schulen" meist nur die sprechen, welche nicht zu ihnen gehören (ein sog. Allostereotyp), und daß die Konzepte und Auffassungen der „Kultgeschichtler" längst nicht so uniform waren, wie dies häufig dargestellt wird. In diesen Arbeiten wurde vielfältig die Einsicht vorgetragen, daß sich Religion in zwei Aspekten ausdrückt: in Mythos und Ritus, in Sprache und Handlung. Es zeigte sich, daß manche Mythen ihren Ort in einem Fest haben, und daß manche Ritualelemente einem Erzählvorgang entsprechen. So ergab sich da und dort eine deutliche Parallelität zwischen Sprech- und Handlungsvorgang, und zuweilen wurde daraus gefolgert, daß ein Mythos nur in Verbindung mit einem gesamten Ritual ein „eigentlicher" Mythos sei. Der Mythos wäre dann fast dem Libretto einer Oper vergleichbar.

Eine zweiter typischer Punkt der Theoriebildung betrifft das Verhältnis von Kult (als Summe von Mythos und Ritual) und Wirklichkeitserfahrung. Auch hier wird eine ganz bestimmte Parallelität entdeckt: Der Kult nimmt in hohem Maße die Naturerfahrung auf, freilich in anderem Sinne, als dies in der Naturmythologie M. Müllers vorausgesetzt war: Der Kreislauf des Jahres, der für die menschliche Gesellschaft lebensnotwendig ist, wird im Kult verarbeitet und zur Darstellung gebracht (eine Beobachtung, die verschiedene Forscher bereits im 19. Jahrhundert gemacht hatten). Der Wechsel des Sonnenlaufs, der Rhythmus der Jahreszeiten mit den trockenen und nassen Phasen, die Abfolge von lebensfördernden und lebensmindernden Perioden – all dies stellt die Inhalte dar, die der Kult verarbeitet. Nach seinem eigenen Selbstverständnis gibt der Kult allerdings nicht einfach ein Abbild der Wirklichkeit, sondern ein Urbild der natürlichen Abläufe wieder, er strukturiert die Wirklichkeit und deren Erfahrung.

Ein Beispiel dieser Art und Weise der Bearbeitung altorientalischer Religionen, die auf die Myth-and-Ritual-Bewegung zurückgeht, stellt das Buch von *Theodor H. Gaster* über Ritual, Mythos und Drama im alten Orient dar (1950). Als Funktion des Rituals wird die Belebung des Kosmos gesehen, welcher einer bestimmten Ethnie eigen ist: Archaische Kulturen erleben ihre Umgebung als Organismus, dessen Leben sich in Rhythmen abspielt. Diese Rhythmen sind immer wieder bedroht und müssen Krisen bestehen. Der Kosmos hat einen punktuellen und einen durativen

Aspekt; auf der einen Seite verwirklicht sich das Leben aktuell, andererseits existiert es aber auch ideell als Muster des Lebensvorgangs. Dieses Ideelle wird im Mythos sichergestellt. Im Ritus wird der Mythos in Handlung umgesetzt; Ritus und Mythos durchdringen sich aber gegenseitig, sie bilden zusammen das Drama.

Die jahreszeitlichen Rituale im alten Orient sind nach einem einheitlichen Muster (englisch: *pattern*) strukturiert. Jeder Wechsel der Jahreszeit bedeutet eine Krise, eine Bedrohung des Lebens. Folgt der Wechsel nicht programmgemäß, so gerät das natürliche Geschehen aus der Bahn. Es ist also alles daran zu setzen, daß die Krise überwunden wird. Der Mensch gestaltet die Krise rituell nach, wobei er zwei Komponenten akzentuiert: Auf eine Phase der Kenosis, der Entäußerung, des Rückzugs vom Leben, folgt eine Phase der Plerosis, der Annahme, der Neuzuwendung zum Leben. Damit soll ganz deutlich und für jedermann sichtbar ein Jahresabschnitt abgeschlossen und der andere neu eröffnet werden.

In der Regel ist der Ritus auf eine Person hin zentriert, welche die Hauptrolle im Kultdrama spielt; an ihr wird zunächst die Kenosis und dann die Plerosis vollzogen. Normalerweise ist dies im alten Orient der König. Der König als historische Figur, als aktuell herrschender politischer und sozialer Führer, wird identifiziert mit dem Führer auf der ideellen Ebene, dem Gott, welcher auf der Ebene des erzählten Mythos dasselbe Geschick durchlebt wie der König. So werden beide Ebenen zueinander gefügt.

All dies gilt nun prinzipiell nicht nur für den alten Orient, sondern für alle Kulturen, für die der Zyklus des Jahreslaufes von besonderer Bedeutung ist (also vor allem für Ackerbaukulturen). Überall wird die Umwelt als organischer Kosmos aufgefaßt, in welchen die Menschen eingefügt sind; überall ist entsprechende Mitwirkung des Menschen an diesem Leben im Spiel; überall werden die Übergänge zwischen den einzelnen Jahreszeiten als besonders kritisch aufgefaßt und deshalb in besonderer Weise akzentuiert. Aus diesem Grunde ist auch das Muster des altorientalischen Kultdramas überall in der Welt anzutreffen. Gaster konzentriert sich zwar auf den alten Orient, gibt aber immer wieder Ausblicke auf ganz andere Bereiche, von China bis nach Irland.

Im Hinblick auf den alten Orient differenziert Gaster die beiden Hauptaspekte des Rituals (Kenosis und Plerosis) in der Weise aus, daß jeder der beiden Aspekte in zwei rituell voneinander gesonderte Bestandteile zerlegt wird: 1. Riten der Abtötung, 2. Riten der Reinigung, 3. Riten der Stärkung und Wiederbelebung, 4. Akklamationsriten. Dieses Pattern ist das Resultat einer Addition aller möglichen Einzelzüge, die in einen Sachzusammenhang gebracht worden sind. Natürlich wird von diesen möglichen Ritualelementen im Einzelritual nur unterschiedlich Gebrauch gemacht. Einen vollständigen Typus des Kultdramas, in dem sich alle Einzelzüge finden, konstatiert Gaster in Ugarit (dabei ist freilich auf das Problem hinzuweisen, daß die auf Tontafeln überlieferten Texte aus Ugarit, vor allem der Baalsmythos, nur sehr unsicher überliefert sind; insbesondere besteht hinsichtlich der Reihenfolge der Tontafeln keine Einigkeit). Ein anderer Ritualtypus betont vor allem das Element des Kampfes; in zwei hethitischen Versionen ist der Umschlag vom Negativen zum Positiven besonders herausgestrichen. Weitere Beispiele (aus dem hethitischen und ugaritischen Bereich) erzählen vom Verschwinden des Gottes; hier liegt das Gewicht auf dem Verlust, auf dem Negativen des Absterbens einer beendeten Jahreszeit. Dann bespricht Gaster einen Typus, den er als Krönungstypus bezeichnet; zwei ägyptische Beispiele machen praktisch nur von Akklamationsriten Gebrauch. Schließlich wird noch ein Mythos erwähnt, wo aus dem Kultdrama ein Schwank geworden sein soll.

Die Hypothese von Gaster ist in vielem problematisch, was oft hervorgehoben worden ist. Das Pattern ist eine Konstruktion, und in vielen Fällen trägt Gaster in seiner Interpretation Elemente aus dem Pattern in einzelne Rituale hinein (Gefahr der Überinterpretation). Jedes Ritual muß natürlich zunächst von seinem jeweiligen historischen Kontext her interpretiert werden, und nicht von der Konstruktion des Patterns.

Wesentlicher ist in unserem Zusammenhang die Art und Weise, wie Gaster das Ritual und die Wirklichkeit des Jahresablaufs in Beziehung setzt. Er postuliert eine Parallelität, aber er bezeichnet das Ritual nicht einfach als Spiegelbild des Jahresablaufs. Mythos und Ritual bringen das, was im Naturgeschehen abläuft, verdeutlicht zum Ausdruck. Die natürlichen jahreszeitlichen Übergänge sind wenig eindeutig. Wenn es Frühling wird, so geschieht dies langsam und zögernd, es kommt immer wieder zu Rückfällen in den Winter usw. *Ritual und Mythos machen den Übergang deutlich und eindeutig*, sie geben ihm feste Struktur. Insofern ist das Kultdrama nicht einfach Spiegel des Naturvorganges, sondern es verhält sich eher umgekehrt: Der Kultvorgang hat den Naturvorgang als Konsequenz.

Die Funktion der Verdeutlichung eines Übergangs (Disambiguierung) haben viele Rituale, insbesondere auch die *Pubertätsriten*. Das Erwachsenwerden ist in biologischer Hinsicht ein Vorgang, der nicht von heute auf morgen stattfindet, sondern langsam und in vielen individuellen Varianten vor sich geht. Die Pubertätsriten machen diesen Übergang eindeutig und normieren ihn für alle Mitglieder der Lebensgemeinschaft gleichmäßig, sie geben dem natürlicherweise nicht eindeutigen und fließenden Übergang eine exakte Struktur; wer die Initiation durchlaufen hat, erhält einen anderen sozialen Status, er gehört nicht mehr zum Stand der Kinder, sondern zu dem der Erwachsenen (bzw. heiratsfähigen Jugendlichen). Damit hat das Erwachsenwerden eine analog exakte Struktur wie andere typische Übergänge des menschlichen Lebens, insbesondere Geburt, Heirat und Tod; die Rituale, welche diese Übergänge begleiten, sind von typischer Struktur und weisen immer wieder analoge Merkmale auf (sog. *Übergangsriten, rites de passage*; vgl. die klassische Arbeit von van Gennep 1909; wesentlich auch Turner 1967, 93ff.; 1969, 94ff.; 1978, 231ff.).

Bei Gaster ist die Parallelität zwischen dem Kultdrama und dem Naturvorgang stark betont. Das Ritual enthält demnach keine Aussage, welche in irgendeiner Weise dem Naturvorgang entgegengesetzt wäre. Hier müssen allerdings Zweifel laut werden. Die Demütigungsriten dem König gegenüber, die Tatsache, daß zum Teil Ersatzkönige eingesetzt werden, die dann getötet werden, und die in manchen Kulturen sogar belegte periodische Tötung des richtigen Königs läßt sich kaum mehr im Sinne der Gasterschen Konzeption erklären. Diese Phänomene werden durch neuere Modelle der Ritualtheorie angemessener erklärt.

4.2.4 Der Strukturalismus: Claude Lévi-Strauss

Mit „Strukturalismus" ist ein Komplex von Fragestellungen, Methoden und Hypothesen bezeichnet, welcher ursprünglich von der Sprachwissenschaft ausgeht, dann jedoch immer weitere Bereiche der Geistes-, aber auch der Naturwissenschaft erfaßt hat. Er ist in hohem Maße mit französischer Sprache und Kultur verbunden, hat aber darüber hinaus gewirkt. Die deutschsprachige Wissenschaft ist durch den Strukturalismus relativ wenig beeinflußt worden; an dieser Stelle zeigt sich besonders auffällig, in welchem Maße wissenschaftliche Forschung auch kulturabhängig ist. Die Fragestellungen des Strukturalismus sind für die Religionswissenschaft außerordentlich bedeutsam.

Als Anreger des Strukturalismus gilt der Genfer Linguist

Ferdinand de Saussure (1857–1917), der neuartige Problemstellungen in die Sprachwissenschaft einbrachte. Hatte man bis dahin Sprache vor allem unter historischen Gesichtspunkten (Sprachentwicklung, Etymologien usw.) betrachtet, so stellt er dieser *diachronischen* eine *synchronische* Betrachtungsweise entgegen, wobei letztere die erstere nicht einfach ablösen sollte. Ihm geht es darum, die Sprache als Kommunikationsmittel zu analysieren, welches aus bestimmten Elementen besteht, die nach bestimmten Regeln verwendet werden. Die Elemente wie die Regeln sollten beschrieben und klassifiziert werden, so daß sich als Resultat das System der wechselseitigen Beziehungen ergäbe.

Eine wesentliche methodische Unterscheidung, die de Saussure trifft, ist die zwischen „Sprache" und „Sprechen" (langue und parole). Letzteres bezeichnet den konkreten Sprechakt eines Menschen, ersteres das System der Elemente und Regeln, von dem im Sprechakt Gebrauch gemacht wird. Der einzelne Mensch verfügt nicht vollständig über dieses System (er kennt z. B. nicht alle Wörter und macht nicht von allen syntaktischen Möglichkeiten Gebrauch); Sprache ist also die Summe der Elemente und Regeln, über die eine Sprachgemeinschaft verfügt.

Eine weitere Unterscheidung betrifft das Wesen der Elemente, aus denen eine Sprache zusammengesetzt ist; dies sind *Zeichen*, welche zwei Seiten haben: Sie haben eine Ausdrucksseite, das Bezeichnende, die Lautgestalt, die als Zeichen wahrgenommen wird (*signifiant*), und eine Inhaltsseite (*signifié*). Dies gilt nicht nur für die Sprache, sondern auch für andere Zeichensysteme, die de Saussure feststellte, ohne ihnen weiter nachzugehen; etwa für die „Sprache" der Gebärden, welche in jeder Kultur anders reguliert ist. Von der Existenz verschiedener Zeichensysteme aus ergab sich die Forderung nach einer „Semiologie" oder „Semiotik", einer wissenschaftlichen Analyse dieser Kommunikationssysteme.

Die einzelnen Zeichen können in einem zweifachen Zusammenhang betrachtet werden. Einerseits besteht ein Kontext ähnlicher Zeichen. Zu einem Verb gibt es z. B. unterschiedliche grammatische Formen, je nach Bedeutung tritt eine dieser Formen an einer bestimmten Stelle des Satzes auf; oder es gibt Synonyme, welche sich gegenseitig ersetzen können (vgl. z. B. die beiden Satzpaare: er *geht* in die Kirche – er *ging* in die Kirche; er geht in die *Kirche* – er geht ins *Gotteshaus*. In beiden Satzpaaren ist je ein Element durch ein entsprechendes ersetzt). Man spricht von *paradigmatischen Reihen*, wobei die Merkmale des Paradigmas durch unterschiedliche Kriterien bestimmt sein können. Andererseits tritt das

Zeichen in einem Zusammenhang auf, in einem Satz; dies bezeichnet man als *syntagmatische Kette*.

Es ist schnell deutlich, in welcher Weise diese Überlegungen für die Religion von Bedeutung sind. Auch eine Religion besteht aus bedeutungsvollen Elementen, aus „Zeichen" mit dem erwähnten Doppelcharakter. Diese Zeichen werden nicht willkürlich gebraucht, sondern nach bestimmten Regeln, in bestimmten Zusammenhängen. Von der je einmaligen Verwendung her kann man zurückfragen nach dem Regelsystem, das die Anwendung steuert. Dabei ist zu bedenken, daß sich die religiöse Botschaft verschiedener primärer Zeichensysteme bedient, zumindest der Sprache, der Handlung und des Bildes. Religion kann demnach als Zeichensystem zweiter Ordnung aufgefaßt werden.

Diese Überlegungen sind durch *Claude Lévi-Strauss* (geb. 1908) in die Ethnologie und die Religionswissenschaft eingebracht worden, welcher von 1935 bis 1938 in São Paulo wirkte (Feldforschung bei Indianern) und ab 1950 in Paris lehrte (Einführung ins Denken von Lévi-Strauss: Leach, 1971). Ein erstes Feld, welches Lévi-Strauss unter strukturalistischen Fragestellungen untersucht, ist das der Verwandtschaft. In den meisten Gesellschaften ist die Wahl des Ehepartners durchaus nicht der Beliebigkeit anheimgestellt, sondern sie ist durch bestimmte Regeln geleitet. Die durch die Heirat entstehenden Bindungen ordnen ein Verwandtschaftsgefüge, das für die soziale Orientierung vielfach wesentlich ist (Solidaritätsrechte und -pflichten, wirtschaftliche und politische Kooperation usw.). Die Heiratsregeln lassen sich als Kommunikationssystem auffassen, das genau so analysiert werden kann wie ein sprachliches System.

Entsprechendes gilt von anderen Bereichen der Kultur, etwa von Koch- und Tischsitten. Diesen Phänomenen hat Lévi-Strauss breite Aufmerksamkeit geschenkt. Die Frage, ob Essen gebraten, gekocht oder geräuchert wird, hat in den meisten von ihm untersuchten (schriftlosen) Kulturen eine bestimmte Bedeutung.

Schließlich beschäftigt sich Lévi-Strauss auch mit Phänomenen, die herkömmlicherweise dem Bereich der Religion zugehören, also Mythen, Ritualen, Kultbildern u. ä.; er unterzieht gängige Theorien etwa über die Magie oder den Totemismus von seinen neuen Einsichten her einer grundlegenden Kritik, indem er sie zunächst auf ihren Kommunikationscharakter hin befragt. In den folgenden Abschnitten, in denen es um die Darstellungsmittel religiöser Botschaft geht, werden Einsichten von Lévi-Strauss ausgiebig benützt.

Zwei Elemente in der Theorie von Lévi-Strauss bedürfen besonderer Beachtung. Zunächst ist seine Analyse des Denkens im Bereich schriftloser Kulturen wesentlich; er spricht von *wildem Denken* (pensée sauvage, 1962/1973). Anders als etwa Lévy-Bruhl angenommen hatte, sind die Menschen „primitiver" Kulturen genau so logisch wie ein Mensch der Gegenwart; aber dieses Denken hat andere Formen, und es entwickelt keine Reflexion über sich selbst. Es bildet Klassen nicht durch Abstraktion und Unterordnung unter Allgemeinbegriffe; vielmehr werden *sinnlich wahrnehmbare Eigenheiten von Gegenständen als Klassifikationsmerkmale* für bestimmte Zusammenhänge gebraucht und einander zugeordnet. Ein Beispiel findet sich etwa in der alttestamentlichen Einteilung der Tiere in „rein" und „unrein" (Lev 11), welche die Tiere für die Verwendung als Nahrung und überhaupt für den menschlichen Umgang qualifiziert oder disqualifiziert. Andere häufige Klassifikationen der Dinge sind „männlich-weiblich", „heiß-kalt" usw. Australische Verwandtschaftsbeziehungen orientieren sich gern an der Zuordnung zu bestimmten Tieren oder Pflanzen (eine Spielart des „Totemismus", der – wie Lévi-Strauss zeigt – kein einheitliches Phänomen ist). Die Aufschlüsselung des „wilden Denkens", dessen sich viele Religionen bedienen, bzw. dessen Umsetzung in unsere abstrahierenden Denkformen ist eine wesentliche Aufgabe der Religionswissenschaft.

Ein anderer auffälliger Zug am Vorgehen von Lévi-Strauss ist der Rahmen, in welchem die Bedeutungen von Kulturelementen rekonstruiert werden. Geht man von der Analogie der Sprache aus, so müßte man vermuten, daß Lévi-Strauss das Geflecht der Normen, Werte und Sinngebungen, die in der Kultur einer einzelnen Ethnie gültig sind und den kulturell bedeutungsträchtigen Verhaltensweisen zugrunde liegen, innerhalb des Geltungsbereichs dieser Ethnie erarbeiten würde.

Tatsächlich fragt Lévi-Strauss zunächst in dieser Richtung. Er geht vom einzelnen Mythos, vom einzelnen Ritual, vom einzelnen Koch- und Eßbrauch aus und sieht darin die Äußerung eines Musters, das der „Sprache" der betreffenden Kultur zugehört, entsprechend der linguistischen Analyse, welche von Beispielen von Rede aus die betreffende Sprache rekonstruiert. Ein Mythos beispielsweise kann nicht isoliert verstanden werden, er stellt ja nur eine Äußerungsform des Grundmusters dar; um das Grundmuster und die Regeln, welche die einzelnen Varianten bestimmen, geht es Lévi-Strauss in seiner Analyse aber gerade. Einzelne Mythen, syntagmatische Ketten, werden also in eine paradigmatische Reihe gerückt: Ein Mythos besteht aus der Gesamtheit seiner Varianten (1978, 239). Dies bedeutet aber auch, daß ein einzelner Mythos gewissermaßen „unvollständig" ist, da er immer nur selektiv vom Bedeutungsumfang des „Gesamtmythos" Gebrauch macht. Bereits an dieser Stelle sind Bedenken angebracht.

Bezeichnend für Lévi-Strauss ist nun aber, daß er in seiner variantensammelnden Vergleichsarbeit weit über die Grenzen einer Einzelkultur ausgreift. Mythen und Rituale aus verschiedensten Kulturbereichen werden nebeneinandergestellt und als Varianten eines Themas behandelt. Lévi-Strauss geht davon aus, daß der menschliche Geist überall gleich arbeitet; und da er überall mit denselben, relativ beschränkten Grundproblemen des Mensch-Seins befaßt ist, wird er auch überall entsprechende Klassifikationen und Ordnungsvorgänge zur Anwendung bringen. An dieser Stelle ist die Analogie zur Sprachwissenschaft endgültig verlassen, und die Methode wird zur – immerhin anregenden – Spekulation.

4.3 Welt und Gegenwelt

Wir kommen nochmals zum „Pattern" zurück, das Gaster und andere im Alten Orient aufgedeckt haben (vgl. o. S. 87f.). Der Demütigungsritus, der in einem Neujahrsritual am König vollzogen wird, kann nicht einfach als Kenosisaspekt des Rituals interpretiert werden. Hier sind keine Elemente zur Darstellung gebracht, welche im natürlichen oder sozialen Leben des Volkes üblicherweise vorkämen. Was liegt vor? Die Rolle des Königs wird im Ritual „umgedreht". Es ist normalerweise der Herrscher, der bestraft; im Ritual ist er streckenweise ein Erniedrigter, welcher bestraft wird. In andern Ritualen geschieht Entsprechendes. Das sumerische Jahresfest, von dem in den Inschriften des Königs Gudea von Lagaš die Rede ist, kennt den Brauch, daß einige Tage lang die soziale Ordnung völlig aufgelöst ist. Sklavin und Herrin sind sich gleichgestellt, die üblichen sozialen Regeln sind aufgehoben. Es handelt sich um eine Art Fasnacht, die nach einigen Tagen beendet wird durch die Rückkehr der alten Ordnung (Text bei Falkenstein/ v. Soden 1953, 180: Gudea-Zyl. B XVII,18ff.).

Ähnliches ist bei Fasnachtsbräuchen der christlichen Kultur, soweit sie noch in Kraft sind, zu sagen. Die Fasnacht hat ihren Ort unmittelbar vor der Fastenzeit und dem darauffolgenden Osterfest. Während der Fasnachtszeit sind alle Ordnungen gelockert, alles ist möglich und alles gestattet; man spielt nicht mehr seine übliche Rolle, sondern kann diese vielmehr frei wählen. Die Bindungen von Ehe und Familie sind weitgehend außer Geltung. Insgesamt kann man sagen, daß während der Fasnachtszeit das Leben unterreguliert ist. Dann folgt die Passionszeit, für die bestimmte Beschränkungen charakteristisch sind. Man darf kein Fleisch genießen usw.; damit erweist sich die Fastenzeit als Überregulierung des Lebens. Mit der Osterzeit bricht dann wieder das normal regulierte Leben durch. Der im Osterfest markierte Neubeginn ist also deutlich markiert durch eine Übergangsphase, in welcher das Leben zunächst unter-, dann überreguliert ist.

Analoge Phänomene zeigen sich in gewissen Initiationslagern in Westafrika. In dieser Periode, welche den Kindern den Übergang in die Erwachsenenwelt bahnt, erhalten die Knaben bestimmte weibliche Qualitäten. So werden sie etwa mit Schimpfwörtern bedacht, welche eigentlich nur für eine Frau gelten, nicht aber für einen Mann (Himmelheber 1979, 17). Bevor also der Junge, der noch kein richtiger Mann ist, zu einem solchen wird, ist er während kurzer Zeit ein geschlechtlich völlig unbestimmtes Wesen. In nochmals ganz anderer Weise manifestiert sich ein analoges Geschehen in den australischen Beschneidungsbräuchen. Die Knaben werden hier häufig der Subinzision unterzogen, d. h. es wird ihnen ein Einschnitt am Penis beigebracht, der die weibliche Sexualität repräsentieren soll (Eliade 1959/1961, 53ff. – Zu entsprechenden Phänomenen bei den Ndembu und generell Turner 1969/1989).

In diesen und vielen vergleichbaren Ritualen begegnet also immer wieder dasselbe Prinzip: Das Ritual grenzt einen bestimmten Zeitraum aus, in welchem nicht die Ordnung der Normalwelt gilt. Die Entfernung von der Normalität wird rituell begangen und häufig auch durch eine räumliche Entfernung von den normalen Siedlungen zum Ausdruck gebracht. Dann kommt es zur *Darstellung einer Gegenwelt*, in welcher bestimmte Merkmale Gültigkeit haben, die dem Normalablauf der Welt genau zuwiderlaufen. Abschließend kommen Riten zum Vollzug, welche die Rückkehr zum normalen Alltag beinhalten.

Die Konstruktion einer Gegenwelt ist nicht nur in Riten zu beobachten, sondern auch in Mythen. Ein Beispiel bilden die sogenannten *Paradiesmythen*. Dabei ist zu unterscheiden zwischen positiven und negativen Paradiesen. Bekannt ist die biblische Paradiesgeschichte: Die Menschen brauchen nicht zu arbeiten, sterben nicht, bleiben ohne Kinder, sind nackt (offenbar ohne auf die

Idee zu kommen, Kinder zu zeugen) usw. Dann kommt es zum „Fall" – und nachher ist alles umgekehrt: Nun ist Arbeit für den Lebensunterhalt notwendig, der Tod bricht ein, man gelangt zur Erkenntnis von Gut und Böse, was Zurechnungsfähigkeit bedeutet und mit Sexualität verbunden ist; entsprechend werden Kinder gezeugt und geboren, die eigentliche Menschheitsgeschichte geht los. Das Paradies hat hier vorwiegend positive Züge: vor allem negative Elemente des Lebens sind ausgeschaltet (wenngleich man sich natürlich fragen kann, ob das Urzeitleben ohne Zurechnungsfähigkeit, Verantwortlichkeit und Sexualität besonders interessant war). Viele Mythen anderer Völker rechnen mit einer derartigen Gegenwelt. Da wird etwa berichtet, daß in einer Vorzeit Verbindungen zwischen Himmel und Erde bestanden, daß Götter und Menschen miteinander lebten, daß Lebensfülle und Unsterblichkeit herrschten. Demgegenüber gibt es auch negative „Paradiese". Verschiedene Urzeit-Mythen aus dem Bereich der Philippinen (vgl. Fischer 1932) erzählen, daß ursprünglich der Himmel noch ganz nahe bei der Erde war, so nahe, daß der Mensch gar nicht aufrecht gehen konnte. Er stieß sich dauernd den Kopf an, die Sonne brannte viel zu heiß, sein Leben war fast unerträglich. Dann kam es zu einer heilvollen Transformation: Der Himmel wurde hochgehoben, die Sonne schien jetzt aus erträglicher Distanz, und eine heilvolle Ordnung des Lebens konnte ihren Lauf nehmen. Die Gründe für die Transformation der Entfernung des Himmels von der Erde sind in den einzelnen Mythen ganz unterschiedlich entfaltet. Auch hier ist in der Gegenwelt also eine charakteristische Abweichung im Vergleich mit der Wirklichkeit zu verzeichnen; doch sind es positive Elemente, die in der Urzeit ausgeschaltet sind.

Besonders kunstvoll ist ein System von Welt und Gegenwelten in einer sumerischen Erzählung ausgearbeitet, die unter der Bezeichnung *Dilmun-Mythos* bekannt ist (ANET 37, unter der Bezeichnung „Paradiesmythos"). Das Geschehen, das sich in dieser Erzählung entfaltet, läßt sich in vier Akte gliedern. Der erste Akt enthält fast ausschließlich negative Aussagen. Zwar existiert bereits ein Ur-Paar (Enki und seine Gattin), doch dieses Ur-Paar schläft. Es gibt noch keinen Raben, der krächzt; es gibt noch keinen Hahn, der seinen Schrei ausstößt (und damit die Menschen weckt); es gibt keine Löwen und Wölfe, die ihr Wild reißen, es gibt keine Vögel usw. Auch die negativen Aspekte des Lebens fehlen noch. Es gibt noch keine Kopfschmerzen, es gibt noch keine Augenkrankheiten, es gibt überhaupt kein Leid. Es gibt natürlich auch keine Eltern, die Kinder hätten. In diese lebenslose Welt bricht nun aber Bewegung ein, und damit ist der Übergang zum zweiten Akt markiert. Die Gattin des Enki verlangt nach frischem Wasser, und Enki, der Gott des Grundwassers, holt dieses herauf. Er überschwemmt das Land und läßt jetzt die Kräfte der Fruchtbarkeit wach werden. Nun entfaltet sich eine ungebremste Dynamik des Lebens. Enki begattet seine Frau, diese kommt mit einem Kind nieder; das Kind, welches innerhalb weniger Tage geboren wird und zur Frau heranreift, wird sofort wieder von Enki begattet, und so geht es drei Generationen lang weiter. Doch diese Lebensentfaltung gerät in eine Krise. In einem Konflikt, der im einzelnen schwer zu durchschauen ist, erfährt die Mutter-Göttin eine tiefe Kränkung und zieht sich zurück. Darauf folgt eine ungebremste Dynamik der Lebensvernichtung. Enki wird von den verschiedensten Krankheiten befallen, und schließlich ist er dem Tode nahe. Das Leben droht also wieder zu verschwinden. Im vierten Akt des Mythos spielt sich ein Gleichgewicht ein: Den Göttern gelingt es, die Mutter-Göttin zum Einlenken zu bringen, sie heilt Enki, indem sie ihm zu einer neuen Geburt verhilft und für seine verschiedenen Krankheiten Heilgötter ins Leben ruft. Die Krankheiten, welche das Leben zu vernichten drohen, sind also schlußendlich nicht vernichtet, aber gebannt. Die Dynamik des Lebens spielt sich in einem Gleichgewicht zwischen lebensfördernden und lebensmindernden Kräften ab (Stolz 1986b).

Dieser Mythos vermittelt ein Bild der Welt (im vierten Akt) und Bilder von drei möglichen Gegenwelten (im ersten bis dritten Akt). In der ersten Gegenwelt fehlt jede Dynamik. Es wird das Bild einer völlig statischen Welt gezeichnet, in welcher die negativen, aber natürlich auch die positiven Aspekte des Daseins fehlen. Der Unterschied zwischen Bild 1 und den Bildern 2–4 läßt sich also auf den Unterschied statisch-dynamisch zurückführen. In der zweiten Gegenwelt hat die Dynamik Einzug gehalten, hier sind jedoch die lebensfördernden Züge des Daseins isoliert, und es kommt zu einer durch nichts behinderten Entfaltung der Lebenskräfte. Bild 3 ist dem geradewegs entgegengesetzt, hier sind die lebensvermindernden Faktoren isoliert zur Anwendung gebracht. Die Realität enthält aber die Mischung aus diesen beiden Darstellungen der Wirklichkeit: lebensfördernde und lebensvermindernde Faktoren befinden sich in einem dynamischen Wechselspiel, und zwar in einer Weise, daß ein Gleichgewicht eingespielt wird. Schematisch dargestellt zeigt sich also folgendes:

statisch	dynamisch	dynamisch	dynamisch	
	Szene 2			positiv
Szene 1			Szene 4	im Gleichwicht
		Szene 3		negativ
labil	labil	labil	stabil	

Aus allen diesen Beobachtungen geht hervor, daß es nicht einfach eine Parallelität zwischen Ritual und Realität gibt. Die Weltdarstellungen der Religion vermitteln nicht nur ein akzentuierendes Bild der Wirklichkeit, vielmehr gibt die religiöse Botschaft, um wirklich deutlich zu sein, gleichzeitig Bilder und Gegenbilder der Wirklichkeit, sie zeigt die Welt und sie zeigt gleichzeitig Gegenwelten. Besonders eindrücklich hat dies Claude Lévi-Strauss in der Analyse eines Indianermythos herausgestellt (in: Schmitz 1964, 154–195). Die Interpretation des Textes ist – wie meist bei Lévi-Strauss – überzogen, aber gerade dadurch eindrücklich.

Einige Bereiche sind in den Religionen besonders häufig als Gegenwelten konzipiert; dazu gehört zunächst der Bereich des *Todes* (vgl. Stephenson 1980; Klimkeit 1983). Der Tod hebt nach fast allgemeiner Ansicht das Leben nicht einfach auf, sondern er transformiert es; der Verstorbene gelangt in einen Bereich mit charakteristisch anderen Daseinsbedingungen, als sie auf der Erde gelten. Dies erweist sich schon durch die Lokalisierung; Totenreiche sind z. B. unter der Erde, im Himmel oder in weiter Ferne angesiedelt. Dabei ist es meist keineswegs so, daß ein Symbolsystem ein einheitliches und geschlossenes Konzept des Totenreiches ausarbeitet; im Griechentum (vgl. Burkert 1977, 293ff.) etwa geht man einerseits davon aus, daß die Toten in der Nähe ihrer Gräber weilen; sie empfangen ihre Gaben, und insbesondere zu den „Totentagen" kommen sie zu den Lebenden, um Speisung und Ehrerbietung zu empfangen. Andererseits besteht eine ausgeführte Jenseitsmythologie: Die Toten gelangen ins Reich des Hades, wo sie als Schatten ein defizitäres Dasein fristen. Schließlich weiß man von einer „Insel der Seligen", wo besondere auserwählte Tote eine freudvolle Existenz haben. Mit der Zeit entstehen religiöse Systeme wie die Mysterien, welche, in Ergänzung zum traditionellen System, dem einzelnen die Aussicht auf ein schönes Jenseits eröffnen; die so formulierte Gegenwelt gewinnt damit eine orientierende Kraft, welche das Diesseits relativiert. Damit zeigt sich der Bereich des Todes als facettenreiche Gegenwelt, welcher dem Leben die Konturen verleiht.

Dabei wird die Erfahrung des Todes meist nicht nur mit dem biologischen Sterben verbunden. Auch wesentliche *Übergänge innerhalb des Lebens* werden mit einem Ritual besetzt, welches häufig mit Todessymbolik versehen ist (rites de passage). Wer vom Kind zum Erwachsenen wird, „stirbt", er verläßt eine soziale Position, um in einer anderen wiedergeboren zu werden. Dies wird gern sehr deutlich zum Ausdruck gebracht: Initianden werden weiß bemalt, vergraben, durch Ungeheuer verschlungen, verwundet usw. Die Übergänge im Leben und der zum (irreversiblen) Tod (der ja auch nur in eine andere Form des Lebens führt) sind sich also ähnlich (vgl. Eliade 1959/1961; Zahan 1970, 62–105). Alles hängt daran, daß die Grenzen zwischen den Welten, die Grenzbereiche und die Übergänge genauen Bezeichnungen und Regeln unterworfen sind, damit die Orientierung stabil bleibt.

Im traditionellen Christentum ist die gegenwärtige Welt durch verschiedene Gegenwelten kontrastiert, wobei die theologische Reflexion hier für einigermaßen klare Verhältnisse gesorgt hat. Einerseits ist dieser Welt die Schöpfung vor dem Fall entgegengesetzt (welche zwar – von Gott her gesehen – vollkommen war, jedoch von Engeln bzw. vom Menschen korrumpiert wurde), andererseits steht die Neuschöpfung der endzeitlichen und endgültigen Welt, welche in jeder Hinsicht vollkommen sein wird, noch aus. Die verschiedenen Welten eröffnen die Perspektiven für die anthropologische und ethische Orientierung: Die Gegenwart ist durch menschliche Sünde und Schuld sowie entsprechend defizitäre Lebensverhältnisse qualifiziert; zu orientieren hat man sich an der künftigen Schöpfung. Dem Individuum sind die Konzepte von Himmel und Hölle zugeordnet: Sie stellen vor die Alternative, sich entweder an der jetzigen verkehrten Welt zu orientieren (was nahe liegt, aber in die Irre führt) oder aber an den Maßstäben der nicht vor Augen liegenden, religiös vermittelten Herrschaft Gottes.

Was hier an zwei Beispielen angedeutet ist, muß bei jedem Symbolsystem sorgfältig erhoben werden. Gegenwelten ergeben sich nicht nur im Bereich der Toten und der Vor- und Endzeit, sondern auch in vielen anderen Bereichen. Die nicht zur eigenen Ethnie gehörenden Menschen, die Götter, die Figuren der Astralwelt usw. – alle diese Elemente können Anlaß zur Konstruktion einer Gegenwelt geben. Was „Welt" ist, ergibt sich aus dem Kontrast zur Summe der Gegenwelten.

Welt und Gegenwelt stehen, wie an verschiedenen Beispielen erläutert, in einem Transformationsverhältnis. Die Transformation ist mit numinosen Figuren verschiedenen Typs in Zusammenhang gebracht. Wird die Umgestaltung souverän durch eine Gottheit wahrgenommen, spricht man gern von „Schöpfung"; aber dies ist doch nur ein Sonderfall aus einer breiten Palette von Transformationsmöglichkeiten. Vielfach kommt dieser Vorgang durch einen Kampf, durch ein Versehen, durch eine Reihe von Versuchen und Irrtümern usw. zustande.

Eine besondere Rolle spielen vielfach die *Kulturbringer*; viele Religionen unterscheiden zwischen den Transformationen, welche die Bedingungen der natürlichen Lebensgrundlagen, und denen, welche die der kulturellen Ordnungen (z. B. Verwandtschaftsbeziehungen, landwirtschaftliche und handwerkliche Techniken usw.) herbeigeführt haben (vgl. Radin/Kerényi/Jung 1954). Viele dieser Figuren haben einen eigenartig ambivalenten Charakter; zwar ist ihre Intelligenz und ihr Erfindungsreichtum heilvoll, das von ihnen gebrachte Kulturgut ist unverzichtbar, aber häufig sind ihnen auch destruktive Züge eigen. Die *Trickster* („Gauner"), wie die Kulturbringer auch gern genannt werden, lehnen sich gegen die vorgegebene Ordnung auf, bringen Streit und Unruhe, sind manchmal geradezu bösartig. Der bekannte griechische Kulturbringer Prometheus beispielsweise bringt zwar den Menschen das Feuer und begründet überhaupt erst die Möglichkeit humaner Existenz, andererseits aber setzt er sich über die Grundnormen des Zeus hinweg. In solchen Trickster-Figuren verdichten sich verschiedene Erfahrungen: etwa die, daß kulturelle Errungenschaften ihre Kehrseiten haben; daß jede Veränderung, jeder Fortschritt die Stabilität gefährden; daß die Entfaltung intelligenten und erfinderischen Verhaltens auch gefährlich ist; daß Ambivalenzerfahrung unabdingbar zum menschlichen Leben gehört. Die Ambivalenz des Tricksters gehört in den Zwischenraum zwischen Welt und Gegenwelt; sie spiegelt die Tatsache wider, daß sich die Welt immer wieder verändert und den vorgegebenen Klassifikationen entzieht, so daß der Mensch gezwungen ist, seine Orientierung stets neu zu suchen und zu bestimmen.

4.4 Die Konstruktion des Symbolsystems

4.4.1 Die Zeigefunktion des Symbols

Wie erfüllt nun die Religion ihre Aufgabe, eine Darstellung der Welt und möglicher Gegenwelten zu geben? Welche Darstellungselemente verwendet die religiöse Botschaft? Auf welchen Ebenen gelangt die Botschaft zur Darstellung? Was für Arten von Konstruktionsplänen gibt es? Dies sind die Probleme, die nun zur Sprache kommen sollen. Zentral ist dabei der *Begriff des Symbols*. „Symbol" ist freilich ein vielfältig verwendeter Ausdruck, der nicht nur innerhalb der Religion eine wesentliche Rolle spielt. Das griechische Wort *symbolon* bedeutet einerseits Vertrag, Übereinkunft, andererseits Kennzeichen. Beides spielt in der kirchlich-religiösen Verwendung des Symbolbegriffs eine Rolle. *symbolon* heißt zunächst das Glaubensbekenntnis (ein älterer Ausdruck dafür lautet *regula fidei*), welches Ausweis des Christentums ist. In diesem Sinne spricht man etwa vom apostolischen Symbol, vom nicäno-konstantinopolitanischen Symbol usw. Von daher kommt es zur Disziplinbezeichnung Symbolik: Ihr Gegenstand ist die Glaubenslehre, insbesondere die Lehre der einzelnen Konfessionen, wie sie durch eine ganz bestimmte Überlieferung geprägt ist (Unterdisziplin der Dogmatik). Daneben kennt aber schon die alte Kirche den Ausdruck „Symbol" in anderem Sinne; Geräte, Bilder und Handlungen, die im christlichen Kult eine Rolle spielen und also auch in gewissem Sinne Ausweis des Christentums sind, werden als Symbole bezeichnet.

In der Neuzeit nimmt die Philosophie den Symbolbegriff auf. Einerseits wird er jetzt auf andere Religionen übertragen. Seit dem 18. Jahrhundert werden religiöse Gegenstände aus dem außerchristlichen Bereich als Symbole bezeichnet. Andererseits erfolgt die Übertragung in nicht-religiöse Bereiche. Wo immer Dinge einen Verweischarakter haben und auf etwas hinter ihnen Liegendes hinweisen, können sie als Symbole bezeichnet werden. Der Symbolbegriff ist heute also inflationär geworden. Man muß versuchen, die Zeigefunktion eines Symbols genau zu charakterisieren. Anstelle der Ausarbeitung einer differenzierten Nomenklatur, wie sie heute in vielfältiger Weise versucht wird (vgl. z. B. Leach 1978, 16ff.) gebe ich hier einige Unterscheidungsmerkmale, wie sie in der Analyse von Symbolen beobachtet werden können. Dabei meint A das Bezeichnende (signifiant), B das Bezeichnete (signifié).

1. A bewirkt B. Es besteht also ein Kausalzusammenhang zwischen den beiden Größen. Im weit verbreiteten Ritus des *hieros gamos* (heilige Hochzeit) liegt dieser Zusammenhang vor. Der *hieros gamos* ist ein Symbol für die Fruchtbarkeit; tatsächlich löst ja die Begattung bei der Frau Fruchtbarkeit aus, sie soll schwanger werden. Allerdings ist dann in aller Regel nicht nur die Fruchtbarkeit dieser einzelnen Frau bezeichnet, sondern es ist in einer Vielzahl von Fällen eine Analogie mitgemeint (vgl. Fall 3).

2. A ist ein Teil von B. Wenn sich die ersten Christen mit einem Bruderkuß begrüßen, so verwenden sie einen Teil des Zärtlichkeitverhaltens, das zwischen Ehegatten üblich ist. Das in der Ehe übliche enge Verhältnis der Zusammengehörigkeit gilt nun also auch für die, welche zur Gemeinde gehören.

3. A ahmt B nach. Dieser Fall ist beispielsweise dann gegeben, wenn ein Bild des Feindes hergestellt und anschließend vernichtet wird (ein Fall sympathetischer Magie). Die Nachahmung kann durch verschiedene Mittel erzielt werden; es kann sich um sprachliche, bildliche oder handlungsmäßige Elemente handeln. Der Nachahmungsvorgang ist in der Regel unmittelbar verständlich, er ist nicht auf besondere Vorinformationen angewiesen.

4. A bezeichnet B mittels eines Zusammenhangs, der nur aufgrund bestimmter vorhergehender Informationen verständlich ist. Ein Beispiel dafür ist die christliche Darstellung Jesu als eines Fisches. Die traditionelle Hoheitstitulatur I*esus* Ch*ristos* th*eou* y*ios soter*" (Jesus Christus, Gottes Sohn, Heiland) ergibt, wenn man die Anfangsbuchstaben zusammensetzt, *ichthys*, und das ist die sprachliche Bezeichnung für den Fisch. Nur wer die Titulatur kennt, nur wer also bereits weiß, was das Fischbild bedeutet, erfaßt den Bezeichnungszusammenhang.

5. A bezeichnet B völlig willkürlich (arbiträr), im Rahmen einer beliebigen kulturellen Konvention. In diesem Sinne können etwa militärische Rangabzeichen, Kopfbedeckungen weltlicher und geistlicher Würdenträger usw. gedeutet werden. Wenn man solchen Abzeichen historisch nachgeht, dann lassen sie sich häufig auf andere Bezeichnungsfunktionen zurückführen.

Bei jedem Symbol ist also zu fragen, in welcher Weise es seine Zeigefunktion wahrnimmt. Darüber hinaus hat sich aber bereits gezeigt, daß die Zeigefunktion mit verschiedenen Mitteln auf verschiedenen Ebenen realisiert werden kann. Die wichtigsten Ebenen sind jetzt kurz zu beschreiben.

Wir beginnen mit einem Beispiel. Aus dem alten Ägypten sind sog. „Ächtungstexte" überliefert (Abb. 1). Es handelt sich um Texte, welche Namen feindlicher Könige und Völkerschaften aufzählen. Diese Listen wurden u. a. auf Gefäße geschrieben, welche nach der Beschriftung zerschlagen wurden. Der Darstellungsvorgang ist vielschichtig. Der Feind ist zunächst durch seinen Namen sprachlich repräsentiert, wobei die Sprache als Schriftbild realisiert und in dieser Form auf das Gefäß appliziert wird. Das Gefäß ist zunächst ganz, wird dann aber zerstört: Der Akt kulminiert also in einer Handlung. Im Vorgang sind insgesamt aber ganz verschiedene symbolische Verweisungen miteinander kombiniert.

Ein anderes Beispiel, in dem die Handlung im Zentrum des Symbolvorgangs steht, zeigt sich in sportlichen Wettkämpfen. Diese spielen häufig eine Rolle bei Ritualen; am bekanntesten sind die olympischen Spiele der griechischen Antike, aber auch viele andere Neujahrsrituale in aller Welt enthalten derartige sportliche Wettkämpfe. Was ist durch eine solche Konkurrenz gemeint? Es stehen verschiedene Kräfte in einem Wettstreit miteinander, sie werden nun miteinander gemessen und in eine Rangordnung gebracht. Damit hört die Auseinandersetzung dann auf. Der Wettkampf verweist also auf ein Chaos konkurrierender Kräfte, die in der Welt zu beobachten sind, die nun jedoch in eine Rangfolge und damit in eine Ordnung gebracht werden.

In beiden Fällen steht also die symbolische Handlung im Zentrum. Im ersten Fall ist der Verweischarakter des symbolischen Aktes durch den Beizug von Sprache und Schrift verdeutlicht; man weiß ganz genau, was und wer gemeint ist, wenn man den Krug zerschmettert. Im zweiten Fall ist die Bedeutung des Handlungsvorgangs nur durch das Gesamtritual genau zu klären. Das Symbol (hier: die symbolische Handlung) steht also nicht isoliert bzw. ist isoliert nicht erklärbar, sondern nur im Verein mit anderen Symbolen, im Gesamtzusammenhang des Rituals.

Ist der Zusammenhang zwischen bezeichnendem und bezeichnetem Element in den beiden Fällen willkürlich oder nicht? Die Frage ist nicht eindeutig zu beantworten. Beim ersten Beispiel wird eine Analogie ins Spiel gebracht: Das Gefäß ist zunächst ganz, es wird dann zerbrochen; genau so soll der jetzt noch ganze Feind zerbrochen werden. Man geht also von der Vorstellung einer Ganzheit, einer Funktionstüchtigkeit aus, die sowohl dem Bezeichnenden wie dem Bezeichneten zukommt. Diese Analogie ist

Abb. 1

nicht selbstverständlich gegeben, aber doch mittelbar plausibel.
Viel schwieriger liegen die Dinge in der Beurteilung des sportlichen Wettkampfes. Immerhin kann man auch hier davon ausgehen, daß der Mensch seine Umwelt als chaotisches Kräftefeld empfindet, das zu ordnen ist; dieser Vorgang kann im Wettkampf Gestalt gewinnen.

Eine besonders bedeutsame Form der Handlung ist in der *Gabe* zu sehen. Gaben spielen im zwischenmenschlichen Bereich eine fundamentale Rolle zur Darstellung sozialer Beziehungen (Mauss 1923–24/1978), sie bezeugen Zusammengehörigkeit, Abhängigkeit, Rangordnung usw.; auch die Verwandtschaftssysteme können als Geflecht von Tauschregeln verstanden werden: Verschiedene Gruppierungen tauschen Ehepartner nach bestimmten Regeln aus, um zu einem geordneten Zusammenhang zu kommen.

Die Gabe spielt auch eine wichtige Rolle im Verhältnis zu den lebensbestimmenden Mächten; in diesem Fall handelt es sich um ein *Opfer*, die vielleicht zentralste religiöse Handlung (vgl. Hubert/Mauss 1898; van Baaren 1964; Gladigow 1984). Verschiedene Elemente spielen dabei eine Rolle. Einerseits wird die Gabe – in der Regel Nahrung, doch kommen auch andere Gebrauchsgüter oder stellvertretende Elemente in Betracht – dem normalen Verbrauch entzogen und einem wie auch immer definierten „jenseitigen" Bereich zugeführt. Andererseits ist häufig mit dieser Überführung eine Transformation verbunden, z. B. das Töten des Opfertieres, das Verbrennen einer Sache u. ä. Die Transformation versetzt die Gabe in eine Form, in der sie im jenseitigen Bereich wirksam werden kann – ein Sachverhalt, der z. B. in Indien anhand der Figur des Agni, der gleichzeitig göttlicher Opferpriester und Opferfeuer ist, eingehend reflektiert ist (vgl. z. B. Gonda 1978, 67ff.). Natürlich ist die Handlung meist mit interpretierender und begleitender Sprache verbunden, so daß zuweilen auch ein Gebet den Charakter einer Gabe annehmen kann.

Diese allgemeine Beschreibung der Opferhandlung läßt verschiedene Dinge offen, welche in einzelnen religiösen Symbolsystemen ganz unterschiedlich geregelt sind. So kann der konkrete Adressat der Gabe anthropomorph als Gott konzipiert sein; es kann sich aber auch um den chaotischen Bereich der Un-Welt handeln, dem etwas überantwortet wird. Im Alten Testament etwa ist beides gleichzeitig bezeugt; einerseits sind vielfach kultische Opfer (tierische und vegetabilische) bekannt, vgl. Lev 1–7; und andererseits wird der „Sündenbock" in die Wüste, den Ort der lebensfeindlichen Mächte, getrieben (Lev 16,5ff.; auffällig ist die gleichzeitige „normale" Opferung eines Ziegenbocks, so daß also eine Symmetrie zwischen den beiden Adressierungen besteht). In jedem Fall ist die Opfergabe Teil eines Zusammenhangs von Gaben; die Menschen geben, was sie können, und die lebensbestimmenden Mächte reagieren entsprechend. Auch in dieser Hinsicht sind viele Variationen möglich; sie reichen von der Gabe, auf die die Götter angewiesen sind, um überhaupt wirken zu können, über Abläufe nach der „do ut des"-Formel bis hin zum Opfer, das aus Dankbarkeit für ein göttliches Tun erfolgt.

Ein besonderes Gewicht hat im Zusammenhang mit dem Opfer das *Töten* (vgl. Girard 1972/1987; Burkert 1972, 1984; Gladigow 1984); es ist für die an der Handlung Beteiligten mit hochgradigen, wie auch immer zu interpretierenden Emotionen verbunden. Der Mensch tötet hier sehr bewußt (in höherem Ausmaß als bei der Ausübung der Jagd); er transformiert rituell Leben in Tod, wobei er davon ausgeht, daß sich daraus ein umgekehrter Prozeß ergibt, daß also eine lebensschaffende Potenz frei wird. Der bewußte

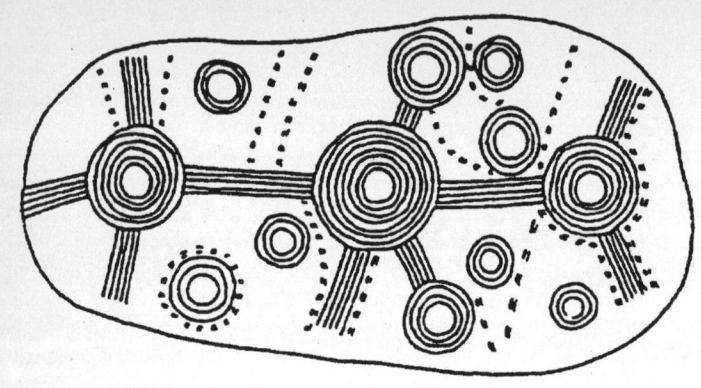

Abb. 2

Umgang mit dem Töten stellt eine religiös prägende Grenzerfahrung des Menschen dar.

Diese Thematik des gewaltsamen Todes, aus dem sich Leben entwickelt, ist übrigens in einer ganz bestimmten Gestalt zentrales Thema vieler Ackerbaukulturen. Der dafür charakteristische Vorstellungskomplex rechnet mit einer Gottheit der Urzeit, welche getötet wurde, und aus deren Leib Kulturgüter, insbesondere Feldfrüchte, entstanden (sog. *Dema-Figuren*; vgl. Jensen 1948). Das Dema-Konzept wurde zunächst im indonesischen Bereich erarbeitet, doch zeigen sich analoge Vorstellungszusammenhänge vielerorts. Dabei ist deutlich, daß die Thematik in vielfältiger Weise rituell-handlungsmäßig zur Darstellung gebracht wird, daß sie aber meist gleichzeitig in sprachlicher Form ausgearbeitet ist.

4.4.1.2 Die Ebene des Visuellen

Ein Beispiel: Bei vielen Stämmen der Urbevölkerung Australiens ist ein Gegenstand in Gebrauch, der Tjurunga genannt wird. Ein Beispiel stellt die Steintjurunga des Heuschreckentotems (*ngalia*-Stamm in Zentralaustralien) dar (vgl. Abb. 2). Er gibt die sakrale Geographie des Stammes wieder. Die verschiedenen Kreise zeigen Lokalitäten, welche für den Stamm von lebenswichtiger Bedeutung sind. Insbesondere sind die Lagerplätze und die Wasserlöcher damit gemeint. Die Striche deuten die Wege an, welche zwischen diesen verschiedenen Örtlichkeiten bestehen. Es handelt sich frei-

Abb. 3

lich zunächst nicht um die Wege des Stammes selbst, sondern um die Routen der Stammesahnen, der Totemwesen, welche dem Stamm die Identität geben. Insgesamt handelt es sich bei einer solchen Tjurunga also um eine Art stilisierter Landkarte, wobei die angedeutete Region ganz auf den Stamm bezogen ist. Man kann zur Tjurunga Geschichten erzählen, welche die Abenteuer jener urzeitlichen Wesen zum Inhalt haben, und man kann jene Urzeitgeschehen auch im Tanz, also in einer Handlung, zur Darstellung bringen.

Beispiele von Götterbildern: Die Abrollung eines Siegelzylinders aus der ältesten mesopotamischen Zeit (Abb. 3) zeigt ein Boot, wie es nicht nur für die Beförderung von Menschen, sondern auch für Götterfahrten benützt wurde; Prozessionen wurden nicht nur zu Lande, sondern auch zu Wasser durchgeführt. Es zeigt sich, daß das Boot von zwei Fährleuten durch Schilfdickicht getrieben wird. In der Mitte steht ein Götterbild. Es ist kenntlich durch die Hörnerkrone: Der an sich menschengestaltige Gott erhält Attribute eines Tieres, des Stieres, in dessen Hörnern sich Stoßkraft und Macht ausdrücken. Aus den Schultern des Gottes treten zwei Wasserströme, das Lebenselement also, dem sich das Wachstum der Pflanzen verdankt. Entsprechend wachsen aus den Wasserströmen Pflanzen heraus. Dem Gott sind demnach durch diese visuellen Elemente die Momente der Macht und der Fruchtbarkeitsgewährung zugeschrieben. Neben dem links sichtbaren Fährmann ist zudem ein Astralsymbol sichtbar: ein Stern, wie er normalerweise

Abb. 4

der Himmelsgöttin zugeordnet wird. Die Darstellung gibt insgesamt einen Ausschnitt aus einer Prozession wieder, sie zeigt den Gott mit seinen Funktionen, die sich für den Menschen heilvoll auswirken.

Die nächste Abbildung (Abb. 4) zeigt eine Szene aus Ägypten. Rechts ist ein Gott dargestellt; es handelt sich um Min, einen Fruchtbarkeitsgott, der stets mit erigiertem Phallus dargestellt wird. Er trägt eine charakteristische Kappe, einen Stab, und, als Zeichen seiner Herrschaft, eine Geißel. Ihm gegenüber steht der Pharao, der vier verschiedenfarbige Kälber zum Dreschen vor den Gott führt. Er trägt zwei Stäbe; der eine besteht aus einer zum Stock gewordenen Schlange. Die Kälber sind an Seilen angebunden, die in die Hieroglyphe 'nḫ auslaufen, ein Wort, das Leben bedeutet. Ein Begleittext erläutert das Bild: Es handelt sich um einen Ritus, der das Getreide mehrt. Die Fruchtbarkeitsmacht des Gottes äußert sich visuell in seiner sexuellen Potenz. Die vier Farben, welche durch die vier Kälber repräsentiert sind, deuten eine Gesamtheit an. Offensichtlich soll die Ganzheit und Unversehrt-

Abb. 5

heit der Ernte sichergestellt werden. Welche Bedeutung die zum Stock gewordene und in zwei Hälften zerschnittene Schlange hat, ist nicht deutlich. Hier zeigt sich auch die Grenze der Interpretation bildhafter und handlungsmäßiger Elemente.

Eine letzte Darstellung eines Götterbildes (ebenfalls aus Ägypten, Abb. 5) zeigt Isis als Baumgöttin. Aus der Darstellung des Baumes ragt eine Brust heraus, sowie ein Arm, der die Brust so hält, daß der junge König daran trinken kann. Die Göttin verkörpert sich also im Baum, dessen Fruchtbarkeitsmacht die Macht der Göttin offenbart. Die Göttin hat demnach sowohl Elemente des Menschen an sich (menschliche Brust, menschlicher Arm) als auch Elemente des Baumes. Die Beischrift deutet den Vorgang kurz und benennt den König.

Die visuelle Symbolik ist, wie die Beispiele zeigen, häufig additiver Natur. Verschiedene Elemente der Wahrnehmung können miteinander kombiniert werden – etwa ein Baum, die Brust einer stillenden Mutter und der König. Verschiedene Erfahrungszusammenhänge werden damit synthetisiert: Der Baum als Element der

Natur, von der der Mensch abhängt; das Stillen der Mutter als Element des elementarsten familiären Lebens; der König als Zentralfigur des sozialen und politischen Systems. Verschiedene Zeigevorgänge werden so miteinander verknüpft. Auf diese Verknüpfungsvorgänge ist später noch einmal einzugehen.

Schließlich ist noch darauf hinzuweisen, daß auch die sakrale Architektur und sogar die sakrale Geographie mit in den Bereich der visuellen Elemente der Religion gehören. Die ägyptischen Tempel beispielsweise verkörpern die Erde und den darüber gespannten, von göttlichen Mächten getragenen Himmel. Die Elemente des Heiligtums machen visuell den Raum in seiner sakralen Ordnung deutlich. Genau so sind die Elemente der Geographie – Berge, Flüsse usw. – häufig Wesen, die eine Rolle im Symbolsystem spielen.

4.4.1.3 Die Ebene der Sprache

Die Sprache ist ein hochkomplexes Kommunikationsmittel, von dem bereits die Rede war (4.2.4); natürlich spielt sie auch für die Religion eine wichtige Rolle. Das religiöse Zeichensystem macht damit Gebrauch von einem elementareren Zeichensystem (vgl. Lévi-Strauss 1978, 226ff.; Barthes 1964, 85ff.).

Als Beispiel sei nochmals der bereits kurz besprochene Dilmun-Mythos genannt. Hauptperson ist Enki, „Herr der Erde", der Gott des Süßwassers, der in der Tiefe wohnt und die Fruchtbarkeit des Feldes mit seinem Wasser ermöglicht. In diesem Mythos heißt es: „Der Einsame, der Weise wendet sich Nintu zu, der Mutter des Landes. Enki, der Weise, wendet sich Nintu zu, der Mutter des Landes. Mit seinem Glied begoß er den Abhang, mit seinem Glied vermehrte er das Schilf durch reichliches Wasser. Und sein Glied hob sich unter dem herrlichen Vlies..." Die sprachliche Darstellung verknüpft hier Vorstellungselemente ähnlich, wie wir es in bildlichen Darstellungen gesehen haben: Einerseits wird die Vorstellung vom Wasser wachgerufen, welches das Land überflutet und Schilf wachsen läßt. Damit ist also auf einen Naturvorgang hingewiesen. Andererseits evoziert der Text die Assoziation an den Mann, welcher seine Frau begattet. Beide Bilder gehen ineinander über und durchdringen sich. Die Natur ist also anthropomorph interpretiert, indem ein Vorgang aus dem Leben der Natur mit einem Vorgang aus dem Leben des Menschen ineinander verarbeitet werden.

Natürlich ist die Sprache in der Möglichkeit, verschiedenartigste Verknüpfungen und Assoziationen zu erzielen, dem Bild weit überlegen. Darüber hinaus weist sie Strukturmöglichkeiten auf, die sie in ganz besonderer Weise befähigen, bestimmte Aspekte des Symbolsystems zum Ausdruck zu bringen. So kann man etwa unterscheiden zwischen *Beschreibung* und *Erzählung* (vgl. z. B. Weinrich 1964). Im ersten Fall erscheint die Welt bzw. – im speziellen Fall religiöser Sprache – das Feld der lebensbestimmenden Mächte als Gegenüber, das sprachlich angegangen wird; dieser Zugang kann als unmittelbare Anrede (sprachlich realisiert in der 2. Person) oder als mittelbare Rede über etwas (in der 3. Person) gestaltet sein. Diese Sprechformen können ganz verschiedene Erfahrungen zum Ausdruck bringen; etwa eine Erfahrung an Lebensüberschuß, also an Ereignissen, welche über die Erfahrungen normaler heilvoller Ordnung hinausgehen (z. B. das *Lob- und Dankgebet*), aber auch das Gegenteil, eine Erfahrung des Defizits hinsichtlich der Lebensordnung (also die *Klage*); Beispiele finden sich leicht im alttestamentlichen Psalter, vgl. z. B. das Gotteslob in Ps 34 mit der Klage Ps 13. Solche Rede kann eher reaktiven Charakter im Verhältnis zur Erfahrung haben, ihr kann aber auch wirklichkeitsformende Kraft zugeordnet werden. Das Lob hat dann die Aufgabe, die lebensbestimmenden Mächte zu stärken, die Klage, sie zu provozieren; man spricht in diesen Fällen von einem magischen Charakter der Texte und verwendet eher den Terminus *Beschwörung* statt Gebet (zum Problem der Magie vgl. Petzoldt 1978; Kippenberg/Luchesi 1978; O'Keefe 1982). Die Sprachebene der Symbolsysteme weist ein Geflecht solcher Redeformen zur Verarbeitung abnormaler Erfahrungen aus, wie es z. B. durch die Gattungsforschung am Alten und Neuen Testament erarbeitet worden ist (vgl. z. B. Stolz 1974, 43ff.). Die Deskription ist der Distanzierung fähig – einer Distanzierung, die bis hin zur philosophischen Analyse der Dinge führt (vgl. dazu 4.4.7).

Die traditionelle Erzählung ist in den meisten Religionen ein besonders wesentliches Darstellungsmittel; man kann diese ganz allgemein als *Mythos* (vgl. de Vries 1961; Kirk 1970/1988; Limet/Ries 1983; Assmann/Burkert/Stolz 1982; Day 1984; Bolle 1984; Schlesier 1985) bezeichnen, wobei in den einzelnen Kulturen die Abgrenzung zwischen verschiedenen Arten des Erzählens je anders unterschieden wird (Erzählen mit oder ohne Beziehung zum Symbolsystem, mit mehr oder weniger Orientierungs- bzw. Unterhaltungsgehalt; die im Abendland geläufige Kategorisierung in „Mythos", „Sage", „Legende", „Märchen" usw. läßt sich längst nicht überall anwenden). Die Erzählung entwickelt einen Geschehenszusammenhang, der für das Symbolsystem konstitutiv ist; sie ist also wirklichkeitssetzend und -begründend, wobei wieder zu bedenken ist, daß nicht nur Welt gesetzt wird, sondern auch Gegenwelt. Der Mythos ist durch eine Sequenz ungleicher Szenen gekennzeichnet: Sie läuft von einer Ausgangsposition über eine (kleinere oder größere) Reihe von Komplikationen auf eine Lösung zu. Man kann diesen Ablauf als Transformation von einem labilen Ausgangspunkt zu einem stabilen Schlußpunkt interpretieren; der Erzählgang impliziert die Irreversibilität des Geschehens. Die Geschehenselemente der traditionellen Erzählungen sind relativ beschränkt; zwischenmenschliche Grundkonstellationen (Eheschluß, Geburt von Kindern, Konflikte zwischen Geschwistern und Generationen, Wundertaten, Verfolgung und Rettung des Helden usw.) bilden das Arsenal der Erzählung. Da diese Motive so konstant sind, wandern Mythen (wie Märchen – soweit man, wie gesagt, unterscheiden kann) relativ leicht.

Die Erzählung lebt davon, daß sie zunächst eine Spannung erzeugt und diese dann wieder löst; sie lädt dadurch den Hörer zur Identifikation mit dem Geschehen ein und vermittelt so ihre Orientierung. Die Mächte und Götter, deren wechselseitiges Verhältnis aus einem labilen Zustand in einen stabilen gebracht werden, und die Wirklichkeitsfügungen, welche aus Unordnungsphasen zur Ordnung gebracht werden, teilen sich in ihrer lebensregulierenden Funktion dem Hörer mit. Der Orientierungsvorgang wird also nicht in distanziert belehrender Weise vermittelt, sondern durch emotional prägende Identifikation. Freilich gibt es auch Varianten des Mythos, welche die Spannung nur mehr um der Unterhaltung willen erzeugen und lösen; dann handelt es sich aber nur noch am Rande um eine Redeform, die das religiöse Symbolsystem zur Sprache bringt. Die meisten uns bekannten griechischen Mythen haben – in der überlieferten hellenistischen Gestalt – dieses Stadium erreicht.

Mythen können ganz unterschiedliche Wirklichkeitsausschnitte betreffen; sie können die Welt als ganze, ihre Entstehung und Strukturierung beinhalten („kosmogonische Mythen"); sie können die Entstehung der Götter oder der Menschen erzählen; sie können aber auch einen ganz begrenzten Gegenstand zum Inhalt haben (etwa die Entstehung einer merkwürdigen Erscheinung in der Landschaft – wie die Salzsäule, in welcher der alttestamentliche Mensch Lots Weib wiedererkannte, Gen 19,26).

Insgesamt stellt die sprachliche Darstellung des Symbolsystems also die komplexeste Kodierungsmöglichkeit religiöser Botschaft dar. Die Möglichkeiten der Sprache, Zeiten und Modalitäten des Seins zu unterscheiden und die Wirklichkeit in ganz verschiedenen Weisen anzugehen, gewährt eine große Vielfalt von Bedeutungen. Eine besondere Möglichkeit der Sprache ist die Distanzierung von der erzählten und besprochenen Wirklichkeit (vgl. dazu 4.4.7). Dies alles bedeutet aber nicht, daß die sprachliche Darstellung des Symbolsystems die wesentlichste ist; die Hierarchie der Darstellungsebenen ist in jedem Symbolsystem anders geregelt.

4.4.2 Verknüpfungen der Symbole

Betrachtet man die Sprache als Zeichensystem, so lassen sich zwei Ebenen auseinanderhalten: Auf der einen Seite haben die einzelnen Wörter Bezeichnungsfunktionen, sie meinen bestimmte Dinge und repräsentieren sie. Andererseits stehen sie in einem Zusammenhang, sie sind miteinander nach den Regeln der Grammatik verknüpft. Entsprechendes gilt im Bereich der religiösen Symbole. Ein Symbol hat auf der einen Seite eine Bezeichnungsfunktion; wie oben dargestellt, kann dieser Verweis auf verschiedenen Ebenen realisiert sein (Handlung, Bild, Sprache), bzw. der Verweis kann schon aus einer komplexen Addition von Bezeichnungen bestehen. Darüber hinaus aber steht das einzelne Symbol nicht isoliert, sondern es begegnet in einer Verknüpfung mit anderen Symbolen.

Auch diese Verknüpfung läßt sich auf verschiedenen Ebenen beobachten. Ein Ritual besteht gleichzeitig aus einem Handlungsablauf, verschiedene bedeutungsträchtige Handlungen folgen aufeinander; gleichzeitig beinhaltet es eine Verknüpfung visueller Elemente, die aufeinander folgen, und es spielt sich in einem Raum ab, der bedeutungsvoll gestaltet ist; und schließlich gehört zum Ritual ein Sprachzusammenhang. Die australische Tjurunga, von der oben die Rede war, findet in einem ausführlichen Ritual Verwendung: Auf der sprachlichen Ebene findet das Ritual zunächst in der Erzählung eines Mythos seinen Niederschlag; es wird berichtet, wie einst Heuschrecken an bestimmten Stellen aus der Erde kamen, an anderen Stellen wieder in die Erde eingingen und in verwandelter Gestalt als Menschen wieder zur Welt kamen. Ein religiöser Spezialist erzählt diesen Mythos und studiert ihn gleichzeitig dramatisch ein. Er gibt also Anweisungen, diskutiert mit den Stammesangehörigen über die Abläufe und Bewegungen, die es auszuführen gilt. Sodann wird der Vorgang dramatisch realisiert, und damit tritt die Handlung in den Vordergrund. Das ganze Geschehen spielt sich in einem sorgfältig gestalteten kultischen Raum ab, wobei die visuellen Elemente der Raumgestaltung den visuellen Elementen des Tjurungasteines entsprechen.

Einzelne Stadien des Rituals sind gern voneinander abgehoben. Damit wird eine deutliche Strukturierung des Vorgangs erzielt. Charakteristische Veränderungen, Transformationen, leiten von einem Stadium zum andern über. Als Beispiel sei auf den Dilmun-Mythos verwiesen: Er besteht insgesamt aus einer Sequenz von vier Szenen, wobei jedes dargestellte Stadium der Wirklichkeit dem vorhergehenden ähnelt, und doch in einem ganz bestimmten Punkt davon abweicht. Die Mytheninterpretation betrachtet nun die beiden Dimensionen des Mythos. Einerseits beobachtet sie die Verweisfunktion der sprachlichen Elemente auf die Wirklichkeit, die in ihnen zur Sprache kommt. Auf der andern Seite berücksichtigt sie die Verknüpfung der vier Abschnitte des Mythos; es sei an die Unterscheidung zwischen der paradigmatischen und der syntagmatischen Dimension von Zeichen und Zeichenkomplexen erinnert.

Dilmun-Mythos – Schemata:

a) Erzählsequenz, syntagmatische Kette:

1. Urzustand des Lebens, „Paradies"	2. Entfaltung des Lebens	3. Minderung des Lebens	4. Gleichgewicht des Lebens
Un-Leben	positiv	negativ	„Leben"

b) Binäres Faktorenpaar, welches die Szenen bestimmt:

		positiv		
		Szene 2		
statisch	Szene 1		Szene 4	dynamisch
		Szene 3		
		negativ		

c) Der Gesamtaufbau – vgl. o. S. 98

statisch	dynamisch	dynamisch	dynamisch	
	Szene 2			positiv
Szene 1			Szene 4	im Gleichgewicht
		Szene 3		negativ
labil	labil	labil	stabil	

114

4.4.3 Die Interpretation eines Rituals und die Synthese zum Symbolsystem

Die bisherigen Überlegungen gingen davon aus, daß Religion als System von Symbolen aufgebaut ist. Die diskutierten Beispiele waren so ausgesucht, daß sich einzelne Theorieelemente relativ deutlich darstellen ließen. Dabei ist als Voraussetzung vorangestellt worden, was die empirische Arbeit an konkret vorliegendem religionsgeschichtlichem und -ethnologischem Material erst am Schluß langwieriger Bemühung mit keinesfalls eindeutigen Ergebnissen erarbeiten kann.

Der Forscher hat es ja zunächst mit einer Vielzahl von Äußerungen zu tun, die er auf ihren Bezug zum (angenommenen) Symbolsystem hin klassifizieren und gewichten muß. Der Vorgang ist vergleichbar mit der (allerdings viel einfacheren) grammatikalischen Analyse einer noch unbekannten Sprache. Hier gilt es zunächst, Texte zu sortieren, dann die Strukturen des Satzbaus usw. zu analysieren und hernach die Resultate der analytischen Arbeit zu einem Regelsystem zu synthetisieren, von welchem jeder, der die Sprache spricht, Gebrauch macht, ohne daß er aber in der Lage ist, diese Regeln selbst zu beschreiben. Die Fragestellungen der Sprachwissenschaft sind für die Analyse religiöser Kommunikation sehr hilfreich. Sprache läßt sich zunächst im Hinblick auf ihre Syntax beschreiben; zu beobachten sind die Regeln, welche die Aufeinanderfolge verschiedener Elemente bestimmen. So wie sich Wörter zu Sätzen und Sätze zu Texten zusammenfügen, so sind einzelne Elemente rituellen Handelns oder sprachlicher Äußerung zu kleineren oder größeren Einheiten eines Rituals oder eines Mythos zusammengefügt. Genau so wie ein Satz bzw. ein Text eine Aussage enthält, eine Information übermittelt und eine Wirkung zeigt, so übermittelt der Verlauf religiöser Kommunikation Aussagen, Informationen und Wirkungen; der Adressat soll durch die Intention des Ausschnittes an religiöser Botschaft, mit dem er konfrontiert wird, getroffen und verändert werden. Der *Syntax* religiöser Botschaft ist also eine *Transformationsleistung* zugeordnet.

Religiöse Kommunikation läßt sich sodann bestimmen im Hinblick auf ihre *Semantik*. Genau so, wie die meisten Typen von Wörtern eine „Bedeutung" haben, also auf etwas verweisen, so die Elemente von Mythen, Gebeten, Ritualen usw.: Ein Gott wie Zeus verweist auf die Erinnerung an das Gewitter, auf den Berg Olymp, auf die Institution der Herrschaft und vieles mehr; das Abendmahl verweist auf eine historische Erinnerung, an die Gemeinschaft beim Mahl unter Freunden usw.; von diesen *Verweisfunktionen* war vielfach die Rede. Natürlich machen die einzelnen Religionen unterschiedlichen Gebrauch von solchen Verweismöglichkeiten, die „Resonanzräume" religiöser Botschaft sind ganz unterschiedlich angelegt.

Schließlich ist religiöse Kommunikation, wie die Sprache, auf ihre *pragmatische* Seite hin zu bestimmen: Man überprüft, zu welcher Gelegenheit religiöse Botschaft *verwendet* wird. Auch hier gibt es beträchtliche Unterschiede zwischen Religionen. Manche Religionen richten eine hohe „Verwendungsdichte" ihrer Botschaft im Alltag ein: Viele Vorgänge werden religiös begleitet (man beobachte etwa das Verhalten orthodoxer Juden). Andere Religionen unterscheiden: Für eine bestimmte Elite gelten viele und rigorose Regeln, für einen weiteren Kreis ist die Regulierung viel weniger strikt (etwa im Theravada-Buddhismus). Protestantische Fundamentalisten werden die ethischen Implikationen religiöser Botschaft im Bereich der persönlichen Moral, vor allem im Bereich der Sexualität, sehr ernst nehmen, während sie im Bereich der Wirtschaftsethik weniger sensibel sind.

Religiöse Kommunikation ist im Vergleich zur Sprache eine *Kommunikation höherer Ebene:* Sie umfaßt neben der Sprache noch *andere Kodierungen,* insbesondere Bild (einbegriffen die Elemente der Architektur), Handlung und Musik; auch der Geruch spielt vielfach eine nicht unbeträchtliche Rolle. Der Stellenwert der einzelnen Kodierungen variiert von Religion zu Religion; er ändert sich vielfach im Lauf der Geschichte. Die Reformation läßt sich nicht zuletzt als Umwälzung im Bereich der *Kodierungshierarchie* verstehen: Die Sprache gewinnt mit einem Schlag völlige Dominanz über Bild und Handlung – beides sehr wichtige Elemente der spätmittelalterlichen Ausformung christlicher Botschaft.

Wir gehen davon aus, daß die kommunikativen Prozesse einer Religion zusammengehören, daß sie einander wechselseitig bedingen, grundsätzlich verwandte Intentionen enthalten und „Transformationsleistungen" bewirken, daß sie immer wieder von den selben Resonanzräumen Gebrauch machen. Wir betrachten die kommunikativen Elemente einer Religion unter der Voraussetzung, daß sie ein System bilden; bei der Analyse spielen die Gesichtspunkte von Syntax, Semantik, Pragmatik und Kodierung eine wesentliche Rolle.

Allerdings garantiert eine solche Beschreibung noch keineswegs ein Verständnis religiöser Kommunikation; an die Analyse muß sich Interpretation anschließen. Manchmal liegen *Selbstinterpretationen* vor: Angehörige fremder Religionen haben gelegentlich diesen oder jenen Zug ihrer religiösen Handlungen oder Anschauungen erläutert und begründet; in der multireligiösen Gegenwart ist es vielfach möglich, unmittelbar zu fragen. Allerdings darf man keine eindeutigen Auskünfte erwarten. Man wird auf verschiedenartigste Erklärungen und Deutungen ein und desselben Phänomens stoßen. Experten werden andere Auskünfte geben als Nicht-Experten. Dieser Unterschied ist ohne weiteres evident in Religionen mit hohem Spezialisierungsgrad; wenn man einen evangelischen Theologen nach der Bedeutung des Abendmahls fragt, dann wird er eine ganz andere Meinung haben als der Nicht-Theologe. Aber auch die Experten unter sich werden zu recht divergierenden Antworten kommen. Entsprechendes gilt auch im Bereich weniger differenzierter Religionen. Irgendein Medizinmann wird seine Praktiken anders erklären als der nicht spezialisierte Stammesangehörige. So gilt es also, eine möglichst breite Palette von Selbstinterpretationen zusammenzutragen.

Sodann ist der Ritualkontext zu beobachten. Es gilt, auf die *Haltung* derer, die das Ritual ausführen, zu achten. Dies ist ein wichtiger Punkt, auf den Turner (1967, 48ff.) hingewiesen hat. Oft gibt es eine Diskrepanz zwischen dem, was das Ritual, beim Wort genommen, zum Ausdruck bringt, und der Haltung derer, die am Ritual teilnehmen. Ein Beispiel aus unserer Religion: Das Abendmahl, wie es nach evangelischer Liturgie gefeiert wird, ist den verwendeten Texten nach in erster Linie ein Freudenmahl, in dem die Gemeinschaft der Gemeinde erlebt wird, welche sich auf den wiederkommenden Herrn freut. Das traditionelle Verhalten der Abendmahlsgäste läßt davon nicht viel spüren. Diese wirken eher ernst, bedrückt, jeder ist ganz für sich allein. Noch bis vor kurzer Zeit trugen die Männer im Bereich der reformierten Zürcher Kirche eine schwarze Krawatte zur Feier, also ein Zeichen der Trauer. Isolation, Schuldbewußtsein und Trauer sind also ebenso Elemente des Vorgangs wie Gemeinschaft und Freude. Das protestantische Abendmahlsritual hat demnach eine Dimension, die in den Texten und auch in den Handlungen nicht ohne weiteres zum Ausdruck kommt. So gilt es, nach Stimmungen und Werten zu fragen, die nicht unmittelbar an der Oberfläche des Rituals, sondern darunter angesiedelt sind. Erst die Gesamtheit dieser Elemente ergibt ein angemessenes Verständnis.

Die Synthese einzelner Rituale zum Symbolsystem als ganzem

stellt die Explikation eines Zusammenhangs dar, der für den Teilnehmer an einem religiösen Vorgang selbstverständlich ist. Der Interpret setzt in seiner Rekonstruktion voraus, daß die Gesamtheit der Symbole ein System bilden, daß dieses System seine Logik hat, und daß man diese mindestens fragmentarisch entdecken kann. *Die religionswissenschaftliche Konstruktion eines Symbolsystems besteht also zu einem Teil aus den Beiträgen derer, welche die Religion von innen her erleben und das entsprechende Symbolsystem in einem geringeren oder höheren Maße selbst explizieren, möglicherweise angeregt durch Impulse, die von außen kommen; und zum andern Teil aus Beiträgen des Religionswissenschafters, der die Konstruktion von seinen Fragestellungen her abrundet.*

4.4.4 Der Zusammenhang zwischen dem Symbolsystem und dem Gesellschaftssystem insgesamt

Im Symbolsystem (jedenfalls vormoderner Zeit) sind die verschiedensten Bereiche, die für eine Gesellschaft von Belang sind, miteinander verknüpft und in einen durchschaubaren Zusammenhang gebracht. Dies gilt zunächst einmal für den *geographischen Bereich*. Die australische Tjurunga, von der die Rede war, ist vergleichbar mit einem Plan des Lebensraums. Die Götter haben häufig geographische Bezugspunkte: Berge werden als Sitze von Göttern gesehen, bzw. sie gelten selbst als göttliche Wesen. Analoges gilt von Flüssen, von Quellen, von Meeren, von Wäldern usw. Die Geographie ist also im Symbolsystem repräsentiert, soweit sie für die Lebensabläufe bedeutsam ist (zur Religionsgeographie vgl. oben 3.3).

Ein wesentliches Thema vieler Symbolsysteme ist die Begrenzung des Lebensraums, in dem man sich sicher bewegen kann und in dem einem die Orientierung gesichert ist. Diese Welt wird abgegrenzt von der *Un-Welt*, dem Bereich, den man nicht kennt, in dem man sich verliert. Die dort wohnenden Menschen sind häufig gar nicht als Menschen akzeptiert, sondern es sind *Un-Menschen, Feinde* (dazu verschiedene Beiträge in Stolz 1986b). Das Symbolsystem grenzt verschiedene Grade der Bekanntheit ab, die mit unterschiedlicher religiöser Dignität ausgestattet sind. In vielen afrikanischen Religionen steht das Haus, das man bewohnt, im Zentrum der religiösen Orientierung. Um dieses Haus ist das Dorf gebaut, dieses ist von Gartenland umgeben, daran schließen sich

Felder an, dann kommt Weideland und schließlich, Inbegriff alles Unbekannten und Gefährlichen, der Busch als Bereich der wilden Tiere. Verschiedene Numina sind diesen Bereichen zugeordnet. Die Sippennumina wohnen beim zentralen Speicher, den Personen zugeordnete Numina bei den einzelnen Schlafhäusern, und dann lagern andere numinose Gestalten, deren Bedeutung ständig abnimmt, bei den Grenzmarkierungen der genannten Bereiche (vgl. z. B. Middleton 1960/1987).

Neben solchen geographischen Orientierungen ist auch der Bereich der *Wirtschaft* ins religiöse Symbolsystem integriert. Der Nahrungserwerb gründet sich in den meisten Kulturen auf eine ganz unmittelbare Bearbeitung der Natur, und diese Vorgänge finden dann Abbildung und Klärung im Symbolsystem. Entsprechende Beispiele begegneten in den Fällen des Fruchtbarkeitsgottes Min und der auf ihn bezogenen Ritualhandlung zur Förderung des Getreidewuchses, sowie in der Fruchtbarkeitsgöttin Isis, die sich in einem Baum verkörpert. Die Natur unterliegt bestimmten Regelmäßigkeiten, doch ist diese Regelmäßigkeit immer wieder gefährdet durch Katastrophen, durch Dürre, Überschwemmung usw. Nicht nur lebensfördernde, sondern auch lebensbedrohende Faktoren erscheinen in der natürlichen Umwelt. Die Naturkräfte müssen ihren Lauf zur richtigen Zeit und im richtigen Maß nehmen. Der Nil in Ägypten beispielsweise, die Quelle allen Lebens, muß zur rechten Zeit überschwemmen. Führt er zu wenig Wasser, so ist dies katastrophal; führt er zu viel Wasser, so ist dies ebenso katastrophal. Entsprechendes gilt vom Monsunregen, von der Abfolge von Kälte und Hitze in Winter und Sommer usw. Das Symbolsystem gibt eine Darstellung der Natur, wie sie für den Menschen optimal nutzbar ist. Die chaotischen Kräfte werden gruppiert und geordnet, sodaß sie schlußendlich in einer heilsamen Ordnung erscheinen. Dabei geht es nie um „Natur" an sich; es geht immer um die vom Menschen genützte, kultivierte Natur, also um einen Zusammenhang von Natur und Kultur.

Der *soziale und politische Bereich* macht einen wichtigen Aspekt des religiösen Symbolsystems aus. In den besprochenen Beispielen spielte zuweilen die Figur des Königs eine wesentliche Rolle. Je nach Kulturtyp sind es unterschiedliche Strukturen, welche im politischen und sozialen Bereich zum Tragen kommen. In segmentären Gesellschaften dominiert das Verwandtschaftssystem; entsprechend begegnen bestimmte Formen des Totemismus, Symbolsysteme, welche Verwandtschaftsbeziehungen klassifizieren und zur Darstellung bringen. Ähnliche Bedeutung haben weite

Bereiche der Ahnenverehrung. In stratifizierten Gesellschaften muß die gesellschaftliche Schichtung mit der unterschiedlichen Verteilung von Macht und Verantwortlichkeit zum Ausdruck kommen. In der Regel steht ein König im Zentrum, entsprechend ist das Symbolsystem auf den (göttlichen und irdischen) König konzentriert (vgl. 3.3).

Stets berücksichtigt das Symbolsystem auch Störfaktoren, mit denen das alltägliche Leben zu rechnen hat. In wenig differenzierten Gesellschaften ist vor allem die *Krankheit* in dieser Beziehung sehr wesentlich; daher ist die Einordnung von Krankheiten ein hervorragendes religiöses Thema. Häufig wird die Krankheit mit dem Tod in Zusammenhang gebracht; sie ist dann als machtvolle Äußerung einer Gegenwelt aufgefaßt, gegen deren Einbruch man sich mit allen Mitteln wehren muß. Die Krankheit muß rituell erfaßt, beschrieben, eingeordnet und damit geheilt werden können. Dazu können die verschiedenartigsten Praktiken, die entweder von Spezialisten wahrgenommen werden oder jedermann zur Verfügung stehen, ausgebildet werden. In weiter ausdifferenzierten Gesellschaften spielen darüber hinaus staatliche Bereiche eine Rolle: Das *Recht*, die Funktionstüchtigkeit des kompliziert gewordenen Sozialsystems ist expliziter Gegenstand des Symbolsystems; eine größere Rolle spielt hier auch die Auseinandersetzung mit äußeren und inneren Feinden, die die eigene politische Ordnung gefährden könnten.

Es wurde bereits angemerkt, daß das Symbolsystem alle diese Bereiche nicht nur repräsentiert, sondern auch miteinander verknüpft. Wenn der ägyptische König durch die Baumgöttin gestillt wird, dann kommen verschiedene Lebensbereiche miteinander zur Darstellung; wenn menschliche Partnerschaft und Sexualität in Beziehung gebracht werden zur Fruchtbarkeitsmacht des Wassers, gilt Gleiches usw. Auch lebensfeindliche Kräfte verschiedener Provenienz werden in einen Zusammenhang eingeordnet. So gehören etwa die unbekannten und feindlichen Kräfte des geographischen Bereiches (Feinde, Ausland), die bedrohlichen Mächte in Natur und wirtschaftlichen Abläufen (gefährliche Tiere, Überschwemmungen, Dürre usw.) und die gefährlichen Kräfte in der Sozialordnung (Rechtsbrecher, Zauberer und Hexer) zusammen (vgl. z. B. Keel 1977, 53ff.). Diese Zusammenhänge sind nicht systematisch ausgearbeitet, sondern sie werden von Fall zu Fall aktualisiert.

4.4.5 Ordnungsprinzipien

Die grundlegende Strukturierung in der Konstruktion eines Symbolsystems ist häufig *binär*. Kosmogonische Mythen setzen gern mit einem undifferenzierten Urwesen ein, das zum Beispiel männliche und weibliche Kräfte in sich vereinigt, und aus dem sich dann eine erste Zweiheit ergibt, aus welcher weitere binäre Differenzierungen entstehen. Ein Beispiel einer solchen Ordnung zeigt sich in der Einleitung der babylonischen Schöpfungsgeschichte (Text in ANET, 60f.):

Mischung Tiamat-Apsu

Tiamat	Apsu
Laḫmu	Laḫamu
Anšar	Kišar

differenziertes Pantheon

Der Raum, in welchem sich der Kosmos entwickeln kann, ist also durch binär strukturierte Differenzierungen gestaltet. Eine Religion, in welcher eine derartige binäre Ordnung besonders konsequent durchgeführt ist, findet sich im chinesischen Universismus (vgl. z. B. Glasenapp 1963, 117ff.). Als Grundkräfte werden hier *yang* und *yin* gesehen, zwei entgegengesetzte Kräfte, die im Gleichgewicht sein müssen. Dieses Gleichgewicht wird als *tao* bezeichnet, eigentlich „Weg". Das Gleichgewicht zwischen *yang* und *yin* ist also dynamisch, es muß sich dauernd neu einspielen. Eine bekannte graphische Darstellung dieses tao-Gleichgewichtes ist im *tai-ki* gegeben:

yang:	hell, rot	*yin:*	dunkel, schwarz
	aktiv, zeugend		passiv, empfangend
	Himmel, Sonne		Erde, Mond
	Frühling, Sommer		Herbst, Winter
	ungerade Zahl		gerade Zahl

Im chinesischen Universismus ist das binäre Ordnungsprinzip in hohem Maße rational bearbeitet, bewußt gemacht und als durchgehende Klassifikation an alle Phänomene der Wirklichkeit herangetragen. Alles ist nach *yang* oder *yin* klassifizierbar, aus *yang* und *yin* ergibt sich dann auch eine Methodik menschlichen Verhaltens, so daß sich ein Gleichgewicht der Lebensgestaltung verwirklichen läßt.

Eine wichtige Rolle in der Visualisierung des Symbolsystems spielen immer die *Farben*. Dabei kann man zunächst ganz grundlegend unterscheiden zwischen Farbe und Nichtfarbe (schwarz und weiß sind eigentlich keine Farben). In unserer europäischen Kultur etwa ist die Farbe dem Alltag angemessen, die Nichtfarbe ist kritischen Situationen des Übergangs vorbehalten; zur Hochzeit, zur Beerdigung und zu sonstigen hohen Festlichkeiten wird Nichtfarbe getragen, also schwarz oder weiß. Dabei sind schwarz und weiß vielfach vertauschbar. Bei uns (Schweiz, Deutschland in der Gegenwart) ist die Trauerkleidung schwarz, andernorts (etwa in Ostpreußen bis in die jüngste Vergangenheit) weiß. Die Braut trägt weiß, der Bräutigam schwarz; bis vor einer oder zwei Generationen war es allerdings vielfach so, daß die Braut im Winter schwarz, im Sommer in Weiß ging.

Neben binären sind auch *triadische Klassifikationen* in Religionen gebräuchlich. Ein Beispiel, welches wieder an Farben orientiert ist, findet sich bei den Ndembu (Turner 1968, auch 1967, 59ff.). Für diese existieren drei primäre Farben: weiß, rot und schwarz. Alle andern Farben haben keine eigenständige Bezeichnung, sondern sie sind von den Grundfarben abgeleitet. Bereits im Rahmen des Spracherwerbs wird gelernt, daß es im Prinzip nur drei Farben gibt. Entsprechend wird die Wirklichkeit von der frühesten Kindheit an klassifiziert. Die eigentliche Aufklärung über das Wesen dieser Farben erfolgt allerdings erst im Rahmen des Pubertätsrituals. In diesem Ritual werden die Farben verwendet, wobei weißer Ton, roter Ton und Holzkohle zur Anwendung gelangen. Alle drei Farben kommen in bestimmten typischen Phänomenen zu Gesicht. Besonders typisch für die Farbe weiß ist die Muttermilch; besonders typisch für rot ist das Blut usw. Den drei Farbkategorien werden vielfältige Zuordnungen zugewiesen:

weiß:	rot:	schwarz:
das Gute	Dynamik,	das Schlechte
was stark und	Jagd	Unglück, Leiden
gesund macht	Menstruations-,	Zauberei
Reinheit	Tier- und Mordblut	Sexuelle Begierde
Macht	Gewalttätigkeit	Nacht
Lachen	Störungsmacht	

Wesentlich ist im Alltagsgeschehen, daß die drei Farbkomponenten gleichmäßig zum Zuge kommen. Es geht also nicht an, eine Farbe zuungunsten einer anderen zu bevorzugen. Die wichtigsten Lebensqualitäten, welche mit dem Leben und Überleben des Stammes zu tun haben, sind der weißen Farbe zugeordnet. In der Farbe rot manifestiert sich zerstörende Gewalt, die in erster Linie im Handlungsbereich der Männer angesiedelt ist. Daß Äußerungen dieser Farbqualität unumgänglich nötig sind, zeigt sich in der Notwendigkeit der kriegerischen Abwehr von Feinden. Die schwarze Farbe hat nicht nur negative Aspekte, sie symbolisiert auch Vollendung, Reife und Übergang in einen anderen Zustand. Der Übergang vom Leben zum Ahnendasein ist beispielsweise durch die schwarze Farbe qualifiziert.

Es sei daran erinnert, daß auch das Wesen des christlichen Gottes nach der klassischen Dogmatik triadisch strukturiert ist. Die altkirchlichen Bekenntnisse haben drei Teile, die herkömmlicherweise und etwas simplifizierend den drei Personen, in denen Gott sich manifestiert (*Trinität*), zugeordnet sind. Als Vater ist Gott der Schöpfer, der die grundlegenden Lebensordnungen geschaffen hat; als Sohn ist Gott der Erlöser, der die Diskrepanz zwischen der Bestimmung des Menschen in der Schöpfung und dem faktischen Verfehlen dieser Bestimmung überwindet; als heiliger Geist der, der die Themen Schöpfung und Erlösung im individuellen Leben jedes Gläubigen erfahrbar macht.

4.4.6 Das Symbolsystem als Handlungsnorm: Ethik

Die vorangegangenen Abschnitte hatten in erster Linie die *intellektuelle Orientierung* zum Inhalt, welche eine religiöse Botschaft vermittelt: Es ging um die Frage, wie die Dinge der umgebenden Welt klassifiziert und ihre Probleme konzipiert werden. Die Religion leitet dazu an, normale wie abnormale Dinge und Erfahrungen einzuordnen, und zwar – bis zur Schwelle der Gegenwart – in allen Bereichen der Gesellschaft. Aus diesem Konzept der Wirklichkeit ergeben sich bestimmte *Werte*, welche die Wahrnehmung und das Handeln leiten.

Damit ist ein weiterer Bereich, für den die Religion wesentliche Bedeutung hat, angeschnitten: der der *Normen*. Das Symbolsystem setzt fest, was man zu tun hat; die ethischen und moralischen Maßstäbe hängen in dieser oder jener Weise mit den religiösen

Werten zusammen (vgl. allgemein zu dieser Thematik Ratschow 1980; Antes 1984).

Dabei darf man sich diesen Zusammenhang nicht zu einfach vorstellen; es gibt ganz unterschiedliche Möglichkeiten religiöser Steuerung der Ethik. Wer vom (neuzeitlichen) Christentum her kommt, erwartet normalerweise ein Verhältnis von „Vorschrift und Verwirklichung": Die Predigt schärft diese oder jene Verhaltensweise ein, und im Alltag hat der einzelne diese Normen nach Möglichkeit zu erfüllen. Demgegenüber sind die Relationen meist sehr viel komplizierter. Das Symbolsystem kann durchaus Vorgänge und Verhältnisse zur Darstellung bringen, die im Alltag gerade *nicht* zugelassen sind; wenn im Göttermythos Inzest und Brudermord an der Tagesordnung sind, dann bedeutet dies noch lange nicht, daß dergleichen in der sozialen Wirklichkeit der Menschen sein dürfe, im Gegenteil. Wenn im Rahmen des mesopotamischen Neujahrsfestes oder der römischen Saturnalien die soziale Ordnung ausgesetzt wird, so daß Sklaven und Herren einander gleichgestellt sind oder sich die Hierarchie gar umkehrt, so bedeutet dies keineswegs eine Infragestellung der Machtkompetenzen im Alltag. Auch hinsichtlich von Normen und Ethos gilt, daß die Religion zuweilen zum Mittel des Entwurfs einer Gegenwelt greift, um die Ordnung der Welt umso deutlicher zu machen.

Die Normen, welche das Verhalten regulieren, sind meist in einer bestimmten Rangfolge geordnet. Gewisse unbedingt zu beachtende *Grundregeln* betreffen die Basis des Zusammenlebens innerhalb der Gemeinschaft. Dazu gehört natürlich das Verbot der Tötung eines Mitglieds dieser Gemeinschaft, deren Grenzen allerdings je nach Kultur anders bestimmt sind; viele Gesellschaften anerkennen nur den als eigentlichen Menschen, welcher zum eigenen Stamm oder zum eigenen Volk gehört und stellen nur dessen Tötung unter Strafe. Das in der Tierwelt normalerweise zu beobachtende Verhalten des Schutzes von Artgenossen ist also beim Menschen kulturell ausgeformt. Sodann sind überall Heirat und sexueller Verkehr bestimmten Beschränkungen unterworfen; diese für das soziale Gefüge elementaren Beziehungen werden nicht dem Lustprinzip und dem Recht des Stärkeren ausgeliefert. Je nach Lebensraum kommen weitere Gebote dazu; im Bereich der alten Araber war es beispielsweise unbedingt verboten, Fruchtbäume umzuhauen und Wasserlöcher zuzuschütten, was angesichts der Existenzgrundlagen im Umkreis der Wüste unmittelbar einleuchtet.

Die Übertretung solcher Normen hat normalerweise den Ausschluß aus der Lebensgemeinschaft zur Folge; der Betreffende wird getötet oder vertrieben, was im Endeffekt auf das selbe hinausläuft. Die Schuld ist also unsühnbar (vgl. Maag 1980, 234ff.); der Täter hat sich selbst aus dem Bereich der Lebensordnung hinausbewegt und kann nicht mehr integriert werden. Dies bedeutet nicht, daß er nun einfach „weg" wäre; vielmehr bleibt er ein Störfaktor, gegen den man sich schützen muß. Dies gilt auch, wenn er tot ist, da in vielen Gesellschaften die Toten in einer bestimmten Weise den Lebenden zugeordnet sind (vgl. Hasenfratz 1982); wer sich gegen die Grundordnungen des Lebens vergangen hat, durchbricht auch diesen Normalzusammenhang. Er hat die Tendenz, als böser Dämon, Gespenst usw. weiterhin sein lebensfeindliches Unwesen zu treiben. Mit zu diesen „schlimmen Toten" gehört in der Regel auch der Selbstmörder oder überhaupt der, der eines unnatürlichen Todes (z. B. durch Unfall) gestorben ist (vgl. Sell 1955). Diese Andeutungen zeigen schon zur Genüge, daß das Phänomen des „Ausbruchs aus den Grundordnungen des Lebens" weit über das hinausgehen kann, was wir unter „Ethik" verstehen.

Beispiele für die Grundregeln, die das Leben bestimmt, sind in den Gebotsreihen zu sehen, wie sie im Alten Testament und im Schrifttum des Buddhismus überliefert sind. Die Parallelen zwischen den 10 alttestamentlichen und den 5 buddhistischen Geboten bzw. Verboten betreffen grundlegende Sachverhalte des Zusammenlebens; es ist untersagt, zu töten, zu stehlen, falsch auszusagen und bestehende eheliche Verhältnisse durch Geschlechtsverkehr zu stören. Natürlich erhält jedes dieser Gebote im jeweiligen kulturellen Kontext seine Konkretion. Auffällig ist jedoch auch, daß damit nicht alle Grundregeln genannt sind; im Alten Testament kommen spezifisch religiöse Gebote dazu, welche die Identität der israelitischen Lebensgemeinschaft in der Zeit nach dem babylonischen Exil sicherstellen sollen; die buddhistischen Gebotsreihen enthalten (neben dem Verbot des Genusses berauschender Getränke) noch Sondergebote für die Mönche – ein Sachverhalt, der später genauer betrachtet werden muß.

Neben diesen Grundnormen, die den Lebensraum überhaupt konstituieren, besteht ein Normengeflecht, welches die verschiedenen Lebensvorgänge bestimmen. Dabei gelten häufig recht unterschiedliche Regeln für den sakralen und den profanen Raum; es ist also nicht immer dasselbe Handeln gefordert, vielmehr entspricht dieses der Klassifikation und der Wertehierarchie des Symbolsystems. Eine wichtige Unterscheidung ist durch die *Polarität rein/unrein* gegeben (vgl. Douglas 1966/1985); die umgebende

Welt ist aufgegliedert in Dinge, die man brauchen kann und darf und solche, die dem Gebrauch entzogen sind. Die Unterscheidungen sakral/profan und rein/unrein sind miteinander verknüpft, aber in komplexer und je nach Einzelkultur recht verschiedener Weise: Kultfähig ist in der Regel ausschließlich, was für den Alltagsgebrauch zugelassen wird: Nur was „rein" ist, darf in den Sakralbereich gebracht werden. Aber durch diese Sakralisierung wird es dem Alltagsgebrauch entzogen, es nimmt also Qualitäten an, die dem Unreinen ähneln.

Nicht nur Dinge sind „rein" und „unrein", im alltäglichen Zusammenleben akzeptiert oder nicht, sondern auch Verhaltensweisen. Die Unterscheidung zwischen der „Äußerlichkeit" ritueller Korrektheit und der „Innerlichkeit" moralischen Handelns ist den meisten Kulturen fremd. Das geforderte Ethos umfaßt beide Dimensionen, und in vielen Fällen ist noch nicht die regelwidrige Tat an sich gravierend, sondern erst die ruchbar gewordene Tat. Die Schärfung des Gewissens als einer internalisierten Kontrollinstanz erfolgt erst in Gesellschaften, in welchen der Individualismus einen erhöhten Stellenwert hat.

Die Übertretung der Lebensordnung bleibt nicht ohne Folgen, und zwar in zwei Dimensionen. Einerseits ist es eine übliche Vorstellung, daß sich ordnungswidriges Handeln von selbst gegen den Täter und die diesen tragende Lebensgemeinschaft auswirkt: Eine *Untat löst Fluch* aus, das gestörte Gleichgewicht macht sich in unheilvoller Weise bemerkbar. Beispiele dafür finden sich im Alten Testament recht häufig; vergeht sich einer gegen die Kriegsregeln, so wird der nächste Krieg verloren (Jos 7). Auch Krankheit, die auffälligste Störung des individuellen Lebens, wird gern auf begangene Sünde zurückgeführt (Ps 38 u. ö.). Die andere Dimension betrifft das menschliche Handeln, welches auf die Restitution des Gleichgewichts zielt. Einerseits kommen *juristische Maßnahmen* in Frage; der Täter wird bestraft, das Unrecht wird also auf ihn zurückgelenkt und so neutralisiert. Andererseits treten *Kompensationsmaßnahmen* ein; der Sünder muß das begangene Unrecht in Ordnung bringen. In Religionen mit einer differenzierten Organisation des Kultus stehen rituelle Abläufe für diesen Fall bereit. Wieder bietet das Alte Testament dafür Beispiele: Der an seiner Schuld und deren Folgen Leidende kommt zur Klage ins Heiligtum, bekennt sich zu seinem Vergehen und zu den vorgegebenen Regeln; er leistet Sühne und hofft auf erneute Integration ins Leben, die ihm zugesagt wird.

Allerdings sind Störungen im Lebensvorgang nicht nur auf eigenes Fehlverhalten zurückzuführen, sondern sie können auch auf Einwirkung anderer zurückgehen; Schadenszauber, *schwarze Magie*, spielt in vielen Religionen eine große Rolle. Die Wirkung solchen Handelns kann sich u. U. genau gleich äußern wie eigene Schuld. So ist vielfach bei Unglück, Krankheit usw. zunächst nach den Ursachen zu suchen, und dieser Diagnose entsprechend müssen dann die therapeutischen Maßnahmen – Wiedergutmachung eigener Schuld oder Bekämpfung fremden Schadenszaubers oder beides zusammen – konzipiert werden.

Die Einübung der Lebensregeln erfolgt zusammen mit der Einweisung ins religiöse Symbolsystem überhaupt. Häufig ist dieser Vorgang der *Sozialisierung* besonders komprimiert im Zusammenhang von *Initiationen*, die in die Erwachsenenrollen einführen (ein anschauliches Beispiel bei Himmelheber 1979): Extreme psychische und physische Belastungen, Einweihung in die letzten Geheimnisse der Welt, Unterricht in den grundlegenden Normen des Zusammenlebens sowie die Erfahrung und Einübung lebenspraktischer Fähigkeiten und Fertigkeiten laufen parallel. Je höher der Grad gesellschaftlicher Ausdifferenzierung ist, desto stärker treten diese verschiedenen Aspekte auseinander (vgl. weiter unter 5.5.1).

Zu dieser Ausdifferenzierung kann auch gehören, daß sich verschiedene religiös begründete Varianten des Ethos nebeneinander etablieren. Dies ist dann der Fall, wenn die religiöse Orientierung und die Alltagsorientierung auseinandertreten, wenn die Religion also in dieser oder jener Weise ihren Anhalt an „jenseitigen" Gegebenheiten hat, etwa am Reich Gottes in christlicher oder am Nirvana in buddhistischer Sicht. Hier kann es zur Auffassung kommen, daß eine konsequente Umsetzung der religiösen Orientierung ins Verhalten zu Folgen führt, die nur durch eine Minderheit getragen werden können – und so entstehen die Regeln mönchischen Lebens in den verschiedenen Religionen.

Deutlich dürfte auf jeden Fall geworden sein, daß Ethik nicht etwa der „Zweck" der Religion ist, wie dies häufig verstanden wird. Eine solche Konzeption stellt sich erst in einer neuzeitlichen Umformung des Christentums ein (vgl. 4.4.9.1).

4.4.7 Explikation der Ordnung:
Reflexion und Spekulation

Die meisten Religionen entwickeln keine Reflexion in Denkformen, wie sie sich im Laufe der letzten Jahrhunderte bei uns herausgebildet haben, welche abstrahieren, formalisieren und reflexiv sind; vielmehr bedienen sie sich des „wilden" Denkens, das anhand konkreter Dinge klassifiziert. Die folgenden Überlegungen gehen der Frage nach, wie unsere Denkstrukturen überhaupt entstanden sind und wie sie sich, gerade im Bereich der Religion, ausgewirkt haben. Daß sie für das Christentum von elementarer Bedeutung sind, wurde bereits in Abschnitt 2.1 kurz bedacht.

Die Entstehung der Explikation von Denkstrukturen läßt sich besonders deutlich im Kulturzusammenhang von Altem Orient und Griechenland beobachten. Hier entstehen zunächst Vorformen, später Formen von dem, was man Wissenschaft nennen kann (vgl. zur Sache von Soden 1960, 1965; Topitsch 1972; Hübner 1985).

Eine Vorform ist in der Tätigkeit der mesopotamischen *Schule* gegeben, die eng mit der Erfindung und Entwicklung der *Schrift* zusammenhängt. Die sumerischen Schriftzeichen, ursprünglich Bildzeichen, dienten zunächst primär wirtschaftlichen Zwecken (Verzeichnisse, Lieferscheine, Quittungen), doch entwickelte die Schrift sofort eine Eigendynamik und wurde zu einem komplexen Instrument der Mitteilung, das nur von Spezialisten (Schreibern) beherrscht wurde. Dabei wurden immer neue Bereiche der Kommunikation in die Schriftlichkeit einbezogen. Es entstanden Königsinschriften mit ersten Ansätzen zur Darstellung historischer Ereignisse, also Ansätze zur Geschichtsschreibung; volksläufige Weisheiten (Sprichwörter u. ä.) dienten als Schreib- und Lesematerial und damit als Bildungsgut; und schließlich wurden auch religiöse Texte durch die Verschriftung erfaßt, Hymnen, Klagen, Mythen u. a. m.

Vor allem aber entwickelte die Schule eine ihr eigentümliche Gattung, welche *nur* in der schriftlichen Überlieferung sinnvoll war, und zwar die *Liste*. Aufgelistet werden zunächst einmal Schriftzeichen und Zeichenkombinationen; so ergeben sich Wortverzeichnisse, welche einen bestimmten Ausschnitt aus der Sprache und aus der durch diese bezeichneten Wirklichkeit enthalten. Sodann ist von entscheidender Wichtigkeit, daß die mesopotamische Kultur zweisprachig ist. Dadurch sind zweisprachige Vokabulare nötig; auch Beobachtungen zu grammatikalischen Problemen werden notiert. Die völlig unterschiedliche Struktur des Akkadischen dem Sumerischen gegenüber wird registriert, damit wird also menschheitsgeschichtlich zum ersten Mal das einer Sprache implizite Denken expliziert. Die systematische Beobachtung und Katalogisierung der Wirklichkeit wendet sich dann den verschiedensten Bereichen zu: der Geographie (Städtelisten u. ä.), der Natur (Listen von wilden Tieren u. ä.) und vielem anderen.

Schließlich wird auch das Symbolsystem in die Listenwissenschaft einbezogen. Schon sehr früh werden *Listen von Göttern* hergestellt, und diese Gattung bleibt nun ein wesentliches Element wissenschaftlicher Betätigung mesopotamischer Schule. Die Ordnungskriterien, welche die Reihenfolge ergeben, sind unterschiedlicher Natur. Teils werden die Götter nach lexikalischen Gesichtspunkten zusammengestellt, teils nach ihrer Rangfolge, teils nach funktionalen Ähnlichkeiten. Jedenfalls lassen sich diese Kriterien recht leicht nachvollziehen – sie sind explizit, ganz anders als die impliziten Ordnungskriterien, welche in einem Mythos (der ja auch Götter zueinander ordnet) vorliegen. Der Umgang mit diesen Göttern geschieht in einer distanzierten und methodisierten Weise; der Schreiber geht alle seine Gegenstandsbereiche in der selben Weise an, egal, ob es sich nun um Städte, Verbalformen oder Götter handelt. Der Bereich der Religion ist damit zum Objekt (vor)wissenschaftlicher Bemühung geworden, deren Denkprozesse ganz offen daliegen, die also expliziert sind – im Gegensatz zu den impliziten Denkstrukturen des traditionellen Mythos. Natürlich büßt die Religion damit an Orientierungsmacht ein. Alle Mechanismen, welche dem Mythos Wirksamkeit vermitteln (Erzeugung und Lösung von Spannung, Identifikation und unbewußte Aneignung der bedeutungsvollen Zusammenhänge) wirken bei diesem distanzierten Umgang mit dem Material nicht mehr.

Dieser „schulweisheitliche" (man bezeichnet die geistige Tätigkeit der Schule gern als *Weisheit*) Umgang mit Religion wirkt auf andere Sprachformen zurück. So setzt beispielsweise der bekannteste der babylonischen Mythen, die zum Neujahrsfest vorgetragene Erzählung *enuma eliš*, mit einem Bruchstück einer Liste ein, welche in die Erzählung eingearbeitet ist (vgl. o. S. 121). Das bedeutet, daß nun auch traditionelle Erzählungen ganz bewußt bearbeitet wurden; damit entsteht ein Raum der Auslegung und *Spekulation*, welche fortan einen wesentlichen Gegenstandsbereich der Priester ausmacht. Noch deutlicher zeigt sich dieser erste Schub von *Verwissenschaftlichung* der Religion, wenn sich in der Omen-

129

wissenschaft systematische Beobachtung von Gestirnen und Eingeweiden mit historischer Anamnese und Prognose verbindet. Noch viele andere Bereiche wären zu nennen, in welchen sich methodische Beobachtung der Wirklichkeit und der damit verbundene Versuch, die Ordnungen der Welt „empirisch" (natürlich noch nicht im Sinne neuzeitlich methodisierter Empirie) zu entdecken, mit traditionellen Orientierungsformen verbinden.

Die Umsetzung religiöser Texte in die Schrift bewirkt also eine tiefgreifende innerliche Umformung der Religion; Tendenzen der Distanzierung und der Systembildung kommen auf, es entwickelt sich ein religiöses Spezialistentum mit einem Hang zur Spekulation. Was hier im Hinblick auf Mesopotamien skizziert wurde, gilt für alle religionsgeschichtlichen Bereiche, in denen die Schrift aufkommt und zur Aufzeichnung der Tradition verwendet wird; allgemein zur Frage mündlicher und schriftlicher Überlieferung religiöser Texte vgl. Honko 1979, 3–139.

Zu einer entscheidenden Weiterbildung dieser Ansätze kommt es in der *griechischen Philosophie*. Dabei ist zu bedenken, daß die wesentlichen Anstöße der vorsokratischen Entwürfe im griechisch-altorientalischen Grenzbereich lokalisiert sind; offenbar haben sich hier Denkweisen, die der „Schulweisheit" der Hochkulturen Mesopotamiens, Ägyptens und Syrien-Palästinas entstammten, umgebildet. Die Verwurzelung des Denk- und Anschauungsmaterials dieser Denker im gemeinorientalischen Vorstellungsgut ist längst bekannt; aufschlußreich ist aber der Umbildungsprozeß, dem es unterliegt. Der Spruch Anaximanders macht einiges daran deutlich: „Der Ursprung der Dinge ist das Unbegrenzte (*apeiron*). Woraus sie entstehen, darein vergehen sie auch mit Notwendigkeit. Denn sie leisten einander Buße und Vergeltung für ihr Unrecht nach der Ordnung der Zeit." (nach Fragment 15, in: Mansfeld 1983). Daß der Ursprung der Dinge im Unbegrenzten, Ununterschiedenen, also im Chaos liegt, ist eine Selbstverständlichkeit der meisten kosmologischen Mythen, welche ja gerade klären wollen, wie aus dem Unbegrenzten Begrenztes, aus der Unordnung Ordnung wird. Auffällig ist, daß solche Mythen hier durch einen Abstraktionsvorgang auf ein Prinzip zurückgeführt werden. Auf jede Konkretion und jede Assoziationsmöglichkeit ist verzichtet, der Text erzeugt keine Spannung; er konstatiert aus der Distanz, was ein Mythos kraftvoll erzählt und herstellt. Dazu kommt ein weiteres: Die Dinge entstehen nicht nur, sondern sie verwandeln sich auch in den Urzustand zurück; neben der Bewegung vom Chaos zum Kosmos ist die gegenläufige mit gedacht. Die Gesetzmäßigkeiten sind also reversibel – eine Denk-möglichkeit, die dem Mythos natürlich abgeht; man kann ihn nicht rückwärts erzählen. Damit ist angedeutet, in welcher Weise der Mythos umgesetzt wird. Das Denken gewinnt eine Eigenständig-keit, es zeichnet sich durch *Abstraktion, Formalisierung und Re-versibilität* aus; es betrachtet die Dinge aus der Distanz und führt, auf Religion angewandt, zu völlig neuen Problemstellungen. Die Philosophie entwickelt eigentliche Gesamtentwürfe des Kosmos, die geschlossener, vollständiger und eindeutiger sind als entspre-chende religiöse Symbolsysteme; aber auf der anderen Seite sind sie nicht mehr in der Weise verbindlich. Jeder philosophische Ent-wurf ist durch eine Vielzahl von Konkurrenzsystemen begleitet.

Was hier im Zusammenhang mit dem Vordern Orient und Grie-chenland gezeigt wurde, ließe sich ganz analog am indischen und partiell auch am chinesischen Raum verdeutlichen. In all diesen hochkulturellen Situationen kommt es zu einer Explikation des Denkens, das den Darstellungsformen der jeweiligen Religion in-newohnt, und damit zu charakteristischen Veränderungen im Ver-hältnis zum Symbolsystem, das man jetzt nicht mehr nur unmittel-bar anwendet, sondern das man gleichzeitig reflektiert. Wie be-deutsam diese Sachlage für das Christentum ist, wurde bereits in Abschnitt 2.1 dargestellt.

Natürlich spielt es auch für den Zugang des Religionswissen-schafters eine Rolle, ob die Religion, mit der er sich beschäftigt, eine eigene Reflexion entwickelt oder nicht; darauf wird in Ab-schnitt 7.2 nochmals einzugehen sein.

4.4.8 Außenraum und Innenraum

Im letzten Abschnitt wurde anhand religiöser Überlieferung, wie sie vom Vordern Orient über Griechenland ins Abendland über-geht, der Vorgang reflexiver Bearbeitung von Religion illustriert. Eine analoge Entwicklung ergibt sich in Indien, allerdings mit ei-ner charakteristischen Modifikation. Während im Abendland der Bereich der Außenwelt in dieser Weise bearbeitet wird, ist es in Indien die Innenwelt des Menschen.

In diesem Zusammenhang ist zu bedenken, daß immer und überall Außen- und Innenwelt als Felder religiöser Erfahrung ne-beneinander stehen; der Bereich des Unkontrollierbaren, mit dem es umzugehen gilt, manifestiert sich genau so in der umgebenden Natur wie im Gewirr psychischer Erfahrungen. Warum sich in Indien die Innenerfahrung als eher dominierender Bereich erwiesen hat, bleibe dahingestellt; jedenfalls spielt die *Askese* schon früh eine wesentliche Rolle in den Frömmigkeitsformen Indiens. Erfahrungen im Binnenraum des Körpers werden damit prägend, und so ist es nicht erstaunlich, daß sich die Reflexion auf diesen Bereich richtet.

Die sog. *indische Religions-Philosophie* zeigt einige Merkmale, die typisch sind für die Reflexion, welche den Innenraum des Menschen durchdringt. Auffällig ist zunächst die ständige Parallelität zwischen dem Denken und der methodischen Auskundschaftung des Körpers. Hatte die Askese einen ursprünglichen Anstoß gegeben, den Körperausdruck zu einem wesentlichen Element der Darstellung religiöser Botschaft zu machen (was an sich noch nicht besonders auffällig ist – der Körper ist in vielen Religionen zentrales Darstellungsmedium religiöser Botschaft, was in Bemalung, Bekleidung, Verstümmelung usw. zum Ausdruck kommen kann), so traten dazu andere Weisen körperlicher Erfahrung, welche man als *Meditation* bezeichnen kann. Dabei ist ein wesentlicher Wandel in der Bedeutung des Körperausdrucks zu beobachten. Die Askese ist eine Art Körpersprache, welche ursprünglich noch stark auf die Gemeinschaft bezogen ist. Der Asket sammelt z. B. Macht, um diese dem gemeinschaftsnotwendigen Kontakt mit der göttlichen Sphäre dienstbar zu machen; analog geht man davon aus, daß Götter asketische Übungen betreiben, um zum Kampf gegen Chaosmächte anzutreten oder lebenswichtige Dinge zu schaffen (vgl. z. B. Gonda 1978, 184f.; entsprechend wird z. B. der alttestamentliche Kriegsekstatiker Simson durch Askese, wie sie zum Nasiräat gehört, zu seinen Heldentaten befähigt, Ri 13–16). Später jedoch gewinnt die Askese einen Zweck, der nicht mehr auf die Gemeinschaft bezogen ist; der Asket macht die Erfahrungen jetzt primär für sich selbst und dringt damit in einen Bereich elitärer religiöser Erfahrungen vor, welche in der traditionellen Religion nicht vorgesehen sind. Parallel dazu kommt es zu systematischer Selbstbeobachtung. Körperliche Bereiche und Erfahrungen werden benannt, die Benennungen systematisiert; es entsteht eine Geographie des menschlichen Innenraumes, die auch graphisch in Diagrammen verzeichnet wird (insbesondere im Tantrismus). Mit der Reflexion geht stets auch ein Element des Handelns einher: Der Körper wird in den Meditationsvorgängen behandelt, transformiert und – natürlich nur für den Meditierenden selbst – zum Darstellungsmittel der Botschaft. Das äußerliche Handeln dagegen, das konventionelle Ritual, verliert demgegenüber an Bedeutung; ebenso verliert die Erkenntnis, welche sich auf den Außenraum bezieht, an Gewicht, am deutlichsten im frühen Buddhismus, dem an diesen „metaphysischen" Fragen überhaupt nicht mehr gelegen ist (vgl. zum Ganzen Zimmer 1973; Mookerjee/Khanna 1977/1987).

Eine auffällige Entwicklung in diesem „Gang nach innen" betrifft den Stellenwert der Sprache. Diese wird zunächst zu einem Darstellungsmittel für eine äußerst differenziert und reflektiert wahrgenommene Wirklichkeit; dann aber wird diese Differenzierung planmäßig wieder zurückgenommen. Praktisch alle Ausformungen indischer Tradition leiten letztlich dazu an, über die Vielfalt des Seienden hinauszugelangen – sei es zu einer wesentlichen Einheit des Seins, sei es zu einer Zweiheit bzw. Vielheit, die letztlich aber doch ohne eigentliche Relevanz bleibt. Dieser Weg ist einerseits körperlich zurückzulegen, in Übung und Meditation, andererseits auch intellektuell; Unterscheidungen und Differenzierungen sind zu überschreiten. Damit wird auch die Sprache in eine charakteristische Kehre hineingenommen. Ist sie zunächst Medium der Differenzierung, so wird sie später Medium, welches die Differenzierung transzendiert – etwa in der Verwendung von Formeln (*Mantras*) wie der Silbe *Om*. Für den Außenstehenden erinnert diese Sprachverwendung dann an einfache, jeder Reflexion ferne Magie.

Was hier hinsichtlich der indischen Entwicklung angedeutet wurde, ist in einem gewissen Ausmaß auch in anderen Bereichen zu beobachten, wo es zur Ausbildung des Phänomens der *Mystik* kommt (vgl. Otto 1926/1979; Hartman/Edsman 1970; Zaehner 1970/1980; Staal 1975; Almond 1982). Deren Hauptzüge bestehen in einer Erkundung des Innenraums und einer entsprechenden Vernachlässigung des Außenraums, damit auch der gemeinschaftsrelevanten und -verbindlichen Gegebenheiten des Symbolsystems (daher der häufige Häresieverdacht gegenüber christlicher und islamischer Mystik). Stets wird der eigene Körper zu einem wesentlichen Darstellungsmittel einer individuell bezogenen Vermittlung der Botschaft; und in den Spitzenerfahrungen werden traditionelle Unterscheidungen und Differenzierungen überschritten, es ergeben sich religiöse Erlebnisse, welche das Herkömmliche charakteristisch sprengen und denen die Sprache nicht mehr adäquat Ausdruck zu verleihen vermag.

Schließlich ist auf die antike *Gnosis* hinzuweisen (vgl. Rudolph 1975, 1980), eine religiöse Bewegung, die ihren Ursprung wohl im jüdisch-christlichen Kontext hat, von da aus aber in den gesamten hellenistischen und orientalischen Bereich hineingewirkt hat. Gnosis ist eine elitäre Erlösungslehre; das religiöse Konzept ist in erster Linie Gegenstand intellektueller Bemühung, es ist anhand spekulativer Mythologie ausgeformt. Nur der Gebildete ist im Stande, diesen Heilsweg nachzuvollziehen, nicht aber das normale Glied einer herkömmlichen (z. B. christlichen) Religionsgemeinschaft. Der „Innenraum" der religiös bearbeitet ist, beschränkt sich hier offenbar weitgehend auf den Intellekt. Die Gnosis existiert in Form einer Sekte, welche parasitär vom Bestand des traditionellen Religionssystems lebt und sich davon abhebt. Wie weit die gnostischen Gruppen sich in Kult, Lebensform usw. von den normalen Gläubigen abhoben, ist ungewiß; zu einer eigenen Religion wurde die Gnosis erst im Manichäismus (Widengren 1961, 1977).

4.4.9 Der Zerfall umfassender Symbolsysteme in der Neuzeit – Alltagsmythen und Zivilreligion

Schon im Zusammenhang mit dem religionssoziologischen Entwurf P. L. Bergers war von der Gestalt der Religion unter den Bedingungen der abendländischen Gegenwart die Rede (unter 3.1.3; vgl. weiter 6.2.4). Einige Stichworte sind in jenem Zusammenhang eingeführt und erläutert worden: Wir sind mit dem Phänomen der *Säkularisierung* konfrontiert, d. h. einzelne Bereiche der Gesellschaft sind funktional ausdifferenziert, Religion bildet nur mehr einen nicht mehr zentralen und nicht steuernden Sektor dieser Gesellschaft. Religion ist *pluralistisch* organisiert: Eine Menge verschiedener Gruppierungen innerhalb und außerhalb der traditionellen christlichen Kirchen stehen nebeneinander, der einzelne kann sich so oder anders orientieren. Das Prinzip des *Individualismus* ist also zentral: Der einzelne hat nicht nur die Möglichkeit der Wahl, er kann sich darüber hinaus seine religiöse Orientierung – die fakultativ geworden ist (man kann auch ohne Religion, zumindest ohne explizite Religion, leben) – selbst erarbeiten.

Was bedeuten diese Voraussetzungen nun aber im Hinblick auf die Darstellung religiöser Botschaft und die Bedingungen, unter welchen diese laut wird? Um dieser Frage nachzugehen, bedarf es zunächst eines Rückblicks auf die Veränderungen der „Kodierung" des Symbolsystems, wie sie sich im Christentum der Neuzeit, insbesondere im Protestantismus, ergeben haben (vgl. zur Problematik Berger 1967/1973, 1969/1981, 1979/1980; Luckmann 1963, 1967/1991; Schatz 1971; Wössner 1972; Luhmann 1977/1982; Rendtorff 1980; Dux 1982; Oelmüller 1984; Koslowski 1985; Lübbe 1986. – Einen allgemeinen Überblick zur religiösen Gegenwartssituation gibt Colpe 1975. – Darstellungen über die Situation in einzelnen Ländern bei Mol 1972. – Zur Religionsgeschichte Deutschlands in der jüngsten Vergangenheit und Gegenwart vgl. Cancik 1982; Kehrer 1980).

4.4.9.1 Verlagerungen im Christentum: Rationalisierung, Moralisierung, Emotionalisierung

Das *mittelalterliche Christentum*, welches – zumindest im westlichen Europa – noch wirklich „katholisch", also umfassend ist, verwendet zur Darstellung seiner Botschaft sämtliche Ebenen, welche zu Gebote stehen: Zentral ist die Messe, ein Schauspiel, in dem die Handlung eine grundlegende Rolle spielt und die in einem neu interpretierten Opfer kulminiert: Die Elemente Brot und Wein werden in ihrer Substanz in Leib und Blut Christi verwandelt, geopfert, und schließlich als Speise der Gläubigen zu deren Heil verwendet. Auch das visuelle Element ist in diesem Schauspiel von vorrangiger Bedeutung, doch kommt dieses noch in anderer Hinsicht zum Tragen: Die Personen des Heilsdramas (also biblische Figuren und Heilige, ergänzend u. U. deren verderbliche Gegenspieler) erscheinen in Form von plastischen und bildlichen Gestaltungen; wesentliche Szenen aus der Heiligen Schrift und dem Schatz der Legenden finden ihren Niederschlag in Einzelbildern und Bilderzyklen, und die religiöse Unterweisung des Volkes ist stark an solchen visuellen Darstellungen orientiert.

Die Sprache spielt für den einfachen Gläubigen wohl eher eine Nebenrolle, er versteht ja den lateinischen Meßtext nicht. Wichtiger ist sie schon als Instrument zur Erläuterung der Bilder; die mittelalterlichen Leutpriester pflegten die heilvollen Geschehnisse gern anhand der Bilder zu entwickeln.

Zu einer fundamentalen *Umschichtung hinsichtlich der Hierarchie der Darstellungsebenen religiöser Botschaft* kommt es in der *Reformation*. Jetzt wird die *Sprache* ganz zentral – am deutlichsten in der Zürcher Reformation: Alles, was nicht auf das Wort abgestimmt ist, wird unterdrückt. Bezeichnend sind die Bilderstürme: Alle sichtbaren Gestaltungen der Verkündigung werden abgeschafft, natürlich zunächst aus dogmatischen Gründen: Im Bereich des Visuellen sind die Seiten des mittelalterlichen Katholizismus, welche von der Reformation als nicht schriftgemäß empfunden wurden, besonders deutlich repräsentiert. Darüber hinaus jedoch greift man auf die Tatsache zurück, daß bereits im Neuen Testament – vor allem bei Paulus – die Sprache, das Hören des Wortes, als *das* Mittel der Verkündigung verstanden wird, wobei allerdings die frühen christlichen Gemeinden wohl ganz selbstverständlich auch von anderen Dimensionen der Verkündigung Gebrauch machten, ohne daß dies in den Schriften ausführlich thematisiert würde.

Ganz konsequent gestaltet die Zürcher Reformation auch den Gottesdienst vollständig um. Auch hier gilt die Konzentration auf das Wort. Die sakramentalen Handlungen, welche auf Grund der Schrift bestehen bleiben, werden neu interpretiert; nicht mehr die Handlung als solche ist von Belang, sondern deren (sprachlich gefaßte) Bedeutung. Sogar der Kirchengesang wird abgeschafft – allerdings hat man den Gottesdienst ohne Lied und Musik auch in Zürich nur wenige Jahrzehnte lang ertragen.

Die lutherische Reformation war weniger konsequent, aber im Prinzip finden sich die selben Verschiebungen. Zwar knüpft die Gottesdienstform ans katholische Vorbild an, doch wird der Opfercharakter der Messe vehement bestritten, und die Sakramente gelten als „sichtbare Worte".

Die sprachliche Verkündigung der Reformation ist zunächst *erzählende Sprache*: Die christliche Botschaft wird neu erzählt, die Bibel wird gelesen und popularisiert. Doch dazu tritt die *diskursive Sprache*, die denkende Bearbeitung der Botschaft, und zwar nicht nur als Aufgabe der Theologen: Jeder Christ soll über ein Minimalwissen verfügen und Rechenschaft ablegen können über seinen Glauben. In der Gattung des *Katechismus* entsteht ein Schrifttum, welches das Normalwissen des nicht spezialisierten Christen vermittelt und einübt. Dies bewirkt einen ungemeinen Bildungsschub im protestantischen Bereich. Die Rationalität erhält einen wesentlichen Platz in der Religion – allerdings ist es noch durch das Bekenntnis gebundene Rationalität.

Dies ändert sich in der *Aufklärung*, welche durch verschiedene (u. a. spezifisch christliche) Faktoren ausgelöst wird und im Bereich der Religion zu einem folgenschweren Umbruch führt. Die Rationalität emanzipiert sich, sie erhebt selbst Anspruch auf wirklichkeitsbegründende Orientierung und tritt zunehmend in Konkurrenz zur Religion. Der beim einzelnen angesiedelten menschlichen Vernunft wird zugetraut, die Ordnung der Welt selbständig zu durchschauen und entsprechend das Leben sinnvoll zu ordnen. Die religiöse Tradition wird an den Einsichten der Vernunft ge-

messen; eine kritische Haltung, welche die Offenbarung hinterfragt, wird immer stärker. Die christlichen Inhalte, Werte und Normen werden in ihrer Gültigkeit relativiert, es entsteht allmählich
auch eine historische Distanzierung zur Heiligen Schrift, was das
Aufkommen der historisch-kritischen Forschung ermöglicht.
Schließlich entwickelt sich eine autonome Wissenschaft, der man
hinsichtlich der Welterklärung mehr zutraut als der Religion.

Das Christentum reagiert auf die neue Herausforderung, die sie
z. T. selbst in Gang gesetzt hat, unterschiedlich: Einerseits wird
versucht, die Positionen nach Möglichkeit zu verteidigen; aus der
historischen Distanz ergibt sich der Eindruck eines sukzessiven
Rückzugsgefechts, in welchem Stellung um Stellung geräumt
wird. Andererseits kommt es zu zahlreichen Versuchen, eine Harmonie zwischen Religion und Aufklärung zu erzielen; die Tradition wird dann in einer Weise umgestaltet, daß sie dem vernünftigen
Denken keine Anstöße bereitet (z. B. „natürliche" Erklärung der
Wunder, Betonung der Vernünftigkeit der Schöpfung etc.); Berger
(1979/1980) spricht von einer *deduktiven* und einer *reduktiven* Reaktion der Religion.

Insgesamt hat sich in der Neuzeit die reduktive Reaktion als
dominant erwiesen. Der Religion ist zunehmend Orientierungspo-
tential entzogen worden; die Erklärung der Welt, die Entfaltung
der Werte und Normen, hat anderweitige Begründungen erfahren.
Durch die Aufklärung ist ein *Alltagsweltbild* zustande gekommen,
welches primär den Menschen als Schöpfer seiner Welt konzipiert.
Dies läßt sich an verschiedenen Beispielen zeigen, z. B. am Erfahrungsbereich der *Krankheit*: Krankheit ist in der Regel ein erstran-
giges religiöses Thema, weil hier unkontrollierbare Mächte in die
Lebensordnung eingreifen; diese Störungen gilt es zu verstehen
und zu beheben. Im traditionellen Katholizismus spielte die Hei-
lung im Kontext des Heiligen-, Wallfahrts- und Gelübdewesens
eine wichtige Rolle. In der Neuzeit hat sich dafür eine Medizin
installiert, welche die Lebensprozesse zunehmend unter Kontrolle
genommen hat, nicht nur die Krankheit und damit die Sterblich-
keitsrate, sondern auch die Geburten und sogar das Sterben. Aus
einem traditionellen *Bauerntum*, das die Früchte seiner Arbeit aus
Gottes Hand empfing, ist eine planende Agronomie geworden, deren erste Sorge die produzierten Überschüsse sind. *Die lebensbestimmenden Mächte sind also zu einem guten Teil zum Gegenstand menschlicher Planung geworden, wenngleich natürlich ein
irreduzibler Rest an Unkontrollierbarem bleibt, vor allem im Erfahrungsbereich des einzelnen, der sein Leben nicht selbst produ-*

ziert, sondern empfängt – mit allen Implikationen dieses Sachverhaltes, von erblich empfangenen Eigenschaften über die Umweltbedingungen, unter welchen ein Lebenslauf zustande kommt, bis hin zum nicht voraussehbaren Tod.

Diese Einschränkungen der religiösen Orientierungsfunktion haben zu gewichtigen Funktionsverlagerungen geführt. Gab zwar im Alltagsweltbild der Aufklärung die Vernunft Aufschlüsse über Wesen, Werte und Normen der Welt, so reichte sie doch offensichtlich nicht aus, diese Werte und Normen auch zu verwirklichen. Die Welt war noch nicht vollkommen; sie befand sich erst auf dem Wege dazu, und der Fortschritt bedurfte menschlicher Anstrengung. Hier wird nun die Religion angesiedelt: Sie bildet einen *moralischen Antrieb* zur Verwirklichung des vernunftmäßig als gut Erkannten. So ist denn die (o. S. 11) genannte Religionsdefinition Kants zu verstehen. Dem entspricht ein landläufiges Verständnis der Gegenwart; auf das Wesen des Christentums hin befragt, wird häufig auf das Gebot der Nächstenliebe als einer moralischen Maxime hingewiesen.

Diese Ethisierung und Finalisierung des Christentums hat sich im Laufe der Neuzeit mit immer wieder anderen moralischen und politischen Konzepten verbunden. Im 19. Jahrhundert gilt weiten Kreisen die bürgerliche Moral als typisch christlich; vorbildliche Haltung in der Familie, gewissenhafte Ausübung der Berufspflichten und Loyalität der staatlichen Obrigkeit gegenüber waren gefragt. Demgegenüber hat es bereits im ausgehenden 19. Jahrhundert eine alternative Orientierung gegeben: Die religiös-soziale Bewegung sah in den Zielen des Sozialismus genuin christliche Werte, welche es zu realisieren gelte; und seither haben sich die verschiedensten progressiv-emanzipatorischen Bewegungen auch in christlichen Varianten manifestiert; man denke etwa an christliche Friedensbewegung, christlich motivierte ökologische Gruppierungen oder christliche Feministinnen.

Neben solchen reduktiven Bewegungen sind aber immer wieder *deduktive Reaktionen* zu verzeichnen, welche versuchten, die unumschränkte Gültigkeit biblischer Fakten, Werte und Normen zu vertreten: Der *Pietismus* stand gegen die Aufklärung auf, im letzten Jahrhundert kam es zur *Erweckung*, und in der Gegenwart artikulieren sich *evangelikale Bewegungen* in Opposition gegen das aufklärerische Weltbild. Der Versuch, hinter dieses Weltbild zurückzukehren, hängt von dessen Tragfähigkeit ab; in der Gegenwart, wo das planende und schaffende Wirken des Menschen in offensichtliche Sackgassen geführt hat (Disstabilisierung der politischen Weltlage, Bedrohung der natürlichen Ressourcen durch die menschliche Technologie usw.), gewinnen regressive Tendenzen an Plausibilität. Dabei ist nicht zu übersehen, daß auch diese deduktiven Reaktionen vielfältig von der Aufklärung abhängig sind; die Argumente zur Eindämmung der Geltung der Rationalität sind selbst rationaler Natur; der Umgang mit der Heiligen Schrift billigt dieser zwar eine undiskutierte Autorität zu, verfährt dann aber durchaus nach Regeln der Vernunft; und die Missionsstrategien evangelikaler Kreise bedienen sich mit Erfolg der Erfahrungen von Werbung, Management und Marketing der Gegenwart.

Neben diesen Formen deduktiver und reduktiver Christlichkeit ist noch eine andere neuzeitliche Form der Religiosität zu nennen, die vornehmlich außerhalb der Kirche und im Bereich des „Heterodoxen" große Bedeutung erlangt hat. Seit dem ausgehenden 18. Jahrhundert zeichnet sich eine zunehmende Verlagerung religiöser Erfahrung in den christlich oder gar konfessionell wenig bestimmten *Binnenraum persönlich-individueller Gefühlswelt* ab. Dies ist durch den Pietismus vorbereitet, welcher eine persönliche Gestaltung der Heilserfahrungen ausstrukturierte; doch war dies noch an die klassischen Inhalte der christlichen Botschaft gebunden, es ging um die je eigene Erfahrung von Bekehrung und Heiligung. Diese Bindung wird abgestreift; bezeichnend ist etwa die Antwort auf die Gretchenfrage in Goethes Faust. Die Umschreibung des höchsten Wesens weist hier bestimmte typische Charakteristika auf:

„Wer darf ihn nennen?
Und wer bekennen:
Ich glaub ihn? Wer empfinden
Und sich unterwinden
Zu sagen: Ich glaub ihn nicht?
Der Allumfasser,
Der Allerhalter,
Faßt und erhält er nicht
Dich, mich, sich selbst?
Wölbt sich der Himmel nicht dadroben?
Liegt nicht die Erde hierunten fest?
Und steigen freundlich blickend
Ewige Sterne nicht herauf?
Schau ich nicht Aug in Aug dir,
Und drängt nicht alles
Nach Haupt und Herzen dir,

Und webt in ewigem Geheimnis
Unsichtbar sichtbar neben dir?
Erfüll davon dein Herz, so groß es ist,
Und wenn du ganz in dem Gefühle selig bist,
Nenn es dann, wie du willst,
Nenns Glück, Herz, Liebe, Gott!
Ich habe keinen Namen
Dafür! Gefühl ist alles;
Name ist Schall und Rauch,
Umnebelnd Himmelsglut."

Die traditionelle Sprache wird also für die Formulierung religiöser
Erfahrung als untauglich erklärt; diese kann höchstens in dichteri-
schen Bildern annähernd erreicht werden. Jeder muß selbst den
Ausdruck dafür finden; das traditionelle Symbolsystem ist allenfalls eine für den Ungebildeten tragfähige Basis zur Artikulation
religiöser Probleme.

Diese elitäre Position ist dann jedoch zu einer durchschnittlichen und alltäglichen religiösen Haltung geworden. So gilt es
weithin als selbstverständlich, daß etwa beim ästhetischen Genuß
der Natur oder klassischer Musik etc. „Religiosität" zum Ausdruck
kommen kann, welche der traditionellen religiösen Formen nicht
bedarf, nicht auf eine umgebende Gemeinde angewiesen ist und
ganz durch die Empfindung des einzelnen bestimmt ist. Ob diese
Religiosität allerdings wirklich religiöse Probleme zu thematisieren und zu lösen vermag, ist mehr als fraglich.

4.4.9.2 Restbestände einstiger Religion: Zivilreligion

Der Prozeß der Säkularisierung ist in verschiedener Hinsicht nicht
bis zu dem Punkte verlaufen, daß sich die Religion vollständig aus
den nicht-religiösen Bereichen der Gesellschaft zurückgezogen
hätte. Einerseits sind an verschiedenen Stellen etwa der Bereiche
von Politik, Militär, Rechtspflege usw. Reste der einst umfassenden Geltung der Religion zu beobachten, von denen keineswegs
wahrscheinlich ist, daß sie auch noch verschwinden werden; und
andererseits gibt es allgemein akzeptierte Werte und Normen, welche entweder deutlich religiöser Herkunft sind oder die eine quasi-
religiöse Geltung haben. Diese schwer zu fassenden religiösen
Phänomene werden heute unter dem Stichwort Zivilreligion diskutiert; der Ausdruck stammt von J. J. Rousseau, der für den von ihm
entworfenen Staat im Schlußkapitel des „Contrat social" eine den

Bürger verpflichtende Religion anvisiert: „Die Dogmen der bürgerlichen Religion (religion civile) müssen einfach, gering an Zahl und klar ausgedrückt sein, ohne daß Auslegungen und Erläuterungen nötig sind. Die Existenz einer allmächtigen, allwissenden, wohltätigen Gottheit, einer allumfassenden Vorsehung; ein zukünftiges Leben, das Glück der Gerechten und die Bestrafung der Bösen sowie die Heiligkeit des Gesellschaftsvertrags und der Gesetze – das sind die positiven Dogmen. Was die negativen betrifft, so beschränke ich sie auf ein einziges: die Intoleranz." (1762/ 1964, 468f.). Spiegeln diese Prinzipien noch ein „reduktives" aufklärerisches Programm mit normativem Anspruch wider, so hat sich in der Gegenwart so etwas wie eine „Zivilreligion" herausgebildet, deren Werte und Normen zumindest von einem wesentlichen Teil einer Bevölkerung akzeptiert sind.

Anstoß zu dieser Diskussion gab eine Arbeit von *R. N. Bellah* (1967/1986), welcher unter dem Titel „Zivilreligion in Amerika" politisch relevante religiöse Äußerungen amerikanischer Politiker von Franklin und Washington über Lincoln bis hin zu Kennedy und Johnson untersuchte. Dabei ergibt sich, daß die Vereinigten Staaten – obwohl ein konfessionell und religiös neutraler Staat – durchaus religiös verstanden werden: Einerseits gründen sie auf Werten wie Gerechtigkeit und Freiheit, welche für die nationale Integration und für das verantwortliche Leben des einzelnen unabdingbar sind, und andererseits wird den USA eine Art Erwählung durch Gott zugeschrieben, welcher das Land durch die Geschichte führt und ihm einen Auftrag für die ganze Menschheit verliehen hat. Der christliche Erwählungsglaube hätte sich demnach in eine mehr oder weniger selbstverständliche Religion des Staates verwandelt, von der die Politiker selbstverständlichen Gebrauch machen (zur Disksussion vgl. Richey/Jones 1974).

Die amerikanischen Verhältnisse lassen sich nicht ohne weiteres auf andere Länder übertragen (vgl. Bellah/Hammond 1980; Kleger/Müller 1986); vielmehr weisen einzelne Staaten ganz unterschiedliche und in sich vielfältige Formen von Zivilreligion auf. Im folgenden kann lediglich angedeutet werden, wie etwa in Deutschland und der Schweiz nach diesem Phänomen gefragt werden kann.

Auffällig ist zunächst, daß die *Präambeln* sowohl des Grundgesetzes der Bundesrepublik Deutschland als auch der schweizerischen Bundesverfassung religiöse Formeln enthalten (im einen Fall erfolgt die Gesetzgebung „in der Verantwortung vor Gott und den Menschen", im anderen beginnt man „im Namen Gottes des

Allmächtigen"). Ein Staatstypus, der religiös neutral ist und die Glaubens- und Gewissensfreiheit schützt (also auch die Religionslosigkeit), beruft sich also auf religiöse Gegebenheiten! Eine andere Beobachtung betrifft die Militärseelsorge, welche sowohl in der Bundeswehr als auch in der Schweizer Armee eingerichtet ist, die aber keineswegs mehr die Funktion hat, die Soldaten mit höherer Kampfesmotivation zu versehen oder gar „die Kanonen zu segnen", wie dies einst nicht nur in Karikaturen geschah. Der Staat zieht offenbar die religiöse Dimension ganz bewußt deshalb in Betracht, weil er von Voraussetzungen lebt, die er nicht selbst garantieren kann (vgl. Lübbe 1986, 322): Der Staat schafft die Werte und Normen, die seine Grundlage bilden, nicht selbst – die Menschenrechte stehen beispielsweise nicht zur Disposition, sie könnten nach gegenwärtigem Konsens auch nicht durch eine Mehrheitsentscheidung legitim abgeschafft werden.

Dies weist nun auf eine weitere, sehr viel schwieriger faßbare Dimension der Zivilreligion: die der *allgemein anerkannten Werte und Normen*. Eine Gesellschaft – mag sie auch noch so vielfältig gegliedert sein – basiert auf bestimmten Grundüberzeugungen und Grundwerten, aus welchen sich dann entsprechende Normen ergeben; diese Grundüberzeugungen sollen durchgehend, d. h. in und zwischen allen gesellschaftlichen Teilbereichen, gelten, allgemein akzeptiert sein (oder doch zumindest von einem repräsentativen und dominierenden Teil der Bevölkerung). Die formulierten Werte, welche die Verfassung eines Staates setzt, müssen auf diesen unformulierten Werten basieren, wenn Verfassungs- und Alltagswirklichkeit einigermaßen übereinstimmen sollen. Sind nun aber die Grundwerte, die z. B. in der UNO-Erklärung der Menschenrechte dokumentiert sind und die in den meisten Verfassungen der Welt wiederkehren, identisch mit den lebensweltlich akzeptierten Grundwerten? Hier sind mancherlei Zweifel angebracht. Letztere sind einerseits durch historische Tradition (und dazu gehört natürlich auch die religiöse Tradition, wie sie durch die bestehenden Kirchen vertreten wird) bedingt und andererseits durch Aktualitäten akzentuiert. Hinsichtlich der Traditionsbestimmtheit wird man etwa vorsichtig formulieren können, daß durchschnittliche schweizerische Wertsetzung z. B. durch die Erfahrung langer Prosperität mit einem eigenartig ungebrochenen ethnozentrischen Selbstbewußtsein ausgestattet ist, wogegen das deutsche Äquivalent nach den Katastrophen der Weltkriege und dem anschließenden schnellen wirtschaftlichen Wiederaufstieg durch charakteristisch andere Einschätzungen gekennzeichnet ist.

Was den Einfluß der Aktualität betrifft, so ist etwa der Grad der Konfrontation mit andersartigem Kulturgut („Überfremdung") oder die Einschätzung der Bewältigungsmöglichkeiten gesamtgesellschaftlicher Probleme (z. B. ökologischer Natur) von wesentlicher Bedeutung. Solche Faktoren bestimmen das Profil der „Zivilreligion" ganz entscheidend; wie diese sich artikuliert und wie diese Artikulationen methodisch angegangen werden sollen, ist noch ganz offen. Die bisherige Forschung arbeitet mit Zufallsbeobachtungen. Schließlich ist auch noch nicht ausgemacht, ob die Zivilreligion wirklich religiöse Probleme formuliert und löst.

4.4.9.3 Verlust und Wiederkehr des Mythos – Latenz und Manifestation

Die neuzeitliche Entwicklung der Religion ist nun noch unter einem anderen Aspekt zu beleuchten. Es war davon die Rede, daß dem Christentum immer weniger wirklichkeitsbegründende und weltbildformende Kraft zugetraut wurde und daß in diesem Zusammenhang das spezifisch christliche Wissen um die heilsgeschichtlichen Zusammenhänge und die entsprechenden Konsequenzen in weiten Kreisen auf ein Minimum zusammengeschrumpft ist. Der „Mythos" des Christentums, d. h. also die primär in Form der Erzählung wirklichkeitssetzende Sprache der Verkündigung, hat nur mehr eine sehr begrenzte Wirksamkeit.

Bedeutet dies, daß die (in sehr allgemeinem Sinn) „mythische" Setzung von Wirklichkeit damit überhaupt überwunden worden ist? Dies ist offenbar nicht der Fall. Das Alltagskonzept der Aufklärung zehrt noch weitgehend von christlichen Setzungen, wenngleich unter tiefgreifenden Umbildungen. Man geht noch von der Selbstverständlichkeit einer guten Schöpfung und eines vernunftbegabten Menschen aus, der die Aufgabe seines Lebens in der Verantwortung vor einer höheren Macht wahrnehmen muß; und man erwartet von der Zukunft eine sich stetig vervollkommnende Qualität von menschlicher Vernunft und Güte der Schöpfung. Parallel zum Schwund des christlichen Hintergrunds, von dem aus sich diese Aufklärungsgewißheiten abhoben, erfolgte eine ideologische Ausformung und Verfestigung solcher Weltanschauung; eine Variante hat sich zeitweise in den kommunistischen Ländern durchgesetzt. Die *sozialistische Ideologie ist Staatsdoktrin und Heilslehre,* sie erhob Anspruch auf Wissenschaftlichkeit und nahm die Funktion einer Staatsreligion wahr; sie hat entsprechende Symbolformen und Praktiken entwickelt – vom ritualisierten Ablauf der Parteitagsrhythmen bis zur Initiation der Jugendlichen. Freilich handelte es sich um *defizitäre Religionssysteme*, da sie in ihrer Eindimensionalität alles der Kontrolle unterziehen wollten und den Bereich des Unkontrollierbaren verdrängen. Aus diesem Grunde ist die angestrebte „Religionslosigkeit" – d. h. die Ausschaltung anderer Religionen als der des Staates – keineswegs zum Ziel gekommen, vielmehr hat sich nach dem Zusammenbruch des Sozalismus eine ungeahnte Revitalisierung der Religion eingestellt.

Neben der Transformation des Mythos zur Weltanschauung zeichnet sich in der Neuzeit aber noch eine andere charakteristische Entwicklung ab: *Der Mythos sinkt ab in die Latenz*. In der Gegenwart ist mit einer Vielzahl von „Mythen" zu rechnen, welche als solche nicht offenkundig laut werden, aber nichtsdestoweniger wirksam sind. Der Mythos läßt sich dann nicht mehr als sprachliche Sequenz vernehmen, sondern er existiert in Form einer irreversiblen, sinnstiftenden Sequenz bedeutungsvoller Konstellationen.

Anstöße zu einer derartigen Betrachtungsweise ergeben sich insbesondere durch die Arbeit über *Alltagsmythen* von *Roland Barthes* (1957/1964). Barthes skizziert zunächst eine Anzahl von Szenen und Konstellationen, welche eine bestimmte Orientierung und Sinngebung bewirken, ohne dies aber explizit zum Ausdruck zu bringen. Er beschreibt etwa die Fotoausstellung „The Family of Man" und entziffert deren Botschaft: Es geht um die Darstellung des Ewig-Menschlichen, das jenseits der Geschichte angesiedelt ist; die Geschichte ist demnach zugunsten einer fiktiven menschlichen „Natur" eliminiert – und damit ist im Grunde die Unveränderlichkeit der Welt und der bestehenden Verhältnisse supponiert. Der Analyse solcher Einzelszenen folgt eine grundsätzliche Besinnung über den Mythos: Der Mythos verwendet bestehende Sprache (auch Bildersprache), um die Wirklichkeit mit Bedeutungen zu besetzen und ihr Werte aufzuprägen. Er arbeitet mit „gestohlener Sprache" und deformiert dabei die Dinge, die über ihre primäre, „objektsprachliche" Bedeutung hinaus eine andere Bedeutung im Rahmen des Mythos gewinnen.

Barthes betont die überragende Bedeutung des Mythos in der bourgeoisen Gesellschaft, welche dieser, im Interesse der Mächtigen, stabilisiert. Der „Mythologie" wird der aufklärerische Auftrag zugewiesen, die Mythen zu entlarven und damit unwirksam zu machen.

Barthes beschreibt das Phänomen, welches oben als „latenter

Mythos" bezeichnet worden ist. Tatsächlich ist die moderne Gesellschaft durch Werte und Normen bestimmt, die hochrangig durch solche Mythen gesetzt werden. Es ist gewiß eine religionswissenschaftliche Aufgabe, solche Mythen dingfest zu machen und zu analysieren; ob das aufklärerisch-prophetische Pathos, das Barthes an den Tag legt, gerechtfertigt ist, ist eine andere Frage.

Die Thematik der latenten Mythen und die der Zivilreligion sind eng miteinander verbunden; so gibt es etwa einen bemerkenswerten Versuch, den latenten Mythos der Schweiz (dessen Fragmente sich etwa in Leserbriefen, in Ansprachen von Politikern, am politisierenden Stammtisch finden) zu rekonstruieren (vgl. Saurma 1986, bes. 143). Für gegenwärtige Durchschnittsreligiosität ist der „Mythos vom ganzen Menschen" von hoher Bedeutung: Der Mensch kommt mit allen Möglichkeiten der Selbstverwirklichung und Identitätsfindung zur Welt – doch dann unterliegt er den verschiedensten Beeinträchtigungen, seitens der Eltern, der Schule, der Berufswelt, der Geschlechterrollen, der genormten Familienkonstellation usw. So stellen sich die verschiedensten Beschädigungen ein, bis ihn die Botschaft trifft, daß er eigentlich „okay" ist. Damit ist er zur Selbstverwirklichung und Identitätsfindung aufgerufen und herausgefordert; die verschiedensten religiösen und parareligiösen Institutionen helfen ihm dabei. – Die Banalität dieses aufklärerisch-gnostischen Mythos ist, wenn man ihn so erzählt, offensichtlich; trotzdem übt er hohe Faszination aus (vielleicht weil er kaum je ganz expliziert wird), und man macht allenthalben von ihm Gebrauch, auch innerhalb der Kirchen.

Schließlich zeigen sich in der Gegenwart verschiedenste neue *Manifestationen* des Mythos und entsprechender Rituale, welche vom problematisch gewordenen Alltagskonzept der Aufklärung gar keine Notiz nehmen; es sei nur an die „Jugendreligionen" (die man besser neutral als „neue Religionen" bezeichnen würde; vgl. Lanczkowski 1974b; Müller-Küppers/Specht 1979; Hummel 1980; Haack 1979; Mildenberger 1981) oder die New Age-Spiritualität (Geisler 1984; Ruppert 1985) erinnert. Vielfach ist die Hierarchie der Darstellungsformen wieder von der Sprache weg auf andere Ebenen verlegt.

Religion in unserer Gegenwart ist also in einem ungeheuer komplexen Gemenge von Darstellungsmöglichkeiten angesiedelt. Neben der traditionellen „aufklärungskompatiblen" Gestalt des Christentums wirken latente Mythen unterschiedlicher Art, und daneben etablieren sich neue Symbolsysteme, welche auf gewisse Teile der Bevölkerung eine hohe Attraktivität ausüben.

5. Die seelischen Vorgänge

Literaturhinweise: Einführung: Mann 1973. – Überblick: David Wulff in Whaling II 1984/85, 21–88. – Textsammlung: Strunk 1955, 1971. – Klassische Positionen: James 1906/1914; Freud, bes. 1913, 1927, 1937; zu Freud: Birk 1970; Plé 1969; Scharfenberg 1968; Nase/Scharfenberg 1977. – Jung: praktisch alle Werke mit religionspsychologischer Relevanz; zu Jung: Bernet 1955; Schär 1946. – Entwürfe neuerer Zeit: Faber 1972/1973; Müller-Pozzi 1975; Pruyser 1968/1972; Sundén 1966, 1975, 1982; Vergote 1966/1970; Proudfoot 1986; Holm 1990; Grom 1992. – Forschungsüberblicke: Malony 1977; Schmitz/Dürr 1992. – Stufentheorie der Entwicklung: Fowler 1982/1991; Oser/Gmünder 1988.

In den vorausgegangenen Abschnitten ging es zunächst um die Gemeinschaft als Trägerin der Religion, womit religionssoziologische Gesichtspunkte zur Diskussion standen. In der Behandlung der Aufbaumöglichkeiten eines religiösen Symbolsystems war der Wissenschaftsbereich der Semiologie angesprochen. Religion hat nun aber auch ihren Ort im Erleben des einzelnen Menschen, und damit sind religionspsychologische Fragen angeschnitten. Gewiß sind die einzelnen Fragestellungen nicht ohne Zusammenhang, religionspsychologische Probleme wurden in den bisherigen Abschnitten schon mehrfach gestreift. Trotzdem bildet die Religionspsychologie eine Disziplin mit eigener Geschichte und eigenen Fragestellungen. Allerdings gibt es nicht nur eine Religionspsychologie, sondern es existieren ganz verschiedene psychologische Zugänge zum Phänomen der Religion. Wie in den andern Abschnitten soll hier eine Verbindung von historischen und systematischen Gesichtspunkten versucht werden.

5.1 Selbstbeobachtung, Introspektion

Die früheste Form der Thematisierung religionspsychologischer Fragestellungen liegt in der Beschreibung religiöser Vorgänge, die ein Mensch an sich selbst beobachtet. Solche Beschreibungen gehen weit in die Religionsgeschichte zurück; es gibt Belege in allen Hochkulturen der Antike.

Ein Beispiel aus dem alten Ägypten ist zeitlich in der ersten

Zwischenzeit (Zeit zwischen dem alten und dem mittleren Reich, ca. 2200–2040 v. Chr.) anzusetzen. Der Text wird üblicherweise betitelt als „Streit des Lebensmüden mit seiner Seele" (vgl. ANET 405ff.). Die „Seele" des Menschen, wie sie in diesem Text erscheint, entspricht einem ganz spezifischen ägyptischen Konzept (vgl. dazu die Bemerkungen o. S. 41). Sie hat die Gestalt eines Vogels; noch im alten Reich rechnet der Ägypter damit, daß nur der König eine solche Vogelseele (ägyptisch *ba*) besitzt. Der *ba*-Vogel hat eine besondere Bedeutung beim Tode des Menschen; er hält die Verbindung aufrecht zwischen dem Unterweltsaufenthalt des Verstorbenen und dessen Repräsentation im Gedenkstein, wo Opfer dargebracht werden usw. So ist der *ba* gewissermaßen eine zweite Ausformung der Persönlichkeit des Menschen. Im Text, um den es hier geht, unterhält sich ein Mensch mit seinem *ba*, er setzt sich also mit sich selbst auseinander. Die Hauptperson ist des Lebens müde; sie findet sich nicht mehr zurecht auf der Erde und möchte Selbstmord begehen. Der *ba* dagegen rät davon ab. Das Zwiegespräch dreht sich um das Problem der Lebenswerte, der religiösen Normen, der Frage nach der Durchsichtigkeit der Ordnung, die das Leben prägt. Am Schluß setzt sich der *ba* durch, der Entschluß zum Leben obsiegt also. Eine eigenartige Zielperspektive wird entfaltet: Im Jenseits, nach der Vollendung des irdischen Lebens, wird sich der *ba* mit dem Menschen vereinigen. Eine widerspruchsfreie Existenz, eine Identitätsfindung, ist also im irdischen Leben ausgeschlossen, sie kann erst nach dem Tode in einer anderen Welt realisiert werden. Offensichtlich deckt hier ein Mensch seine Konflikte auf, die sich im Umgang mit der Tradition ergeben. Texte, in denen sich ein analoges Geschehen manifestiert, finden sich im alten Mesopotamien und dann natürlich in Griechenland seit den Anfängen der Philosophie.

Alle diese Zeugnisse einer Selbstbeobachtung des Menschen sind unter bestimmten gemeinsamen Voraussetzungen zustande gekommen. Das religiöse Symbolsystem der Gemeinschaft ist für den einzelnen nicht mehr selbstverständlich und problemlos verbindlich. Die Gründe zur Erschütterung des kollektiven Normen- und Wertsystems sind unterschiedlich; das Ägypten der ersten Zwischenzeit ist durch eine politische Katastrophe, den völligen Zusammenbruch des Reiches und damit auch dessen Religion gekennzeichnet. Damit wird der einzelne, der nicht mehr in der Gemeinschaft aufgehoben ist, sich selbst zum Problem, und dieses Problem wird zum religiösen Thema. Der einzelne beginnt über sich selbst nachzudenken und sich selbst zu beobachten. Er merkt an sich unterschiedliche Strebungen und Empfindungen, er registriert den Widerstreit von Werten. Sind solche Konflikte bis dahin vom gemeinsamen Symbolsystem gemeinschaftlich verarbeitet worden, so muß jetzt eine individuelle Bewältigung erfolgen. Ziel dieser Bemühungen ist natürlich der Durchbruch zu einer neuen religiösen Basis, einer neuen Orientierung, die nun eigenständig gestaltet und begründet ist. Damit sind gleichzeitig die Bedingungen genannt, unter welchen es zur Distanzierung kommt, die die Explikation der Denkformen eines Symbolsystems ermöglicht (vgl. 4.4.7).

Ein Bereich, in dem dieser Umbruch besonders eindrücklich beobachtet werden kann, ist Indien. Seit der Zeit des Rig-Veda, der frühesten Textsammlung, die um die Wende des 1. Jahrtausends v. Chr. anzusetzen ist, zeichnet sich eine Wendung zur Selbstbeobachtung, und damit zum religiösen „Innenraum" ab. Besonders deutlich ist dies z. B. in Rig-Veda X, 129 (Geldner 1951), einem Text, der mit dem Thema der Kosmogonie befaßt ist.

„1. Es war da kein Nichtsein, und es war kein Sein. Es gab kein Luftreich und auch keinen Himmel darüber. Was regte sich hin und her? Wo? In wessen Schutz? Was war das unergründliche tiefe Wasser?

2. Es gab keinen Tod, keine Unsterblichkeit, es gab damals keine Unterscheidung von Nacht und Tag. Es atmete windlos nach eigenem Gesetz das Eine. Etwas anderes als dieses gab es weiter nicht.

3. Finsternis war durch Finsternis verborgen im Anfang. Unterschiedslose Wasserflut war dies alles, umschlossen von der Leere als Gefährten. Das Eine wurde geschaffen durch die Macht der Askeseglut.

4. Verlangen überkam dies zu Anfang, welches des Geistes erster Same war. Im Herzen forschend, fanden die Weisen durch Überlegung den Zusammenhang des Seins im Nichtsein.

5. Quer hindurch war ihre Schnur ausgespannt. War da denn ein Unten, war da denn ein Oben? Samenträger gab es, Mächte gab es: eigene Neigung unterhalb, Gewährung oberhalb.

6. Wer fürwahr weiß es, wer mag es hier verkünden: Woraus entstanden (die Wesen)? Woher (stammt) diese Schöpfung? Erst nachher (entstanden) die Götter durch die Schöpfung dieser (Welt). Wer weiß da, woraus sie entstanden sind?

7. Woraus diese Schöpfung entstanden ist, ob er sie geschaffen hat oder ob nicht – der ihr Aufseher ist im höchsten Himmel: Der nur weiß es! Oder ob er es auch nicht weiß?"

Der Anfang des Textes verwendet geläufige kosmologische und kosmogonische Vorstellungen. Der Zustand der Vorzeit kann nur durch Negationen angemessen wiedergegeben werden, wobei hier freilich insofern eine Steigerung vorliegt, als auch die Negationen noch negiert werden. Eine Besonderheit des Textes zeigt sich dann darin, daß die Transformation von diesem Urzustand in den Jetztzustand mittels einer Hitze erfolgt, wie sie die Asketen durch ihre meditativen Übungen erzielen. Die im Kosmos wirksame Kraft und die Kraft der Askese, der individuell methodisierten Frömmigkeitsübung, sind also identisch. Entsprechend sind die Erkenntnisse, welche das Wesen des Kosmos und seines Ursprungs erhellen, nicht auf die äußere, sondern auf die innere Welt bezogen: „Im Herzen forschend, fanden die Weisen durch Überlegung den Zusammenhang des Seins im Nichtsein." Die Innenschau, das „Suchen im Herzen" wird jetzt also zur religiösen Leitlinie. Dabei kann diese Innenschau inhaltlich ganz verschiedene Wege gehen; in Indien entsteht eine Reihe verschiedener Schulen, in denen je eigene religiöse Systeme erarbeitet werden. Auf die Veränderungen in der Darstellung des religiösen Symbolsystems, die sich in diesem Zusammenhang ergeben, wurde bereits im vorhergehenden Kapitel aufmerksam gemacht (vgl. 4.4.7, 4.4.8).

Die *Introspektion* schließt sich immer an vorgegebene Deutungsmuster an, es handelt sich also nie um „unmittelbare", voraussetzungslose Beobachtung. Im Gespräch des Lebensmüden mit seiner Seele sind religiöse Deutemuster des Alten Reiches aufgenommen und in einen neuen Zusammenhang gerückt. Im Buddhismus werden vorhergehende indische Denktraditionen aufgenommen. Die Analyse der an sich selbst beobachteten Vorgänge erfolgt also von den Verstehens- und Deutemöglichkeiten der umgebenden Kultur her, die jedoch eine Umprägung erfahren.

In der neueren Psychologie sind die Probleme der Introspektion ausführlich diskutiert worden. Im 19. Jahrhundert, als sich die Psychologie von der Philosophie ablöste, galt die Introspektion als selbstverständlicher Schlüssel zum seelischen Geschehen, in diesem Jahrhundert dagegen hat sich in dieser Beziehung ein zunehmendes Mißtrauen eingestellt. Einer in diesem Jahrhundert dominierenden psychologischen Richtung, dem *Behaviorismus*, gilt die Selbstbeobachtung als erledigt. Hier gilt der Grundsatz, daß nur die objektivierbare Fremdbeobachtung objektive Resultate ergibt. Demnach wäre jede Introspektion systematisch auszuschalten: Psychologische Verfahrensweisen sind an quantifizierender Fremdbeobachtung zu orientieren, die Aktivierung eigener Empfindungen darf dabei keine Rolle spielen. Die Verhältnisbestimmung zwischen Fremdbeobachtung und Selbstbeobachtung gehört zu den grundlegenden Aufgaben psychologischer, insbesondere religionspsychologischer Theoriebildung.

5.2 Fremdbeobachtung

Die Entstehung einer eigentlichen *Religionspsychologie* ist im 19. Jahrhundert in den USA anzusetzen. Von Anfang an ist der Wille zu beobachten, sich von der spekulativen Philosophie abzusetzen; Religionspsychologie will eine empirische Wissenschaft sein, die ihre Erkenntnisse aus empirischen Daten gewinnt. Dabei gibt es zunächst noch keine methodische Unterscheidung zwischen Selbstbeobachtung und Fremdbeobachtung; beide Betrachtungsweisen durchdringen sich. Die Fremdbeobachtung ist an zwei verschiedenen Erfahrungsfeldern orientiert: Einerseits beobachtet man die unmittelbare Umwelt und deren religiöse Praxis (die man dann dem Glaubensideal der Theologen gegenüberstellt); und andererseits greift man aus auf fernere religiöse Bereiche, auf religiöse Erfahrungen fremder Religionen oder auf solche der Vergangenheit. Zum Zentrum der religionspsychologischen Forschungen wird die Clark University in Massachusetts. Drei Pioniere der Religionspsychologie sind zu nennen: *G. Stanley Hall* (1846–1924); *Edwin Starbuck* (1866–1947); *James Leuba* (1868–1946). Von den drei Forschern gehen verschiedenartige Impulse auf die junge Disziplin aus: Hall führt den Fragebogen in die Religionspsychologie ein. Das eigentliche Feld seiner Untersuchung bildet das Phänomen der Bekehrung: Er befragt möglichst viele Leute nach dem Bekehrungserlebnis, nach den Umständen, nach den Inhalten usw. So gewinnt er Aufschluß über den typischen Bekehrungsvorgang, und zwar nicht unter dogmatischen, sondern unter psychologischen Gesichtspunkten. Starbuck ist an den Wechselwirkungen zwischen physiologischen Prozessen und religiösen Erlebnissen interessiert. Er fragt nach den Funktionen des Gehirns, des Zentralnervensystems usw. im Zusammenhang mit religiösen Erlebensformen, er analysiert psychophysische Abläufe und dergleichen. Leuba bezieht die religiösen Erlebnisse anderer Völker mit in seine Untersuchung ein, er benützt ethnographische Berichte als Beobachtungsmaterial für seine psychologischen Studien.

Die größte Wirkung erzielt *William James* (1842–1910, Hauptwerk: 1906/1914; zur Einführung in James' Denken und den geistesgeschichtlichen Kontext ist geeignet: Marcuse 1959, bes. 52ff.). James beschäftigt sich nicht nur mit Religion, sondern hat einen sehr viel breiteren Interessenskreis und gilt als wichtiger Exponent des philosophischen *Pragmatismus*: Das Wesen des Menschen kommt im Handeln zur eigentlichen Darstellung, und jegliches Handeln hat den Lebensvorgängen zu dienen. Dies gilt auch für die philosophische Wahrheit; wahr ist, was das Leben fördert, Wahrheit muß also immer in Aktion umzusetzen sein. In seinem Hauptwerk benützt James die unterschiedlichsten Quellen zur Bestimmung des Religiösen; er verarbeitet christliches und fremdreligiöses Material, er wendet Fremdbeobachtung und Selbstbeobachtung an.

Religion ist nach James immer im persönlichen subjektiven Lebensvollzug des Menschen angesiedelt. Eine Konkurrenz zur Wissenschaft, die nach Objektivierung und Objektivität strebt, kann es darum nicht geben. Der Mensch der Neuzeit braucht zwar die Abstraktion und Objektivität, all das, was zum technisch-wissenschaftlichen Weltbild gehört; aber darüber hinaus ist er doch dem unmittelbaren Leben verhaftet, diesseits aller Objektivierbarkeit. Hier dominiert nicht das Denken, sondern das Gefühl, und hier ist die Religion angesiedelt.

Religion manifestiert sich freilich auch als Denken; sie produziert Vorstellungssysteme, Dogmen, Mythen usw. Auf dieser Ebene läßt sich eine große Variationsbreite religiöser Konzepte feststellen, die häufig widersprüchlich sind. Würde man die Religion vom kognitiven Aspekt aus beurteilen, so könnte man keine Gemeinsamkeit der verschiedenen Religionen feststellen. Analysiert man jedoch die zugrunde liegenden Gefühle und Lebenshaltungen, so offenbart sich plötzlich eine große Gleichförmigkeit der verschiedenen Religionen.

Welche Gefühle und Lebenshaltungen sind der Religion eigen? „Eine freudige, befreiende, die körperliche Kraft fördernde Erregung, die uns wie ein tonisches Mittel erfrischt." (1906/1914, 391). Intensive religiöse Erlebnisse, insbesondere Bekehrungen, überwinden die Melancholie, werden mit der Lebensmüdigkeit fertig und schaffen neues Leben. Religion hat also eine biologische Bedeutung, sie fördert das Leben – und deshalb ist sie für den pragmatischen Philosophen so interessant.

Der religiöse Grundvorgang zielt auf eine Veränderung des Menschen hin. Es geht um die Bewegung von einem Gefühl der Unruhe zur Aufhebung dieser Unruhe, vom Erlebnis einer Defiziterfahrung und einer Desorientierung zur Erfahrung der Vollendung und Orientierung. Der Mensch empfindet sich natürlicherweise als gespalten; er leidet an seiner Unordnung, hat aber die Ahnung der Möglichkeit einer Ordnung, er empfindet keimhaft ein besseres Ich in sich selbst. Dieses bessere Ich wird nun im religiösen Akt ergriffen und verwirklicht. „Er wird inne, daß dieser bessere Teil mit etwas Höherem (einem ‚Mehr') derselben Art in engster Verbindung steht, das außer ihm im Universum wirkt, mit dem er sich in Beziehung setzen und zu dem er sich hinüber retten kann, wenn sein ganzes niederes Sein Schiffbruch erlitten hat." (1906/1914, 393).

Welcher Art ist nun dieses höhere Sein? Hier ist jede Vorentscheidung fehl am Platz; der christliche Gott oder überhaupt ein bestimmtes Gotteskonzept haben keinen Vorrang gegenüber anderen Konzepten. Die Argumentation muß ganz auf psychologischem Boden bleiben.

Das Bewußtsein repräsentiert nur einen Ausschnitt des psychischen Lebens. Gerade bei religiösen Vorgängen zeigen sich unvermutete Einbrüche in den Bereich der üblichen Erfahrungen. Neben dem bewußten Ich gibt es also ein unterbewußtes Ich (dieses Konzept, das später in der Psychoanalyse eine bestimmende Rolle spielen sollte, ist also schon bei James von Bedeutung; James ist allerdings nicht Schöpfer dieser Vorstellung, er übernimmt sie von einem zeitgenössischen Psychologen). „Was auch das ‚Höhere', mit dem wir uns in der religiösen Erfahrung verbunden fühlen, nach jenseits, d. h. außerhalb der Grenzen unserer Einzelexistenz sein mag, in der diesseitigen Sphäre, d. h. innerhalb jener Grenzen, ist es die unterbewußte Fortsetzung unseres bewußten Lebens." (1906/1914, 396). Etwas später formuliert James, „daß das bewußte Ich mit einem umfassenderen Selbst in Zusammenhang steht, durch das ihm Befreiung und Erlösung zuteil wird." (1906/1914, 397).

Diese Wirklichkeit ist auslegungsbedürftig, und sie wird von den verschiedenen Religionen auch ganz unterschiedlich ausgelegt. Sie kann „Gott" genannt werden, häufiger jedoch wird sie um ihrer Vielgestaltigkeit willen als Vielzahl von Göttern ausgelegt. An einer Stelle findet sich bei James das Bekenntnis, er habe nie einen eigentlichen Gott als lebendige Wirklichkeit verspürt; eine gewisse Neigung zum Polytheismus legt sich ihm von seiner psychologischen Arbeit her nahe.

Die Frühphase der amerikanischen Religionspsychologie, die in James ihren bedeutendsten Vertreter findet, übt prägende Einflüsse auf die gesamte nachfolgende religionspsychologische Arbeit aus. Die folgenden noch heute gültigen Punkte sind zu nennen:

1. Es werden *statistische Methoden* zur Messung der Religiosität in Anwendung gebracht. Dies ist heute ein weit verbreitetes Verfahren. Erhoben werden sollen in der Regel nicht einfach kurz-

fristig wirksame Meinungen und Wertungen, sondern längerfristig geltende Einstellungen, Verhaltensmuster und Normen. Die Verfahrensweisen, die zur Messung solcher Einstellungen verwendet werden können, sind heute methodologisch ausgiebig bearbeitet. Die Arbeit setzt mit einer Hypothesenbildung ein, zu der der Forscher aufgrund bisheriger Arbeiten gekommen ist; dann formuliert er die Bedingungen, unter denen sich die Hypothese bewähren soll; dann operationalisiert er die Hypothese, d. h. er gibt Regeln an, nach denen sich die Hypothese konkret bestätigen läßt; schließlich führt er die Untersuchung durch, er interpretiert die Resultate im Hinblick auf Bestätigung oder Abweichung gegenüber der Hypothese (vgl. z. B. Boos-Nünning 1972).

2. Die religionspsychologischen Untersuchungen erfolgen seit der Frühphase amerikanischer Religionspsychologie im *Kontext mit anderen psychologischen Arbeitsfeldern.* Das Religiöse läßt sich also nicht isolieren, es ist nicht in einem Sonderbezirk angesiedelt, sondern verbunden mit anderen Erlebensbereichen. Es bestehen Verbindungen zwischen Religionspsychologie und kognitiver Psychologie: Erkenntnisprozesse und religiöse Prozesse stehen in einem Zusammenhang. Religionspsychologie ist sodann zu verbinden mit Entwicklungspsychologie: Religiöse Prozesse ereignen sich in alterstypischer Ausprägung (es gibt Arbeiten, die sich insbesondere der Religiosität von Kindern, Jugendlichen oder alten Menschen widmen, vgl. zu diesen Aspekten z. B. Fowler 1982/1991; Oser/Gmünder 1988). Auch andere Bereiche der Psychologie lassen sich mit religionspsychologischen Fragestellungen verbinden.

3. Religionspsychologie wird gut daran tun, sich nicht auf einen Kulturbereich zu beschränken, sondern ihre Arbeit kulturvergleichend zu tun. Gewisse psychische Prozesse, die in einer Religion eher am Rande stehen, sind in andern Religionen zentral. Erst transkulturell vergleichende Religionspsychologie ergibt ein umfassendes Bild psychischer Strukturen, welche für die Erfahrungen und Verarbeitungsmöglichkeiten der Religion wesentlich sind (vgl. z. B. Parin/Morgenthaler/Parin-Matthèy 1971/1978).

5.3 Der Beitrag der Tiefenpsychologie

⌐ 5.3.1 Sigmund Freud

Freud wurde 1856 geboren; er wirkte von 1885–1938 in Wien, worauf er nach London emigrierte, wo er 1939 starb. Werke, die im Zusammenhang mit der Religionspsychologie besonders wichtig sind: Totem und Tabu (1913); Die Zukunft einer Illusion (1927); Der Mann Moses und die monotheistische Religion (1937).

Freud war ursprünglich Neurologe; sein besonderes Interesse galt bald neurotischen Erkrankungen. Freuds Kollege J. Breuer entdeckte ein Heilverfahren im Umgang mit einer Patientin, aus dem sich, in ständiger praktischer Erprobung, die psychoanalytische Praxis und Theorie ergab.

Zum Verständnis von Freuds religionspsychologischem Entwurf müssen kurz einige seiner Überlegungen zusammengefaßt werden, die sich aus der psychoanalytischen Arbeit ergaben. Freud geht davon aus, daß weitaus die meisten neurotischen Erkrankungen eine lange Geschichte haben, die mit der Biographie des Patienten verwoben ist. An der Ursprungssituation steht ein Konflikt, der aber aufgrund sozialer und kultureller Normen nicht zugelassen und verarbeitet werden kann, sondern in den Bereich des Unbewußten verdrängt werden muß. Diese Normen sind vermittelt durch Menschen, die sie vertreten, wobei es sich in der Normalbiographie eines Menschen natürlich zuerst und primär um dessen Eltern handelt, später und sekundär um andere Instanzen, welche die Rolle der Eltern weiterspielen.

Im wesentlichen ist der Konflikt, den ein Mensch verdrängt, stets ein Triebkonflikt. Der Mensch ist wesenhaft durch seine biologischen Triebe bestimmt, und zwar von seiner Geburt an. Die Libidoentwicklung ist durch charakteristische Gesetzmässigkeiten geprägt. Freud entwirft verschiedene Fassungen der Trieblehre; ein erster Entwurf erscheint 1905, Revisionen entstehen ab 1913. Dabei bleibt die Beobachtung zentral, daß menschliche Triebe zum Teil ihr Triebziel erreichen können, daß dieses ihnen aber zum Teil auch notwendig versagt bleibt. Für Kinder ist der gegengeschlechtliche Elternteil ein Sexualziel, und zwar ein unerreichbares; damit ist ein allgemein menschlicher Konflikt gegeben.

Nicht jeder Konflikt muß neurotische Erkrankungen nach sich ziehen, sondern nur der nicht bewältigte. Normalerweise kann die nicht zum Ziel gelangte Libido schadlos umgewandelt, ihre Befriedigung aufgeschoben werden; nur unter bestimmten Umständen wird sie, abgedrängt, in verschiedenen Gestalten wirksam: etwa als psychosomatische Krankheit, oder aber als Zwangsneurose. Der Zwangsneurotiker baut ein realitätswidriges System von Vorstellungen und Verhaltensweisen auf; der Kranke ist an dieses System gebunden, um überhaupt sein Leben fristen zu können.

Bereits 1907 führt Freud in einer Arbeit über Zwangshandlungen und Religionsübung aus, daß das Verhalten des Zwangsneurotikers und das des Gläubigen Analogien aufweisen. Im ersten Fall ist das Zwangssystem individuell, im zweiten Fall kollektiv determiniert. Auf eine breitere Basis stellt Freud diese Problematik ab 1913. Jetzt gelangt er zu einer umfassenderen Theoriebildung, wobei er religionsgeschichtliche Arbeiten mit in seine Betrachtung einbezieht. Freud ist zu dieser Arbeit durch den Konflikt mit C. G. Jung gedrängt, dessen neue Fassung der Libido-Theorie unter vielfältiger Benützung religionsgeschichtlichen Materials erfolgte. Freud verwendet insbesondere die Arbeiten von W. R. Smith, J. G. Frazer und R. R. Marett. Das Ergebnis dieser Untersuchungen ist greifbar in der Schrift „Totem und Tabu – einige Übereinstimmungen im Seelenleben der Wilden und der Neurotiker". Freud bearbeitet darin vier Themen: Die Inzestscheu; das Tabu und die Ambivalenz der Gefühlsregungen; Animismus, Magie und Allmacht der Gedanken; die infantile Wiederkehr des Totemismus. Das letztgenannte Thema ist am aufschlußreichsten. Den Kern dieses Aufsatzes bildet eine These, die Freud selbst beinahe in der Form eines Mythos erzählt: In der Vorzeit war der Vormensch in einer Urhorde organisiert. Diese Horde war dominiert durch einen gewalttätigen, eifersüchtigen Vater, der alle Weibchen für sich behielt und die heranwachsenden Söhne vertrieb. Freud geht davon aus, daß diese Sozialform allgemein für den Vormenschen vorauszusetzen ist. Es war eine Zeit uneingeschränkter Libidoentfaltung – aber natürlich nur für das eine Männchen, das die Horde dominierte. Nun passierte das Ungeheuerliche. „Eines Tages taten sich die ausgetriebenen Brüder zusammen, erschlugen und verzehrten den Vater und machten so der Vaterhorde ein Ende. Vereint wagten sie und brachten zustande, was dem einzelnen unmöglich geblieben wäre. (Vielleicht hatte ein Kulturfortschritt, die Handhabung einer neuen Waffe, ihnen das Gefühl der Überlegenheit gegeben.) Daß sie den Getöteten auch verzehrten, ist für den kannibalen Wilden selbstverständlich. Der gewalttätige Urvater war gewiß das beneidete und gefürchtete Vorbild eines jeden aus der Brüderschar gewesen. Nun setzten sie im Akte des Verzehrens die Identifizierung mit ihm durch, eignete sich ein jeder ein Stück seiner Stärke an. Die Totenmahlzeit, vielleicht das erste Fest der Menschheit, wäre die Wiederholung und die Gedenkfeier dieser denkwürdigen, verbrecherischen Tat, mit welcher so vieles seinen Anfang nahm, die sozialen Organisationen, die sittlichen Einschränkungen und die Religion." (1913, 171f.).

Der Mord, der so vielfältige Folgen nach sich zieht, ist freilich in dieser Form nicht in Erinnerung behalten worden. Der psychische Schock, der mit der Tötung einherging, verlangte Verdrängung. Durch den Verdrängungsprozeß ergeben sich Verschiebungen; so denkt man später nicht mehr an die Tötung eines menschlichen Vorfahren, sondern eines tierischen; das Tier ist identisch mit dem Ur-Vater, als Totemtier stiftet es Verwandtschaft; normalerweise darf es nicht getötet werden, unter bestimmten Umständen aber, im Kult, wird es gemeinschaftlich geschlachtet und verzehrt. Die Ambivalenz der Gefühlsregungen dem getöteten Ahnen (und dem Totemtier) gegenüber drückt sich in Haß und Bewunderung aus. Mit der Tötung ist dem Haß Genüge getan; die positiven Gefühlsregungen werden nun wirksam als Schuldbewußtsein, als Reue, als Solidaritätsgefühl, sie finden Ausdruck in zärtlichen Zuwendungsäußerungen. All diese Dinge sind für die jetzt entstehende totemistische Religion (die Grundform von Religion überhaupt – man beachte den Zusammenhang mit den Thesen von W. R. Smith) bezeichnend. Spätere Religionsformen stellen nichts anderes als Transformationen, Verfeinerungen und Sublimierungen dar, die von der ursprünglichen totemistischen Religion ausgehen. Das hier angedeutete Interpretationsmuster wird in einer sehr viel späteren Arbeit auch für die israelitische Religion in Anwendung gebracht (1937, 101ff.); der Held des Auszugs ist ein Ägypter, ein monotheistischer Anhänger des Pharaos Echnaton, der dann im Verlauf der Wüstenwanderung von den Israeliten erschlagen wird. Damit wiederholt sich der urtümliche Vatermord der Urhorde, und es wird ein neuer Prozeß von Religionsbildung ausgelöst, dem Freud in einer „Psychoanalyse des Alten Testaments" nachgeht.

Religion ist also einer kollektiven traumatischen Erfahrung zu verdanken; sie wirkt im Kollektiv weiter, ihre Entwicklungsformen sind in Analogie zum individuellen psychischen Entwicklungsgang zu sehen. Die Menschheit wird ihre kollektive traumatische Erfahrung nicht los; sie kann ihre Triebe nicht ausleben (dies würde zum reinen Chaos führen), so ist Triebverzicht gefordert, bzw. die Umsetzung und Sublimierung der Triebe in kulturelle Aktivitäten ist angezeigt. Die Kultur hat also eine Doppelfunktion: Einerseits verlangt sie Triebverzicht, schränkt ein; gleichzeitig gewährt sie Ersatzbefriedigungen. Religion als Teil der Kultur vermittelt gleichzeitig Furcht vor Strafe und Verlangen nach Tod. *Religion schafft eine illusionäre Vermittlung zwischen den widerstrebenden Regungen von Triebnatur und kulturellen Anforderungen. Damit stellt sie eine typisch neurotische Wirklichkeitsverzeichnung dar; der Realität ist sie nicht angemessen.*

Demgegenüber sind andere Kulturbereiche positiver einzuschätzen. Auch die Wissenschaft vermag Triebe zu sublimieren, sie gibt also Ersatzziele anstelle der ursprünglichen Triebziele; im Unterschied zur Religion ist aber die Wissenschaft realitätsangemessen, sie verzeichnet die Wirklichkeit nicht. Auch die Kunst ist ein wesentlicher Bereich der Kultur; im Unterschied zur Religion behauptet sie nicht, die Wirklichkeit zur Darstellung zu bringen, sondern sie gibt sich als Illusion zu erkennen und ist deshalb viel harmloser.

Freud ist nicht ein grundsätzlicher Gegner der Religion (vgl. den Briefwechsel mit Oskar Pfister, Pfarrer an der Predigerkirche in Zürich, hg. v. Bonhoeffer 1963). Freud selbst erklärt, er habe die Religion nicht nötig, und er meint darüber hinaus, daß Religion menschlich nicht nötig sei. Der Mensch muß nicht infantil bleiben. Andererseits ist auch nichts dagegen einzuwenden, wenn der Mensch infantil bleiben will und kann, er ist vom erwachsen Gewordenen in vieler Hinsicht zu beneiden.

Damit verfolgt Freud letztlich ein religionskritisches Aufklärungsideal. Die Leistungen der Religion sind entbehrlich; sie können auf andere Weise realisiert werden, ohne daß die Gefahren der Religion wirksam werden.

5.3.2 Carl Gustav Jung

C. G. Jung, 1875 als Sohn eines Pfarrers aus Basler Familie geboren, war ab 1900 in Zürich bei E. Bleuler als Psychiater tätig. Er gelangte schnell zu hohem Ansehen in der Psychiatrie, und als er 1907 Freud kennenlernte, war er der sehr viel Bekanntere von beiden. Freud erhoffte sich, über Jung den Durchbruch in der Psychiatrie zu schaffen. Die ungetrübte Zusammenarbeit dauerte nicht lange; die 1912 erschienene Arbeit „Wandlungen und Symbole der Libido" (Neubearbeitung: 1952) zeigt bereits eine eigenständige Richtung Jungs an, und bald darauf kommt es zur endgültigen Trennung. In Jungs Arbeiten spielt die Religion eine beträchtliche, positive Rolle. Im Unterschied zu Freud betreibt er auch einige religionswissenschaftliche Feldforschungen bei „Primitiven" (so hält er sich bei verschiedenen Ethnien in Afrika auf und besucht die Pueblos in Nordamerika; zu diesen Forschungsreisen, die allerdings nicht der Methodik der zeitgenössischen Ethnographie genügen, kommt es in der ersten Hälfte der Zwanzigerjahre). Zeitlebens hat Jung Kontakte mit Religionswissenschaftern; zu seinem Freundeskreis gehören der Sinologe Richard Wilhelm, der Indologe Heinrich Zimmer, der klassische Philologe Karl Kerényi, der japanische Zen-Spezialist Daisetz Suzuki usw. Seit 1933 besteht der Eranos-Kreis, in dem Psychologen, Religionswissenschafter, Kunstwissenschafter und Naturwissenschafter zusammen arbeiten.

Eine wesentliche Modifikation Jungs an Freuds Theorie ist zunächst in einer Neukonzeption der Trieblehre gegeben. Für Freud ist Trieb ursprünglich nur als Sexualtrieb gefaßt, wobei dieser Sexualtrieb freilich seine Gestalt wandelt. In einer späteren Fassung der Trieblehre setzt Freud dem Sexualtrieb eine Umkehrung entgegen, den Destruktionstrieb. Lebens- und Todestrieb prägen das natürliche Geschehen überhaupt. Ziel des ersten ist es, immer größere Einheiten herzustellen und zu erhalten, also Bindung; das Ziel des anderen im Gegenteil, Zusammenhänge aufzulösen und so die Dinge zu zerstören. (Diese Fassung der Trieblehre Freuds begegnet zuerst in der Schrift „Jenseits des Lustprinzips", 1940.) Jung dagegen rechnet mit *einer Libido*, der psychischen Energie schlechthin. Diese umfaßt unter anderem die sexuelle Energie, darüber hinaus aber weit mehr: Es ist „der *appetitus* in seinem natürlichen Zustande." (1952, 173f.). Energie bewegt sich immer innerhalb entgegengesetzter Pole, darum ist mit einer ursprünglichen Zweiheit von Trieben zu rechnen unnötig.

Eine zweite Divergenz zwischen Freud und Jung zeigt sich im Modell des Aufbaus der Psyche. Freuds abschließende Fassung dieses Modells (es ist ab ungefähr 1920 ausgearbeitet, insbesondere in der Schrift „Das Ich und das Es" 1923, 235ff.) kennt verschiedene Instanzen: Das Ich ist durch den Begriff des Bewußtseins charakterisiert. Hier geht es um den kontrollierten Umgang mit Vorstellungen, mit der Umwelt usw. Natürlich ist dem Bewußtsein nicht alles stets präsent; dem Bewußtsein steht aber ein weiter Bereich abrufbarer, kontrollierbarer Inhalte zur Verfügung (der Bereich des Vorbewußten). Hauptmerkmal dieses bewußten Ichs ist die Verknüpfung von Vorstellungen bzw. Gedanken mit Sprache. Die rationale Strukturierung dominiert hier.

Dem Ich ist nun freilich ein unbewußter Anteil angelagert, das Über-Ich. Dabei handelt es sich um eine Kontrollinstanz, die sich seit der frühesten Kindheit aufbaut. Gebildet ist es durch die Folge von Versagungen, die von den ersten Liebesobjekten ausgehen. Im Über-Ich sind Verhaltensnormen enthalten, moralische Steuerung und Gewissen; das Über-Ich ist damit u. a. ein Ich-Ideal. Es ist auch Träger kultureller Orientierungsmechanismen; im Prinzip bildet es also auch den Ort, an dem religiöse Mechanismen wirksam werden.

Demgegenüber ist das Es eine umfassendere Größe als das Ich. Es ist gewissermaßen die Summe aller Kräfte, die das Leben bestimmen, oder genauer: es ist das Spielfeld von Lebens- und Todestrieb, geprägt durch eine ständige Dynamik, die nach Ausgleich strebt. Das Es ist durch keine Ordnung strukturiert, ohne eigenen Willen, völlig chaotisch. Das Leben an sich ist also ursprünglich ein Feld völlig irrationaler, planlos miteinander oder gegeneinander wirkender Mächte. Das Ich, eine an sich passive Instanz, hat die Aufgabe, diese Mächte zu ordnen, wobei es völlig offen bleibt, wie erfolgreich diese Ordnungsgebung ist. „Wir werden gelebt von unbekannten, unbeherrschbaren Mächten." (1923, 251).

Damit das Leben menschlich möglich ist, müssen also die Mächte des Es domestiziert werden. Domestikationsinstanz ist das Ich mit seinen unbewußten und bewußten Anteilen. Das Ich muß dem Es Energie entziehen, und es muß diese Energie planvoll einsetzen, seien diese Pläne nun illusorisch (im Fall der Religion) oder realitätsangepaßt (im Fall der Wissenschaft).

Die Instanzen, mit denen Jung im Aufbau der Psyche rechnet, berühren sich an einigen Stellen mit dem Konzept Freuds; gerade im Hinblick auf die Religion aber haben die Modifikationen im Modell des psychischen Aufbaus große Bedeutung.

Das Ich mit seinem Bereich des Bewußtseins ist weitgehend mit dem Ich, das Freud entwirft, identisch, obwohl im einzelnen manche Abweichungen zu beobachten sind.

Das Ich ruht auf dem „persönlichen Unbewußten". Dieses enthält Vergessenes, Verdrängtes, unterschwellig Wahrgenommenes, Gedachtes und Gefühltes aller Art. Dieses persönliche Unbewußte ist nun schon nicht mehr direkt mit einer von Freud konstruierten

Region der Psyche zu vergleichen; wir haben es weder mit dem Bereich des Vorbewußten noch dem des Über-Ich zu tun. Die Konfiguration des persönlichen Unbewußten stellt sich im „Schatten" dar, der Summe der womöglich versteckten, unvorteilhaften Eigenschaften, der mangelhaft entwickelten Funktionen usw. Das Konstrukt hat in seinem Ansatz finalen Charakter: Es ist Aufgabe des Menschen, das Abgedrängte und Vernachlässigte zu akzeptieren und zu entfalten, sich also mit den eigenen Schattenseiten auseinanderzusetzen. Ziel ist die Integration des Abgedrängten, so daß sich ein Weg in Richtung auf eine Ganzheit hin abzeichnet. Der Schatten entwickelt nach Jung seine Dynamik, so wie das Ich seine Dynamik entwickelt; es ist also keineswegs nur eine Ordnungs- und Leitungsinstanz für tiefer liegende Energien.

In einer noch tieferen Schicht stößt Jung auf das *kollektive Unbewußte* (vgl. bes. 1934–1955). Es hat gewisse Ähnlichkeiten mit dem Es, mit dem Freud rechnet, und doch gibt es einen entscheidenden Unterschied: Das kollektive Unbewußte ist strukturiert, es enthält die Erbmasse der gesamtmenschheitlichen Erfahrungen, welche bis in die tierischen Wurzeln zurückreichen. In jedem Menschen ist diese psychische Erbmasse und deren Struktur also präsent. In welcher Weise ist diese Präsenz aber faßbar? Es erschließt sich dem Forscher nur mit Schwierigkeiten – es ist ja eben unbewußt. Das Bild kommt diesen Strukturierungen näher als das Wort. Die *Archetypen*, die Strukturformen des kollektiven Unbewußten, lassen sich daher nur durch Annäherungen und in bildhafter Sprache beschreiben. Die psychischen Abläufe des Menschen sind also in einem bestimmten grundlegenden, vorindividuellen Ausmaß durch die Struktur der Archetypen bestimmt.

Ziel des menschlichen Lebensprozesses ist auf der einen Seite der Ausgleich nach außen, die Realitätseinpassung; und auf der anderen Seite der Ausgleich nach innen, die Wahrnehmung der von innen wirksamen Strukturmerkmale, sowohl im Hinblick auf das persönliche wie das kollektive Unbewußte.

Die *Religionen* sind in erster Linie der archetypischen Struktur der Seele zugeordnet. Die Figuren des Mythos sind nichts anderes als Projektionen von Archetypen in die Außenwelt. Archetypen können sich also in verschiedener Art und Weise manifestieren: Einerseits können sie als direkte Meldung aus dem kollektiven Unbewußten im individuellen Erleben erscheinen, etwa im Traum oder in der Vision, in Verbindung und durch Vermittlung individuellen Erlebens; oder aber in Mythen, Märchen, Ritualen usw. als verfestigte Projektion, die zum kulturellen Gemeingut geworden ist.

Auch in der Bewältigung des Umgangs mit der Außenwelt (etwa in der Wissenschaft) ist der Mensch dem Unbewußten verpflichtet. Jung nennt als Beispiel die Entdeckung des Gesetzes über die Erhaltung der Energie, die Robert Mayer durch Intuition gewann. Mayer hob gewissermaßen das Bild der Konstanz psychischer Energie aus der Tiefe seiner Seele an die Oberfläche, projizierte sie nach außen und übertrug sie auf physikalische Geschehenszusammenhänge. Genau dasselbe Bild sei, so meint Jung, in den primitivsten Religionen des Dynamismus realisiert. Hier herrsche als „alleiniger und ausschlaggebender Gedanke, daß es eine allgemein verbreitete magische Kraft gebe". (1943/1966, 73f.).

Die Interpretation von religiösen und von psychischen Phänomenen ist demnach sachlich nicht auseinander zu halten. Entsprechend müssen sich die Arbeit des Religionswissenschafters und die des Tiefenpsychologen treffen. *Die Botschaften der Religionen und die Botschaften der Seele sind letztlich vergleichbare Gestaltungen des Unbewußten.*

Die Archetypen sind in einer Weise konfiguriert, die dem Lebensweg des Menschen entspricht; der Mensch hat sich also sukzessive mit bestimmten Regionen des kollektiven Unbewußten auseinanderzusetzen. Zunächst geht es um die Auseinandersetzung mit dem Schatten, mit den unbewußten Kehrseiten der eigenen Persönlichkeit. Dann gilt es, die Konflikte im Bereich von Animus bzw. Anima, im Feld des gegengeschlechtlichen Aspektes des Daseins, der sich von außen wie von innen eröffnet, auszutragen. Schließlich schiebt sich die Figur des „alten Weisen" bzw. der „großen Mutter" in den Vordergrund; hier geht es um die Auseinandersetzung mit den Grundmächten des Daseins, mit Geist und stofflicher Natur. Ziel des Lebensweges ist es, die verschiedenen Strukturen der Psyche zu integrieren, das Bewußte im Unbewußten zu behausen, das Ich mit dem Selbst in Einklang zu bringen. Für diese angestrebte Gesamtheit stehen in der Welt der Religion verschiedene Symbole, insbesondere das Mandala, ein Yantra aus dem indisch-tibetischen Bereich, welches gleichzeitig die umfassende Ordnung und das totale Chaos zum Ausdruck bringt. Der menschliche Heilsweg, die „Individuation", besteht eigentlich darin, den archetypischen Weg zu absolvieren, die Grundkonstellationen des Daseins zu durchschreiten und sich so in eine Gesamtheit – oder ins Nichts – zu integrieren. Die historischen Religionen stellen objektivierte, veräußerlichte Möglichkeiten dieses

Heilswegs dar, wobei sie selektiv verfahren und gewisse Konfigurationen bevorzugen, andere dagegen vernachlässigen. Das protestantische Christentum etwa hat nach Jung wichtige archetypische Konstellationen vernachlässigt. (Man merkt Jung zeitlebens die Auseinandersetzung mit der Religiosität des elterlichen Pfarrhauses an.)

Ist Jung „religionsfreundlicher" als Freud? Dies wird in der Regel bejaht, und aus diesem Grund haben Theologen vielfach Kontakt zur Jungschen Psychologie gesucht. Die Versöhnung zwischen Religion und Psychologie scheint hier möglich. Demgegenüber hat *Erich Fromm* mit Recht festgestellt, daß Jung die Religion zu einer psychologischen Erscheinung reduziert und gleichzeitig dem Unbewußten religiösen Stellenwert gibt (1966, 29). Die Reduktion der Religion auf psychologische Vorgänge wird von Jung zwar ab und zu explizit bestritten, faktisch jedoch ständig vorausgesetzt. Fromm gelangt daher zur Folgerung, daß Jung zwar äußerlich der Religion freundlicher gesonnen sei als Freud, daß er aber tatsächlich den Geist der geschichtlich gewordenen Religionen radikal ablehne. Fromm selbst nimmt dann für sich in Anspruch, die eigentlichen, unverfälschten Anliegen der Religion und der Psychologie zu versöhnen; seine humanistische Psychologie wird zum kritischen Prinzip den Religionen gegenüber. Insgesamt verfährt er nicht anders als die Aufklärer, wobei als kritisches Prinzip jetzt nicht mehr die Vernunft in Anspruch genommen wird, sondern eine bestimmte Haltung, die geprägt ist von der Ganzheitserfahrung, der Wahrheit, der Liebe und der Selbstverwirklichung.

Ein neuerer Entwurf einer Religionspsychologie, die von der Psychoanalyse aus entworfen ist, stammt von *Heije Faber* (1972/ 1973). Als Theologe versucht Faber, auch theologische Erkenntnisse, etwa das Faktum des Vorhandenseins von Offenbarungsreligionen, ins Spiel zu bringen. Er geht von der psychoanalytischen Theorie verschiedener Phasen der kindlichen Entwicklung aus: Jede Phase ist mit bestimmten Erfahrungen besetzt, und diese Erfahrungsmuster bleiben für das ganze Leben wirksam. Es geht gewissermaßen um Strukturen, die übereinander lagern und das seelische Erleben bleibend prägen, auch das religiöse Erleben. Die orale Phase, der die ursprüngliche Mutter-Kind Beziehung und die Erfahrung des Ur-Vertrauens zugeordnet ist, präfiguriert das religiöse Vertrauen, die Glaubenshaltung, auf die alle Religionen angewiesen sind. Mit dem Ur-Vertrauen ist aber auch immer schon die Erfahrung der Ur-Gefahr gegeben, die Möglichkeit des Verlustes der Mutter und der bergenden Umgebung. Das Einheitserlebnis von Mutter und Kind ist in manchen Religionen ganz besonders aktualisiert, etwa in den sog. „Naturreligionen", aber auch im Hinduismus. In der neuzeitlichen Säkularisierung zeichnet sich das Erlebnis des Verlustes der Einheit des Menschen mit seiner umgebenden und bergenden Umwelt als drohende oder bereits realisierte Erfahrung ab.

In der analen Phase entdeckt der Mensch seine Leistungsfähigkeit und Leistungsmöglichkeit. Auch dies bleibt eine prägende Struktur, besonders aktualisiert ist sie etwa im jüdischen Pharisäertum, im Puritanismus und überall, wo die religiöse Leistung besonders betont ist. In der säkularisierten Neuzeit werden diese Strukturen dann auf nicht-religiösen Feldern besonders betont; die Leistungsmöglichkeit zeichnet sich jetzt ab im Umgang mit Geld, im Vorgang der Technisierung usw.

In der ödipalen Phase kommt vorrangig der Vater zu Gesicht; zu ihm besteht ein ambivalentes Verhältnis, er stellt vor Forderungen, mit denen es umzugehen gilt usw. Die Ausbildung des Über-Ich, des Gewissens stellt sich ein. Es sind die Religion des Judentums, des Christentums und des Islams, die insbesondere diese Strukturen benützen, wenn sie ihre Botschaft ausrichten.

Die Religionen bedienen sich natürlich nicht nur einer Struktur der menschlichen Psyche, um ihr Symbolsystem zu verankern. Vielmehr finden alle Strukturen Verwendung, eine ist jedoch besonders betont. Die Religionen akzentuieren also die eine oder andere Kindheitsprägung; dabei steht ein Evolutionsschema in dem Sinne im Hintergrund, daß sich die Religionsentwicklung global von der analen Phase aus über die andern Phasen hin entwickelt. An die ödipale Phase und die (umstrittene) Latenzphase schließt sich die Adoleszenzphase an, die Loslösungsprozesse einleitet und in der es gilt, Selbständigkeit zu erlangen. Auch die Religion ist auf dem Wege zu dieser Loslösung, sie tut den Schritt in die „vaterlose Gesellschaft". Religion der Gegenwart zielt auf Religiosität, in der einerseits Intimität und Geborgenheit innerhalb der Gruppe erlebt werden kann, und die gleichzeitig Freiraum für die Selbstentfaltung schafft. Faber erwartet also eine Fortentwicklung der Religion, deren Perspektiven er nicht ohne Optimismus andeutet.

Offen bleibt dabei die Frage, ob die Freud'sche Phasenkonstruktion in allen Kulturen dieselbe ist. Das Problem ist heute noch umstritten, es deutet aber alles darauf hin, daß Freud den Lebens- und Entwicklungslauf des Menschen im Bürgertum des 19. Jahrhunderts zu Unrecht als universal gültig vorausgesetzt hat.

Es gibt andere entwicklungspsychologische Modelle, die bedeutend präziser ausgearbeitet sind, und die man ebenfalls auf ihre religionspsychologische Relevanz hin untersuchen könnte. *Jean Piaget* etwa verfolgt die Entwicklung der Intelligenz beim Kinde, den Aufbau der kognitiven und moralischen Strukturen. Dabei gelangt er zu Ergebnissen, die heute, unter gewissen Modifikationen, in viel höherem Grade Anerkennung gefunden haben als die Theorien Freuds. Das Thema der Religion kommt bei Piaget praktisch überhaupt nicht vor; man könnte sich überlegen, ob die Entwicklung des religiösen Urteils beim Kinde in ähnlicher Weise determiniert ist wie die Entwicklung der Intelligenz. Die Rezeption der Fragestellungen Piagets und der kognitiven Psychologie überhaupt im Rahmen der Religionswissenschaft steht noch in den Anfängen (vgl. immerhin Oser/Gmünder 1988).

Jungs Anregungen zur Religionsproblematik lassen sich noch in einer ganz andere Richtung weiterverfolgen. Für ihn gehört die archetypische Strukturierung der Psyche zum genetischen Bestand des Menschen. Kann man also sagen, daß Religion zum „natürlichen Erbgut" menschlichen Verhaltens gehört? Man kann die Frage aus evolutionstheoretischer Sicht präzisieren: Wenn es wirklich stimmt, daß Religion überall zur Gattung des Homo sapiens gehört, dann könnte man in der Religion einen „Selektionsvorteil" sehen: Religion würde dann zur biologischen Ausstattung („Fitness") des Menschen gehören und mit dazu beigetragen haben, daß er sich derart erfolgreich im Wettbewerb des Lebens durchsetzte. Freilich ist zu bedenken, daß angeborene Verhaltensweisen beim Menschen in höchstem Maße plastisch sind, die „natürlichen" Mechanismen (die schon bei Primaten und anderen höheren Säugern eine gewisse Variabilität aufweisen) sind also kulturell geformt. Immerhin lassen sich religionsethologische Fragestellungen definieren, welche Verhaltensformen im Bereich der Religionen im Hinblick auf vermutete invariante Grundmuster mit einem biologischen Hintergrund beobachten und interpretieren.

Das Problem ist im Verlauf der jüngeren Forschungsgeschichte in unterschiedlicher Weise angegangen worden. Ansätze ergaben sich zunächst in der Forschung der fünziger Jahre, als in der Biologie der Ausdruck „Ritual" aufkam, um gewisse Verhaltensmuster von Tieren zu bezeichnen: Paarungs-, Markierungs- und Orientierungsrituale sind bekannte Beispiele, die auf vielen Stufen der Tierwelt zu beobachten sind. In allen Fällen haben solche Rituale eine kommunikative Funktion im Hinblick auf einen unmittelbaren Effekt: Es geht darum, den richtigen Sexualpartner zu finden, den eigenen Lebensraum abzugrenzen, die Nutzung von Nahrungsressourcen zu ermöglichen usw. Auch religiöse Rituale sind ein Element von Kommunikation; sie schließen teilweise an ganz unmittelbare biologische Prozesse an (etwa das Essen, die Jagd, das Töten und die Sexualität – man denke an Beispiele des Heiligen Mahls, des Opfers oder der Heiligen Hochzeit), aber sie verweisen nicht nur auf diesen sichtbaren Bereich des Lebens, sondern auch auf das spezifisch „Andere" der menschlichen Erfahrung, auf die nicht kontrollierbaren lebensbestimmenden Mächte. Manche Rituale erscheinen in einem überraschenden Licht, wenn sie unter religionsethologischen Gesichtspunkten betrachtet werden (vgl. z. B. Burkert 1972, 1996; zuletzt Stolz 1997) – aber wie weit Informationen und Motivationen der hypothetischen archaischen Frühform eines rituellen Musters in historisch faßbaren Varianten noch präsent sind, läßt sich meist nur sehr schwer ausmachen. Die Problematik der biologischen Disposition zum Religiösen ist im Bereich der Soziobiologie weiter verfolgt worden – in spekulativer Weise und unter weitgehender Vernachlässigung historischer Sachverhalte (dazu Schmied 1989).

5.4 Ein Fallbeispiel: Elternbilder – Gottesbilder

Bereits im Abschnitt über *S. Freud* wurde klar, welche Bedeutung die Vaterfigur für das Gotteskonzept haben kann. In der Schrift „Totem und Tabu" (1913) ist die Entstehung der totemistischen Ur-Religion durch die Tötung des Vaters der Ur-Horde gegeben. Die Urreligion ist dadurch gekennzeichnet, daß die Vaterfigur auf das Totemtier verschoben wird, das im Zentrum einer ambivalenten Verehrung steht.

Der tierische Gott genügt mit der Zeit nicht mehr, er wird durch einen menschlichen abgelöst. Die mörderischen Brüder können selbst die Vaterrolle nicht übernehmen, und so entsteht eine Sehnsucht nach dem verschwundenen Vater. Nach und nach ersteht der ermordete Vater wieder als Gott. Die Vatersehnsucht bleibt, der leibliche Vater übernimmt nie voll die Rolle des Ur-Vaters.

Neben dem Vater spielt natürlich beim individuellen Werden des Kindes auch die Mutter eine beträchtliche Rolle. „So wird die Mutter, die den Hunger befriedigt, zum ersten Liebesobjekt und gewiß auch zum ersten Schutz gegen alle die unbestimmten, in der

Außenwelt drohenden Gefahren, zum ersten Angstschutz dürfen wir sagen. In dieser Funktion wird die Mutter aber bald von dem stärkeren Vater abgelöst, dem sie nun über die ganze Kindheit verbleibt. Das Verhältnis zum Vater aber ist mit einer eigentümlichen Ambivalenz behaftet. Er ist selbst eine Gefahr, vielleicht von dem früheren Verhältnis zur Mutter her. So fürchtet man ihn nicht minder, als man sich nach ihm sehnt und ihn bewundert. Wenn nun der Heranwachsende merkt, daß es ihm bestimmt ist, immer ein Kind zu bleiben, daß er des Schutzes gegen fremde Übermächte nie entbehren kann, verleiht er diesen die Züge der Vatergestalt, er schafft sich die Götter, vor denen er sich fürchtet, die er zu gewinnen sucht, und denen er doch seinen Schutz überträgt. So ist das Motiv der Vatersehnsucht identisch mit dem Bedürfnis nach Schutz gegen die Folgen menschlicher Ohnmacht; die Abwehr der kindlichen Hilflosigkeit verleiht der Reaktion auf diese Hilflosigkeit, die der Erwachsene anerkennen muß, eben der Religionsbildung, ihre charakteristischen Züge." (1927, 346). Gerade die lebensbedrohenden Mächte sind religionsrelevant; sie werden in einen überschaubaren Zusammenhang eingeordnet, in welchem bedrohliche und beschützende Mächte sich in einer Balance gegenseitig neutralisieren. Der bedrohliche und der beschützende Vater halten sich die Waage; Bedrohung und Schutz sind gleicherweise für die Religion relevant.

Die Mutter spielt in der Herausbildung der psychischen Strukturen, die für die Religion wesentlich sind, nur eine untergeordnete Rolle. Aus diesem Grunde behandelt Freud die Religionen auch nur sehr selektiv, die mütterlichen Züge interessieren ihn nicht.

Eine völlig andere Situation liegt in der Behandlung der Religion durch *C. G. Jung* vor. Das jüdisch-christliche Gottesbild wird mehrfach behandelt, recht ausführlich in der Schrift „Antwort auf Hiob" (1952, 385ff.).

Jung fragt nach dem Gotteserlebnis im Buche Hiob; dabei präzisiert er von Anfang an, daß es ihm nicht um eine primär historische Betrachtung geht. Dieses in einem Dokument der Vergangenheit bezeugte Gotteserlebnis ist auch für die Gegenwart von Belang, die historischen Äußerungsformen des Religiösen sind nichts anderes als Konstellationen psychischer Zusammenhänge, die jederzeit aktuell sein können.

Das Gottesbild des Hiobbuches ist voller Widersprüche. Anfänglich hat es Hiob mit einem allgewaltigen Gott zu tun, der voller Irrationalität auf den Menschen zu- und losgeht. Gott bildet den Hintergrund und Inbegriff der Naturgewalten, denen der Mensch hilflos ausgesetzt ist. Das Göttliche ist eine amoralische, unbegrenzte und undurchschaubare Macht, die aber als Persönlichkeit Gestalt gewonnen hat. Diese Gestalt nun verlangt vom Menschen Gerechtigkeit und Moral, Dinge also, die ihr selbst nicht eigen sind. Die Reaktion des Menschen kann nur in vollständiger, blinder Unterwerfung bestehen. Eben diese Unterwerfung verweigert Hiob; er stellt damit Gottes Allmacht und Gott selbst in Frage. Damit löst er eine Reaktion bei Gott aus. Die „Entwicklung Gottes" ist nun das eigentliche Thema Jungs.

Den typischen Niederschlag dieser Gottesentwicklung sieht Jung in den spätweisheitlichen Schriften der alttestamentlichen und nachalttestamentlichen Überlieferung. Insbesondere Sprüche 8,22ff. wird als Hauptbeleg benützt. Hier erscheint die Figur der Weisheit (hebräisch: ḥokma). Diese ist ein Geschöpf Gottes, das in der Urzeit, vor der Begründung der Welt, ins Leben gerufen wurde; sie spielt vor Gott während des Schöpfungsvorgangs, sie ist Schöpfungsmittlerin und nimmt personale Gestalt an (man nennt diese Personifikationen im Bereich der spätaltorientalischen und hellenistischen Religionsgeschichte Hypostasen). In vielem ähnelt diese Weisheit dem johanneischen „Wort" (griechisch: logos, vgl. Joh 1,1ff.), welches ebenfalls urzeitlicher Schöpfungsmittler ist. Die exegetische Arbeit am spätalttestamentlichen und johanneischen Schrifttum hat diese Zusammenhänge übrigens bestätigt.

Gott setzt also eine göttliche Größe aus sich heraus, die Weisheit; er wird sich damit seines Wissens und überhaupt seiner selbst bewußt. Gott selbst unterliegt einem Prozeß des sich bildenden Bewußtseins, er erwacht aus seiner Irrationalität. Der väterlich-männlichen Potenz steht nun die mütterlich-frauliche Potenz gegenüber. Diese Zweierkonstellation erweitert sich noch mit der Geburt Christi; dieser ist Sohn der göttlichen Jungfrau und des göttlichen Vaters, er stellt damit eine vermittelnde Gott-Mensch-Figur dar. Die Apokalyptik des Spätjudentums, die urchristliche Theologie und die Gnosis spiegeln verschiedene Spielarten der Wechselwirkung im göttlichen Entwicklungsprozeß wider.

Dieser religionsgeschichtliche Prozeß stellt nun einen fundamentalpsychischen Prozeß dar. „Der Entschluß Jahwes, Mensch zu werden, ist ein Symbol für jene Entwicklung, die einsetzen muß, wenn es dem Menschen bewußt wird, mit was für einem Gottesbild er konfrontiert ist. Der Gott wirkt aus dem Unbewußten des Menschen und zwingt diesen dazu, die beständigen grundsätzlichen Einflüsse, denen sein Bewußtsein von seiten des Unbewußten ausgesetzt ist, zu harmonisieren und zu vereinen. Das Unbewußte will ja beides, trennen und vereinigen. Bei seinen Einigungsversuchen darf der Mensch daher immer auf die Hilfe eines metaphysischen Anwalts rechnen, wie schon Hiob dies klar erkannt hat. Das Unbewußte will ins Bewußte einfließen, um zum Lichte zu gelangen. Und zugleich hindert es sich selber daran, da es lieber unbewußt bleiben möchte, d. h. Gott will Mensch werden, aber nicht ganz. Der Konflikt in seiner Natur ist so groß, daß die Menschwerdung nur durch das sühnende Selbstopfer gegenüber dem Zorn der dunklen Gottesseite erkauft werden kann." (1952, 489f.).

Die Arbeit Jungs kulminiert im Lobpreis der Verkündung des Dogmas von der leiblichen Himmelfahrt der Jungfrau Maria im Jahre 1950. „Das Weibliche verlangt eine ebenso personhafte Vertretung wie das Männliche." (1952, 499). Maria als Emanation Gottvaters, als Braut Christi, ist eine psychische Notwendigkeit. Die göttliche Frau tritt so zur Trinität; neben der Dreizahl erscheint die Vierzahl als bestimmendes Verhältnis psychischer Strukturierung. Es ist deutlich, wie Jung mit dieser Arbeit, in welcher er die kurz zuvor formulierte katholische Lehraussage über die *assumptio Mariae* aufnimmt, seine eigene unverdaute protestantische Jugend aufzuarbeiten versucht. Ob er katholischerseits für seine Begeisterung dem Mariendogma gegenüber viel Applaus geerntet hat, ist eine andere Frage.

Ein dritter, völlig anderer Zugang zum Problem der Korrelation zwischen Elternbild und Gottesbild stammt aus dem Religionspsychologischen Institut der Universität Loewen unter der Leitung von *Antoine Vergote*. Hier handelt es sich um eine sozialpsychologische Untersuchung, die mit empirischen Methoden vorgeht. Anhand von Fragebogen werden Einstellungen (*attitudes*) erfragt, die in einer bestimmten Bevölkerung greifbar sind (Vergote/ Tamayo 1981).

Die Untersuchung bedient sich des folgenden Vorgehens: Zunächst werden Eigenschaften und Merkmale herausgearbeitet, die in besonderer Art und Weise als „väterlich" bzw. „mütterlich" gelten dürfen. Diese Merkmale und Eigenschaften sind anhand von psychologischer Fachliteratur und belletristischen Werken gewonnen, dann durch Befragung einer Anzahl von Versuchspersonen „geeicht" worden. So ergeben sich zwei semantische Skalen, eine mit Eigenschaften väterlicher, die andere mit Eigenschaften mütterlicher Prägung. Bei allen Versuchspersonen wird dabei nicht die Erinnerung an reale Eigenschaften der Eltern erfragt, sondern es geht um typische, „ideale" Merkmale, die den Vater bzw. die Mutter qualifizieren sollten.

Als väterliche Items stellten sich im Verlauf der Untersuchung heraus (in der Reihenfolge der Häufigkeit ihrer Erwähnung, am Anfang also die meist erwähnten und damit typischsten Merkmale des Vaters): Kraft – Macht – der, welcher Vorschriften erläßt – systematisches Denken – der, welcher die Prinzipien und Regeln bestimmt – initiativ – der, welcher über Wissen verfügt – Autorität – unternehmungsfreudig – entscheidungsfähig – Richter – dynamisch – der, welcher die Ordnung aufrecht erhält usw.

Mütterliche Items sind: Geduld – warmherziger Zufluchtsort – umsorgt mich liebend – versteht die Sorgen des Kindes – zärtlich – Intimität – gibt Trost – ist immer für einen bereit – hat Sinn für das Feine und Edle usw.

Die entscheidende Frage lautet nun: In welchem Maße werden diese Items einerseits dem Vater, andererseits der Mutter und schließlich Gott attribuiert? Es ist erwartungsgemäß so, daß den Vätern nicht nur typisch väterliche, sondern auch typisch mütterliche Eigenschaften zugeschrieben werden, freilich in geringerem Maße; das Umgekehrte gilt auch. Schließlich ist es von vornherein wahrscheinlich, daß Gott Eigenschaften aus beiden Reihen zugeschrieben werden. Die Items sind absichtlich im Umgangssprachlichen gehalten, sie rekurrieren also nicht auf geprägte religiöse Sprache. Die Anordnung der Befragung läßt also religiöse Einstellungen in nicht-religiöser Sprache erfassen. Die semantische Untersuchung geht mit einer sieben-Punkte-Skala vor, wobei 4 den neutralen Wert darstellt, 7 die stärkste Zustimmung und 1 die stärkste Ablehnung.

Einige Ergebnisse der Untersuchung lassen sich folgendermaßen zusammenfassen: Beide Reihen von Eigenschaften werden sowohl dem Vater als auch der Mutter attribuiert. Jede der beiden Figuren enthält also eine komplexe Menge elterlicher Beziehungen, wobei der Vater signifikant mehr väterliche, die Mutter signifikant mehr mütterliche Attribute zuerkannt erhält. Dies läßt sich in der Weise interpretieren, daß die Mutter die unbedingte Liebe und Zuwendung repräsentiert; sie fördert die Fähigkeit vertrauensvoller Bindung. Der Vater repräsentiert demgegenüber die bedingte Liebe; die Beziehung zu ihm ist gekennzeichnet durch Autorität und Forderung, damit fördert er auch die Möglichkeit der Loslösung und der Autonomie des Kindes. Diese Resultate zeigen sich bei beiden Geschlechtern, Männern und Frauen; Mutter-, Vater-

und Elternbilder sind also nicht geschlechtsspezifisch geprägt. Der Mensch orientiert sich in einer Dreierbeziehung; dabei ist die Mutter-Kind-Beziehung zunächst dominant (Prävalenz der unmittelbar-natürlichen Bindung), dazu tritt dann eher sekundär die Vater-Kind-Beziehung (Prävalenz der mittelbar-kulturellen Beziehung).

Die *Gottesvorstellung* kann erfragt werden unabhängig von der religiösen Bindung des Befragten. „Gott" ist ein Semantem, das sich in seine semantischen Bestandteile aufgliedern läßt. Als wichtigstes Resultat ergibt sich, daß Gott väterliche und mütterliche Attribute erhält, und zwar in geringerem Maße mütterliche als die Mutter, in höherem Maße mütterliche als der Vater; und umgekehrt in geringerem Maße väterliche als der Vater und in höherem Maße väterliche als die Mutter. Absolut gesehen sind die mütterlichen Eigenschaften stärker hervorgehoben als die väterlichen. In der Komplexität der Eigenschaften (weniger deutliche Dominanz einzelner Züge) ähnelt Gott aber mehr dem Vater als der Mutter.

Die Versuchsanordnung des Loewener Institutes ist transkulturellen Vergleichen unterzogen worden. Der für den Versuch erarbeitete Test wurde in verschiedenen Sprachen validiert (holländisch, französisch, englisch, spanisch, italienisch); dabei ist allerdings zu sehen, daß die Befragten im Hinblick auf Bildungsstand und kulturelle Umgebung recht ähnlich sind. Es handelt sich zumeist um Angehörige des Bildungskatholizismus (der Anteil der praktizierenden Katholiken beträgt in der Regel zwischen 70 und 80%). Etwas abweichend ist die Prägung einer hinduistischen Kontrollgruppe, die aber auf Englisch befragt wurde; die Befragung in einer Fremdsprache bedeutet wohl auch ein anderes semantisches Verhalten. An dieser Stelle liegt der Haupteinwand, welcher der Untersuchung gegenüber gemacht werden kann. Es wäre äußerst aufschlußreich, den selben Test unter entkirchlichten oder protestantischen Bevölkerungsgruppen durchzuführen.

Vergleicht man die drei verschiedenen Ansätze, welche den selben Themenbereich von derselben Wissenschaft aus zu beleuchten unternehmen, so erkennt man weder die Einheit des Gegenstandes noch der Methode. Kaum eine religionswissenschaftliche Disziplin ist durch so verschiedenartige Ansätze geprägt wie die Religionspsychologie; in kaum einer Disziplin werden diese Ansätze derart exklusiv, häufig geradezu sektiererisch, vertreten. Ein Überblick über die verschiedenen Zugänge zu einer religionspsychologischen Fragestellung läßt die folgenden Problemaspekte hervortreten:

a) In der Religionspsychologie kann eher der *affektive* oder eher der *kognitive* Aspekt im Vordergrund stehen (man könnte auch unterscheiden zwischen dem dynamischen und dem strukturellen Aspekt). Der affektive Aspekt spielt bei C. G. Jung eine große Rolle, und zwar nicht nur als Gegenstand der Analyse, sondern gleichzeitig als Faktor, der den Forscher selbst bestimmt. „Man gibt sich besser den Affekt zu und unterwirft sich seiner Gewalt, als daß man sich seiner durch allerhand intellektuelle Operationen oder durch gefühlsmäßige Fluchtbewegungen entledigt... Aus diesem Grunde will ich im folgenden ungescheut und rücksichtslos dem Affekt das Wort lassen und auf Ungerechtigkeit Ungerechtes antworten, indem ich verstehen lerne, warum und wozu Hiob verwundet wurde, und welche Folgen aus diesem Geschehnis für Jahwe sowohl wie für den Menschen erwachsen sind." (1952, 394). Dies ist eine entschlossene Stellungnahme; sie provoziert natürlich auch den affektiven Umgang mit Jungs eigenen Schriften. Es stellt sich das Problem, wie affektive Impulse in Erkenntnis und in rationale Darstellung umgesetzt werden können.

Wie verhalten sich affektive und kognitive Elemente zueinander? Es ist daran zu erinnern, daß religiöse Systeme unter anderem die Funktion haben, den offenen intellektuellen Fragen des Menschen in seinem spezifischen kulturellen Kontext einen Horizont zu geben. Die intellektuelle Orientierung, die Erklärung der Welt, ist ein elementares Bedürfnis des Menschen; Dinge, die sich nicht erklären und nicht einordnen lassen, die rational nicht durchschaubar sind, lösen Verwirrung aus und führen zu affektiven Stauungen. Lévi-Strauss hat in einem Vergleich von Magie und Psychoanalyse die Frage aufgeworfen, ob nicht die affektiven Momente, welche sich in der Anwendung dieser in mancher Hinsicht verwandten Therapieformen äußern, im Grunde auf intellektuellen Problemen beruhen (1958/1978, 202; vgl. zum Problem die beiden darin auf S. 183–225 abgedruckten Arbeiten). Man hat also von einer Relation zwischen affektiven und kognitiven Aspekten religiöser Vorgänge auszugehen; wie diese Relation zu beschreiben ist, ist aber offen. Ebenso offen ist, wie affektive Momente in religiösen Vorgängen in die analytische Beschreibung des Religionspsychologen übergehen sollen.

b) Eine analoge Problematik zeigt sich in der Verhältnisbestimmung zwischen dem Raum des *Bewußten* und dem des *Unbewußten*. Viele religiöse Vorgänge sind ganz offensichtlich im Bereich des Unbewußten lokalisiert, bzw. sie haben ihren Ursprung im Unbewußten: Visionen, Erlebnisse von Mystikern, die Ekstase (befalle sie nun einen einzelnen oder sei sie kultisch für eine ganze Gemeinschaft reguliert) usw. Die Aufgabe der Religionspsychologie ist es dann, die Strukturen des Unbewußten, welche diese Phänomene produzieren, zu beschreiben. Dies bedeutet, daß das Unbewußte mit Mitteln des Bewußtseins analysiert wird. Es bedarf also möglichst präziser Modelle, um die Arbeit des Unbewußten in Bezug auf die Religion sichtbar zu machen. Damit stellt sich die Frage nach der Strukturiertheit des Unbewußten. Die Forschung hat ganz verschiedene Entwürfe in dieser Hinsicht erbracht: Freud rechnet mit einem völlig unstrukturierten Es und einem lebensgeschichtlich strukturierten Über-Ich, Jung postuliert ein archetypisches Strukturierungsmuster, welches grundlegende Inhalte psychischer und religiöser Vorgänge prägt, Lévi-Strauss geht von einer rationalen, wenngleich unbewußten Tätigkeit des menschlichen Geistes aus, welche formale, aber nicht inhaltliche Strukturen für Mythen, Rituale, Sitten usw. schafft. Diese Modelle haben allesamt metaphorischen Charakter, sie entwerfen also Bilder, welche die Tätigkeit des Unbewußten bestenfalls illustrieren, aber keinesfalls erklären.

Ist die Struktur des Unbewußten allgemein menschlich, invariant? Im Hinblick auf die kognitive Entwicklung des Menschen sind derartige (relativ) feste Strukturen deutlich gemacht worden (Piaget und seine Schule; freilich ist auch in dieser Beziehung mit größerer Kulturabhängigkeit zu rechnen, als dies ursprünglich angenommen worden war). Kann man dementsprechend von der Konstanz in der Entfaltung religiöser Vorstellungen und Deutesysteme sprechen? Forschungen zu diesem Problem stehen erst im Anfangsstadium.

c) Man muß unterscheiden zwischen der *Psychologie des religiösen Menschen* und der *Psychologie der Religion*. Bei der ersteren Betrachtungsweise geht es um die Beschreibung des Umgangs eines Menschen mit dem Symbolsystem, das ihm vermittelt wird. Die letztere Betrachtungsweise betrifft das Symbolsystem selbst. Gehorcht es in seiner Ausbildung bestimmten Gesetzmäßigkeiten, die als psychische Gesetzmäßigkeiten anzusprechen sind, bzw. die sich psychischen Gesetzmäßigkeiten in irgendeiner Weise analog verhalten? Gibt es zum Beispiel auch in Symbolsystemen insgesamt „Verdrängungserscheinungen", die dann zu bestimmten „neurotischen" Symptomen führen? Man könnte z. B. fragen, ob die Verdrängung des Todesbereiches und die Verdrängung des Weiblichen innerhalb der Gestalt Gottes im alten Israel in der Weise zu interpretieren wären, oder die Verdrängung der religiösen

Handlung im Protestantismus. So häufig solche Formulierungen auch verwendet werden, so wenig beruhen sie doch auf einem theoretisch begründeten Fundament.

5.5 Die Verknüpfung religionspsychologischer und anderer religionswissenschaftlicher Fragestellungen

Wenn oben festgestellt wurde, daß die Religionspsychologie als Disziplin relativ isoliert von anderen religionswissenschaftlichen Teildisziplinen besteht, und daß sie überdies in sich völlig disparat ist, so ist jetzt doch zu überlegen, in welcher Weise religionspsychologische Fragen mit andern, vorher behandelten Fragestellungen zusammenhängen.

5.5.1 Religiöse Sozialisierung, Übersteuerung und Verwahrlosung – ekklesiogene Neurose, Symboldidaktik

In Kapitel 3 war davon die Rede, daß die Gemeinschaft Trägerin der Religion ist. Sie trägt ein Symbolsystem, welches Werte und Normen beinhaltet. Wer in eine menschliche Gemeinschaft hineingeboren wird, wird im Rahmen der Sozialisierung in den Umgang mit dem Symbolsystem eingeführt, er lernt die Symbolsprache kennen und wird sie mit der Zeit internalisieren. Je stärker das Symbolsystem fixiert ist, desto eindeutiger fällt dieses Lernen aus; der Lernprozeß ist mit dem Spracherwerb einigermassen vergleichbar, auch wenn die Grammatik und die Semantik des Symbolsystems wohl nie in der Weise festgelegt ist wie das Sprachsystem.

Dieser Prozeß hat zunächst eine kognitive Seite. Das Kind lernt, mit religiösen Handlungen, Vorstellungen und Gedanken umzugehen. Gewiß wird es nicht einfach unmodifiziert die Konzeptionen der Erwachsenen übernehmen, vielmehr formt es die an es herangebrachten Konzepte um und gestaltet sie nach eigenen Möglichkeiten und Bedürfnissen. Weltbildkonzepte, Wertkonzepte, Gottesvorstellungen usw. machen mit der Entwicklung im Kindesalter charakteristische Umformungen durch; dies ist hinsichtlich des Christentums der Gegenwart mehrfach untersucht worden (vgl. Fowler 1982/1991; Oser/Gmünder 1988). Im Hinblick auf das Christentum ist etwa wesentlich, daß Kinder in einem bestimmten

Alter gewisse zentrale Themen des christlichen Symbolsystems gar nicht verstehen können. Der typische kindliche Moralismus vor dem Einsatz der Pubertät (Orientierung an der eigenen Leistung, Ausbildung eines differenzierten Normenbewußtseins usw.) läßt z. B. kein Verständnis für das Thema der „Rechtfertigung allein aus Glauben" zu.

Aus diesem Grunde ist in der Regel die *religiöse Erziehung* genau geregelt; es wird festgelegt, wann die Kinder welche Kenntnisse erhalten und welche Pflichten sie zu übernehmen haben (vgl. Köster 1986). In vielen traditionalen Gesellschaften ist die Initiation in dieser Hinsicht von besonderer Bedeutung (vgl. 4.4.6): Hier erfolgt, an der Schwelle zum Erwachsenenalter, eine konzentrierte Einführung in die lebensnotwendigen Kenntnisse des Symbolsystems, die entsprechenden Fähigkeiten und Pflichten, wobei die kognitiven Einsichten durch tiefgehende affektive Erfahrungen eingeprägt werden. Im Judentum wird der Junge mit 13 Jahren, nachdem er die Thora (das Gesetz) kennengelernt hat, zum „Bar Mişwa", dem „Sohn des Gebotes"; damit übernimmt er die Verpflichtung, die Gebote zu halten und ist voll verantwortlich. Im traditionellen Protestantismus entspricht dem die Konfirmation; die Konfirmandenprüfung gibt Aufschluß über die Kenntnisse des christlichen Normalwissens, und im Anschluß daran darf der junge Erwachsene das Abendmahl empfangen, ist also mündiges Glied der Gemeinde.

Dieses Lernen und die Übernahme der Verantwortung bedeutet einerseits eine Belastung; andererseits aber ist die *entlastende Funktion* des Symbolsystems wesentlicher: Viele Konflikte müssen durch den Initiierten nicht in persönlicher Weise bewältigt werden, sondern erfahren eine Bearbeitung in Formen, die durch das Symbolsystem bereitgestellt werden. Die Auseinandersetzung mit Krankheit, Desintegrationserfahrung und Schuld beispielsweise werden in der Regel durch rituelle Formen aufgefangen und dadurch leichter tragbar; der Pubertierende erfährt in seiner Rollenunsicherheit und seinen Selbstzweifeln dadurch Hilfe, daß die Initiation Klärungen und Disambiguierungen herbeiführt, und dem Katholiken hilft das Bußwesen (Beichte), eigene Schuld aufzudecken, zu formulieren und zu bewältigen. Konflikte können also kanalisiert, z. T. delegiert werden; wenn der Priester feindliche Dämonen bannt, nimmt er möglicherweise einem persönlichen Konflikt die Spitze. Ambivalenzerfahrung wird aus dem psychischen Binnenraum nach außen projiziert und ist so leichter zu bearbeiten. Dem einzelnen wird klar, daß seine Konflikte typischer Natur sind; dem desintegrierenden Charakter von Konflikten wird entgegengewirkt, ein konfliktbewältigendes Lernen kann ausgelöst werden. Dies ist zumindest die Grundintention der traditionellen Symbolsysteme.

Diese Prozesse laufen natürlich in mannigfaltigen Varianten. Denn einerseits liegt „das Symbolsystem" in vielfältiger Ausformung·vor: So gibt es die „offizielle" Form der Religion, wie sie von den zuständigen Spezialisten und Experten vorgestellt wird oder wie sie in den offiziellen Riten oder Schriften zum Ausdruck kommt; davon zu unterscheiden ist die „durchschnittliche Religion", d. h. das, was vom nicht spezialisierten Glied der Gemeinschaft als Symbol-, Normen-, und Wertsystem reproduziert wird. Solche Durchschnittswerte lassen sich heute durch statistische Methoden relativ leicht erheben. Zwischen diesen Formen der Religion können große Unterschiede bestehen, die natürlich insbesondere in der abendländischen Gegenwart zu beobachten sind, die sich aber auch in anderen Religionen nachweisen oder wahrscheinlich machen lassen. In der Analyse dieses Problemfeldes sind empirische, auch statistische Untersuchungen sinnvoll (vgl. etwa Schmidtchen 1979; Vrijhof/Waardenburg 1979; Ebertz/Schultheis 1986).

Andererseits macht sich der einzelne dieses variantenreiche Symbolsystem in ganz unterschiedlicher Weise zu eigen: Von einer äußerlichen, das gesellschaftliche Minimum beachtenden Einpassung bis hin zu einer rigorosen Internalisierung sind alle Grade der Aneignung möglich. Natürlich ist die mögliche Bandbreite kulturspezifisch variabel; es gibt Religionen mit hohem und andere mit geringem Einordnungsdruck (vgl. Douglas 1970/1974).

Allerdings kann die Einordnung auch mißlingen, besonders in dem Sinne, daß der einzelne durch das Symbolsystem nicht zur Ordnung seiner psychischen Abläufe und Konflikte befähigt wird, sondern daß er umgekehrt desorientiert und neurotisiert wird; dies ist insbesondere im Hinblick auf das gegenwärtige Christentum unter dem Stichwort der *ekklesiogenen Neurose* abgehandelt worden (vgl. z. B. die autobiographischen Äußerungen von Moser 1976). Natürlich wirkt das Symbolsystem nie direkt, sondern über die Eltern, allenfalls über weitere Bezugspersonen; doch ist das Fehlverhalten dieser Umgebung eben nicht einfach individuell zu interpretieren, sondern kulturell, mit spezifischem Bezug auf das Symbolsystem. Konflikterzeugende, neurotisierende Situationen werden zuweilen durch die Religion nicht entschärft, sondern verschärft. Das Symbolsystem wird in übermäßiger Rigidität zur Anwendung gebracht, die normative Verwendung überwiegt die interpretative gravierend; und das dadurch produzierte Fehlverhalten wird wiederum zum rigiden Verständnis des Symbolsystems benützt. Im Protestantismus kommt es gern zu besonders starker Ausbildung des Über-Ichs, zu überscharfem Gewissen. Häufig gibt es dann charakteristische Verbindungen zwischen einem bestimmten Symbolsystem, einem zugehörigen Lebensstil und einem entsprechenden Erziehungstypus. (Dies wäre etwa an der Protestantismus-Kapitalismus-These Max Webers auszuführen). Gewiß sind alle Kulturen, nicht nur die des Protestantismus, mit den ihnen eigenen Symbolsystemen besonders anfällig für bestimmte psychische Konfliktlagen, im oben angedeuteten Sinne, daß Konflikte nicht abgebaut, sondern verschärft werden; eine vergleichende Untersuchung pathogener Züge verschiedener Symbolsysteme steht noch aus. Richtig deutlich werden diese Probleme erst in einer pluralistischen Religionssituation, wenn also verschiedene Symbolsysteme, Lebensstile und Erziehungstypen konkurrierend nebeneinander stehen.

Typischer für die westeuropäische Gegenwart ist indes nicht die überscharfe Anwendung eines Symbolsystems, sondern das *Fehlen traditioneller religiöser Deutemuster* und einer entsprechenden Steuerung. Man könnte von einer *religiösen Verwahrlosung* reden. Die meisten Kinder im deutschsprachigen Raum erhalten eine Sozialisierung, in welcher religiöse Elemente nur noch eine rudimentäre Rolle spielen; die familiäre Frömmigkeit ist hochgradig geschwunden. Bestenfalls werden die (ganz unausweichlichen) religiösen Neugierdefragen der Kinder aufgenommen und thematisiert. Das „symbolische Vermögen" der Kinder, welches im Laufe der ersten Lebensjahre aufgebaut wird (vgl. etwa Piaget 1945/1969), gelangt daher nicht in die Deutungsmacht des traditionellen Symbolsystems. Diese Verwahrlosung hat verschiedene Folgen. Die sichtbarste ist die (wohl noch) zunehmende Distanz weiter Bevölkerungskreise der traditionellen Religion gegenüber. Mindestens so wesentlich ist aber, daß die irreduziblen religiösen Probleme ohne Benennung und Bearbeitung bleiben. Damit ergibt sich ein hohes Maß an „latenter" Religiosität, welche leicht unkontrollierte Gestalt annehmen kann – sei es, daß sich nichtreligiöse Institutionen dieses Potential dienstbar machen (z. B. extremistische politische Gruppierungen), sei es, daß religiöse Neubildungen zweifelhafter Art von derart frei flottierender religiöser Energie profitieren.

Für die Kirchen ergeben sich daraus gravierende Probleme. Sie stehen vor der Aufgabe, durch unterrichtliche Formen nachzuholen, was in der primären Sozialisation nicht erfolgt ist; doch dürfte dieses Problem schwer zu lösen sein. Der übliche kirchliche Unterricht stützt sich in der Regel auf die Ebene der diskursiven Sprache, versucht also, den Kindern die intellektuelle Seite der Religion klar zu machen; oft geschieht dies unter Reduktion auf die moralischen Aspekte der Religion, oft auch im Sinne eines „Lebenskundeunterrichts", der den Bezug zur Tradition kaum mehr herstellen kann. Daher ergibt sich die Situation, daß auch Jugendliche, welche den kirchlichen Unterricht durchlaufen haben und möglicherweise an religiösen und speziell christlichen Fragen „interessiert" sind, keinen Zugang haben zu den traditionellen Gottesdienst- und Frömmigkeitsformen, und daß sie mit der gewohnten Kirchlichkeit „nichts anfangen können".

Dies ist der Anlaß für die *Symboldidaktik*, welche in den letzten Jahren im Rahmen der Religionspädagogik zunehmend Beachtung gefunden hat (vgl. z. B. Biehl 1984; Halbfas 1984; Symboldidaktik 1986, hier Angabe weiterer Lit.). Diese Bemühungen gehen davon aus, daß einerseits Wert- und Normensetzung in der Gegegenwart vielfach durch Symbole gesteuert sind (vgl. die Überlegungen zu latenten Mythen in 4.4.9.3), und daß andererseits der Umgang mit christlicher Überlieferung auf den Umgang mit Symbolen angewiesen ist. Ziel ist die reflektierte Rückführung der Jugendlichen in den Bestand christlicher Symbolik. Es gilt dann zunächst, die lebensweltlich geltenden und faszinierenden Symbole zu benennen, zu bearbeiten und zum Umgang mit ihnen anzuleiten. Sodann sind die traditionellen christlichen Symbole neu zu entdecken (etwa das Kreuz, die Elemente der Sakramente, das Verständnis von „Himmel und Erde" usw.). So wäre allmählich eine Symbolwelt aufzubauen, welche einerseits die Gegenwart durchsichtig macht und andererseits in der christlichen Tradition verwurzelt ist. Damit sollte sich wieder ein christliches Symbolsystem aufbauen mit umfassend orientierendem Charakter, mit der typischen Integrations- und Entlastungsfunktion.

Daß der Wiederaufbau eines Symbolsystems schwieriger ist als dessen Destruktion, versteht sich von selbst. Dabei bedient sich die Symboldidaktik des Prinzips, welches für die Destruktion verantwortlich war: nämlich der kritischen und emanzipierten Rationalität, deren Leistungen nicht bestritten, wohl aber in ihrer begrenzten Reichweite gesehen werden. Rationale Verfahrensweisen sollen jetzt also dem Destruierten zu neuem Recht verhelfen, ohne daß die Berechtigung zum kritischen Umgang sowohl mit den traditionellen als auch mit den aktuellen Symbolen bestritten wird. Insofern soll die Symboldidaktik also auch kritische Verhaltensweisen fördern.

Es ist keine Frage, daß die Religionspädagogik und das erzieherische Bemühen der Kirchen überhaupt Strategien dieser Art entwickeln müssen. Die Probleme, die es zu meistern gilt, sind nicht zu unterschätzen. Kann die Schule Lernsituationen schaffen, welche die Aneignung lebensbestimmender Symbole ermöglichen? Wie gelingt es, gleichzeitig den orientierenden, „behausenden" Aspekt der Symbole und einen kritischen Umgang mit ihnen zu fördern? Welche Lehrweisen sind zu fördern, um ein Lernen des Umgangs mit Symbolen zu ermöglichen? Es ist klar, daß neben der Darstellungsebene der diskursiven Sprache andere Sprachformen und insbesondere auch die Ebene des Visuellen und der Handlung zur Anwendung gelangen müssen.

5.5.2 Innovation

Im Bereich des Religiösen ist immer wieder der einzelne innovativ tätig. Das religiöse Symbolsystem wird mit den zugehörigen Werten und Normen nicht unverändert tradiert. Über die Tatsache hinaus, daß sich die einzelnen in das gemeinschaftliche System unterschiedlich einpassen, und daß dieses Gemeinschaftliche nur als Abstraktion einer gewissen Variationsbreite vorliegt, geben immer wieder einzelne dem gemeinschaftlich gültigen Symbolsystem neue Impulse.

Dies gilt bereits für die sog. traditionalen Religionen. In Australien etwa ist der Typus des *Medizinmannes* oder *Sehers* ausgebildet (vgl. Elkin 1945; Petri 1952/53), der durch ganz bestimmte Initiationen in seine Funktion einrückt. (Diese Initiation läßt sich in manchem mit der schamanischen Initiation, wie sie in Nordeurasien belegt ist, vergleichen.) Der Seher erlebt in seinen inspiratorischen Schüben eine Fahrt in die Unterwelt; hier lernt er Neues kennen, z. B. neue Mythen, die er dann der Gemeinschaft vorträgt, für das gemeinschaftliche Ritual einstudiert und so in die Tradition integriert. Nach dem Selbstverständnis sowohl des Sehers als auch der Gemeinschaft ist der neue Mythos nicht eigentlich „neu", er war ja bereits vorhanden in der Unterwelt, im Bereich der Toten, in welcher die Welt der Lebenden ihren Ursprung hat. Der Außenstehende freilich wertet den Vorgang anders: Der einzelne unterliegt hier einem schöpferischen Prozeß und bildet tatsächlich neue religiöse Formen und Inhalte aus. Das Neue ist hier also als Altes interpretiert; die *Innovation geschieht zwar, sie wird aber nicht als solche gewertet.*

Innovative Figuren gibt es in allen Bereichen der Religionsgeschichte. Besonders deutlich treten sie in Religionen hervor, welche ihre eigene Geschichte in Erinnerung behalten oder gar aufzeichnen. So sind im Alten Testament Erinnerungen an Figuren wie Mose oder die Propheten behalten worden, mit dem ausdrücklichen Hinweis auf die Neuerungen, welche mit diesen Gestalten Eingang in die Religion Israels fanden. In Indien sind hervorragende Systemgründer wie Kapila ins geschichtliche Bewußtsein eingegangen (wenn auch diese Figuren häufig recht dunkel bleiben und historisch kaum faßbar sind). Schließlich haben wir es mit eigentlichen *Religionsstiftern* zu tun, die freilich zum Teil gar nicht als solche haben tätig sein wollen: Zarathustra, Buddha, Jesus, Mohammed. Bei all diesen Figuren betont die Überlieferung, daß die Stifterfigur sich zwar in einer bestimmten Kontinuität zur vorhergehenden religiösen Umwelt befindet, daß aber die Umprägung und der Neubeginn demgegenüber weit gewichtiger sind. Religionsstifter treten mit einem Verbindlichkeitsanspruch auf, der alles bisherige grundlegend relativiert. Dieser Autoritätsanspruch und das zugehörige Selbstbewußtsein sind natürlich unter psychologischen Gesichtspunkten betrachtbar, wenn auch häufig die Quellen nicht ausreichen, um zu befriedigenden Antworten zu gelangen. Psychologische Betrachtung ist dabei nicht identisch mit psychologischer Ableitung und Determination. Bei jedem innovativen Hergang ist die Tatsache besonders ernst zu nehmen, daß historische Ereignisse zwar durch ihren Kontext mit bestimmt sind, aber daneben auch ihren kontingenten, unableitbaren Charakter haben.

Besonders wichtig sind in vielen Fällen religiöser Innovation innere Erlebnisse, *Visionen* u. dgl. Zu diesem Thema bestehen mannigfache Untersuchungen (vgl. z. B. Benz 1969). Ebenso mannigfaltig sind die Modelle für die Vorgänge, die eine Vision ausmachen. Nach dem Selbstzeugnis der Visionäre kann man sich der Vision nicht entziehen, normale Kontrollfunktionen des Bewußtseins sind ausgeschaltet. Offensichtlich handelt es sich um Mechanismen des Unbewußten, welche ähnlich wie beim Traum, aber mit weit größerer Intensität, arbeiten.

Der Visionsinhalt ist natürlich nicht unabhängig vom kulturellen Kontext, in dem die Vision ihren Platz hat. Der Visionär sieht nichts völlig Unbekanntes; das Erleben der Wachzeit bildet den

Ausgangspunkt für das visionäre Bildmaterial. Bevor die Vision in religiöse Botschaft umgesetzt und an die Umgebung weitergegeben wird, unterliegt sie einer sprachlichen Bearbeitung; der Visionär kann ja seine Vision nicht visuell wiedergeben, er muß sie umsetzen auf eine andere Darstellungsebene. Er muß sich also der Kategorien und der Rationalität bedienen, welche im betreffenden Kulturbereich Gültigkeit haben. Ein besonders auffälliges Beispiel an Bearbeitung visionären Materials sind die Visionen des Amos in Am 7,1ff.; 8,1ff. Es handelt sich um eine Reihe von vier Visionen, die alle drohendes Unheil zum Ausdruck bringen. In den ersten zwei Visionen allerdings wird das Unheil abgewendet; Amos nimmt die klassische prophetische Rolle des Fürbitters ein, er wird also selbst zum handelnden Subjekt innerhalb der Vision und vermag es, das Unheil noch einmal abzuwenden. Die letzten beiden Visionen sind anders strukturiert: Das Unheil setzt sich durch, der Prophet kommt gar nicht dazu, seine Fürbitte geltend zu machen. Offensichtlich sind Amos verschiedene Visionen zuteil geworden, in welchen sich das drohende Unheil abzeichnete; ist er zuerst noch mit diesen Visionen selbst fertig geworden, so hat es ihn schließlich dazu gedrängt, sie vorzutragen und in Unheilsbotschaft umzumünzen. Zwischen der Vision und der Verkündigung liegt also ein intensiver, rationaler Bearbeitungsprozeß.

Modelle, welche die vielschichtige Wirklichkeit der Vision und deren religiöser Bedeutung wirklich klären, fehlen weitgehend. Die Visionstheorien psychologischer Herkunft, insbesondere tiefenpsychologischer Herkunft, vernachlässigen weitgehend die kulturellen Faktoren, welche das Zustandekommen und die Bearbeitung der Vision mit bestimmen.

5.5.3 Das Problem der religionsgeschichtlichen Parallelen

Seit dem letzten Jahrhundert, als die religionsvergleichende Arbeit einsetzte, fiel auf, daß viele Vorstellungen und Motive in verschiedenen Religionen ganz gleichartig ausgebildet sind. Eines dieser Motive ist mit der Vorstellung der *Sintflut* gegeben. Unzählige Völker kennen Sintflutmythen, solche Geschichten sind also nicht beschränkt auf Israel und Mesopotamien, sondern werden auf allen Erdteilen erzählt, auch in ausgesprochen wasserarmen Gegenden (vgl. z. B. Gaster 1969, 82ff.). Wie ist nun eine solche Verbreitung eines Motivs zu erklären? Es gibt verschiedene Interpretations- und Erklärungstypen. Ein erster besteht darin, daß man versucht, tatsächliche Fluten nachzuweisen, also eine historische Interpretation zu geben. Nun sind solche allgemeinen Überschwemmungen z. B. in Israel schwer denkbar (es kommt zwar manchmal zu sturzflutartigen Überschwemmungen in den Wadis nach Regenfällen, aber nicht zu allgemeinen Überschwemmungen); Mesopotamien käme als Ursprungsland für eine historische Interpretation schon eher in Frage (hier sind weitreichende Überschwemmungen häufiger vorgekommen); man könnte aber daran denken, daß Sintflutmythen aus überschwemmungsgefährdeten Gebieten in andere Gebiete gewandert wären. Doch gibt es auch Flutgeschichten bei Stämmen Australiens ohne erkennbaren Kontakt zu Regionen, in denen Überschwemmungen überhaupt möglich sind. So hat man versucht, das Flutmotiv (wie auch andere an vielen Orten der Welt belegbare Motive) psychologisch zu erklären: Die Bilder kommen nicht von außen, sondern von innen. Das Wasser hat einen Symbolwert, der durch eine wie auch immer zu bestimmende Struktur der Psyche festgelegt ist. Tatsächlich kennt man aus der Tiefenpsychologie viele Hinweise auf Träume mit Wasser, welches das Chaos verkörpert usw.

Dabei ist zu bedenken, daß Flutmythen im einzelnen längst nicht überall dieselbe Bedeutung haben. Dies läßt sich schon an einem Vergleich der mesopotamischen und israelitischen Varianten des Themas deutlich machen (Atrachasis-Epos in: Lambert/ Millard 1969; Gilgamesch Tafel 11 in: Schott/v. Soden 1958; Gen 6–8); im ersten Fall soll die drohende Überbevölkerung der Welt verhindert werden, im zweiten entspringt die Flut einem ganz unbegründeten Einfall der Götter, und im dritten ist sie im Verhalten der Menschen, welche alle ihre Grenzen frevlerisch überschritten haben, begründet. Zwar hat das Wasser immer die Funktion, Menschen zu vernichten, aber die Gründe zur Flut sind so vielfältig wie nur möglich; der Stellenwert des Bildes innerhalb einer Bedeutungseinheit liegt also nicht fest. Dasselbe kann man im Hinblick auf die Bilder, welche die menschliche Psyche produziert, feststellen. Auch hier gilt, daß solche Bilder relativ häufig wiederkehren; aber sie haben nicht eine ein für allemal festliegende Bedeutung, es gibt keinen Katalog mit eindeutigen Werten, die gewissen Motiven zugeordnet wären. So kann man zwar sagen, daß das Wasser als Element sehr vieler Flutgeschichten bei sehr vielen Völkern belegt ist, und daß andererseits in sehr vielen Träumen das Wasser eine sehr große Rolle spielt; es läßt sich sogar vermuten, daß zwischen diesen beiden Sachverhalten Zusammenhänge bestehen. In welcher Weise diese Zusammenhänge nun aber zu fassen wären, ist weiterhin eine offene Frage.

Ob die Universalität psychischer Strukturen überhaupt in dieser Weise auf der Ebene von inhaltlich gefüllten Bildern zu erweisen sei, ist höchst fraglich. Mehr verspricht in dieser Hinsicht die Tatsache, daß der Mensch überall auf der Welt mit einer Anzahl konstanter Probleme konfrontiert ist, die er lösen muß. Solche Probleme sind etwa die Zweiheit der Geschlechter, der Übergang in eine andere soziale Position, die bedingt, daß man sich aus einer Verwurzelung lösen und eine neue suchen muß, das Ende des Lebens, die Feststellung, daß man gewisse Dinge nicht erklären kann usw. Zur Lösung dieser Probleme gibt es nur eine endliche Anzahl von Bewältigungsstrategien, die entsprechend vergleichbar sind. Eine Typologie solcher Probleme und der zugehörigen Reaktions-, Erklärungs- und Lösungsverfahren könnte am ehesten einen Ansatz zu universal vergleichender Beschreibung psychischer Strukturen abgeben.

6. Entwicklungen im Bereich der Religionen

6.1 Religionsgeschichte und Religionswissenschaft

Literaturhinweise: Werke zu methodischen Problemen der Religionswissenschaft sind in Kapitel 2 verzeichnet. Einführungen in die Religionswissenschaft und Allgemeine Religionsgeschichte: vgl. Bibliographie.
Quellenwerke zur Religionsgeschichte: Müller 1879ff.; Bertholet 1926–32; Grimal 1963/1967; Eliade 1976–83/1978ff. – Vgl. Pye 1972.

Religionsgeschichte ist die klassische Bezeichnung einer wissenschaftlichen Disziplin, deren Aufgabe es ist, (fremde) Religionen darzustellen; „allgemeine Religionsgeschichte" stellt die Summe dieser Bemühungen dar, welche eine Gesamtdarstellung der Religionen versucht. Faktisch ist dieser Aufgabenkreis freilich eingeschränkt auf die Religionen von Hochkulturen bzw. von Schriftkulturen; die Behandlung der Religionen schriftloser Kulturen steht in vielen religionsgeschichtlichen Gesamtdarstellungen am Rande, häufig werden diese zusammenfassend dargestellt (z. B. Goldammer/Heiler 1980), unter Titeln wie „Naturreligionen" oder „primitive Religionen" o. ä. Man geht also davon aus, daß die Religionen solcher Völker einander ähnlich genug sind, daß sie als Einheit dargestellt werden können. Mindestens ebenso randständig ist im Blick der klassischen Religionsgeschichte die Religion der unmittelbaren Gegenwart. Die christliche Religiosität, wie sie sich in den letzten etwa 150 Jahren entwickelt hat und sich erheblich vom traditionellen Christentum unterscheidet, findet in der Regel gar keine Beachtung.
Von da aus ergibt sich eine zwar übliche, aber sehr problematische Dreiteilung der allgemeinen Religionsgeschichte im Hinblick auf Gegenstand und Methodik:
a) Religionen der *schriftlosen Kulturen* werden in Gesamtdarstellungen der allgemeinen Religionsgeschichte gern mit den Mitteln der *Religionsphänomenologie* dargestellt (zu dieser Disziplin vgl. 7.1 und 7.2): Man beschreibt etwa Geisterglauben, Machtvorstellungen, Hochgötter usw. als Hauptelemente derartiger Religionen (vgl. die typische Einteilung bei Goldammer/Heiler 1980:

Magie, Fetischismus – Dynamismus: Tabu und Mana – Totemismus – Tier- und Pflanzenkulte – Heiligkeit – Tote – Polytheismus und Hochgottglaube – Mythos – Kultus und Priestertümer – Weihen, Mysterien, Kultbünde. Vgl. auch die jüngste zusammenfassende Darstellung der Religionsethnologie von Thiel 1984). Man geht davon aus, daß dieser Bereich an Religion gewissermaßen in einem Raum „vor" der Geschichte angesiedelt sei (obwohl – chronologisch gesehen – die Zeugnisse dieser Religionen aus der Neuzeit stammen); so wird die differenzierende Unterscheidung hier als nicht notwendig empfunden. Aus dem Gesamtbereich der „Primitiven" heben sich dann die „historischen" Religionen ab.

Ethnologen, die mit Feldforschung befaßt sind, und die sich für die Problematik der Religion interessieren, protestieren gegen eine derartige Behandlungsweise seit Jahrzehnten. Bezeichnungen wie „Macht" (Mana) seien als Allgemeinbegriffe sinnlos; es gebe zwar in verschiedenen Religionen schriftloser Kulturen Machtvorstellungen, die aber in jedem Religionssystem einen ganz bestimmten Stellenwert einnähmen. Von da aus ergibt sich ein anderes methodisches Vorgehen: Man widmet sich der Beschreibung der Religionen einzelner Ethnien.

b) Die sog. *Hochreligionen* sind das klassische Betätigungsfeld der Religionsgeschichte. Es geht hier um Religionen, die eine Geschichte haben, für die historische Dokumente zur Verfügung stehen. In erster Linie handelt es sich dabei um sprachliche Dokumente, heilige Schriften etwa, die bis in die Gegenwart hinein überliefert sind, oder aber schriftliche Denkmäler, die archäologisch gesichert sind. Dazu kommen Bilder, Bauwerke usw. Der methodische Zugang zu diesen Quellen ist der, welcher durch die Geschichtswissenschaft bereitgestellt ist.

Aufgabe der Religionsgeschichte ist es nach landläufiger Auffassung, die Fakten zu sammeln, die Sachverhalte zu reproduzieren, die sprachlichen Äußerungen einer Religion sowie ihre bildhaften Darstellungen in einen Zusammenhang zu bringen, das Normen- und Wertsystem der Religion zu rekonstruieren usw. Dabei ist immer die Geschichte der Hintergrund, auf dem diese Sachverhalte zur Darstellung gelangen, es geht also um die Veränderung und Entwicklung der Religion in ihren Teilaspekten; die richtige Interpretation der Veränderungen verhilft zu einem angemessenen Verständnis der zutage tretenden religiösen Phänomene.

c) Die *Religion der Gegenwart* findet in den klassischen religionsgeschichtlichen Darstellungen praktisch gar keine Beachtung. Im genannten Sammelband von Heiler ist die Gegenwart der reformierten Kirche der Schweiz folgendermaßen umschrieben: „Die Kirche der deutschen Schweiz ist vom Geiste Zwinglis und seines Nachfolgers in Zürich Heinrich Bullinger geprägt. Die von letzterem verfaßte Confessio Helvetica, welche den Zwinglianismus dem Calvinismus näher bringt, ist von einer Reihe anderer reformierter Kirchen übernommen worden. Die Schweiz wurde im 19. Jahrhundert eine Stätte der freisinnigen Theologie; nach dem 1. Weltkrieg gingen von ihr die ersten Vertreter der dialektischen Theologie aus. Der Gottesdienst ist ein puritanischer Wortgottesdienst; viele Kirchen haben nicht einmal einen Abendmahlstisch, sondern nur einen Taufstein." (Goldammer/Heiler 1980, 485f.). Diese Sätze sagen so gut wie nichts über die Religion der reformierten Schweiz in der Gegenwart aus. Das meiste daran ist wiederum historisch; daß der gegenwärtige Schweizer Protestantismus tatsächlich noch vom Geiste Zwinglis und Bullingers geprägt sei, wird im Ernste niemand behaupten wollen.

Die differenzierte Wirklichkeit gegenwärtiger Religion wird durch ganz andere Disziplinen beobachtet als die Religionsgeschichte: *Religionssoziologie* und *Religionspsychologie* sind hier zu nennen. Diese Disziplinen haben Instrumentarien entwickelt, um das Verhältnis zwischen objektiv geltenden Glaubensnormen und der subjektiven Rezeption durch den einzelnen zu erfragen, Einstellungen zur Religion, Frömmigkeitspraxis usw. zu beobachten. Dabei zeigt sich, daß die tatsächlichen Einstellungen derer, welche den christlichen Kirchen zur großen Mehrheit immer noch angehören, in hohem Maße von den traditionellen Positionen abweicht (vgl. Arbeiten wie die von Schmidtchen 1979; Bericht zum Forschungsstand: Lukatis 1983; zum Problem vgl. 3.1.3 und 4.4.9).

Vom Standpunkt einer umfassenden und systematischen Religionswissenschaft aus ist diese Aufsplitterung in drei Typen von Religion mit drei je ganz verschiedenen methodischen Zugängen zum untersuchten Phänomen außerordentlich unbefriedigend. Es muß versucht werden, die wechselseitigen Zusammenhänge aufzudecken. Dazu braucht es Klarheit darüber, welche Fragen die einzelnen methodischen Zugänge stellen und beantworten können, und in welcher Weise ihre Reichweite begrenzt ist.

a) Bei der Untersuchung der *Religionen schriftloser Kulturen* spielt in der Regel der Faktor Geschichte keine Rolle. Dabei handelt es sich natürlich nicht um „geschichtslose" Kulturen, nur ist deren Geschichte meist weitgehend unbekannt. Das Bild einer „primitiven" Kultur, der eine „archaische" Religion zugehören würde in dem Sinne, daß man irgendwo den Anfängen der Religion ("Urreligion") besonders nahe wäre, ist ein Trugschluß. Ethnien mit ärmster materieller Kultur können unter Umständen höchst elaborierte Religionssysteme aufweisen (z. B. in Australien); andererseits kann bei höchst entwickelter materieller Kultur ein recht armseliges Symbolsystem anzutreffen sein (beim durchschnittlichen Westeuropäer). *Die historische Dimension ist also auch in jenen Kulturen gegeben, aber sie ist mit vielen Unbekannten versehen.* Es steht außer Frage, daß historische Kenntnisse für viele Details in Religionen schriftloser Kulturen das Verständnis außerordentlich fördern würden; damit zeigt sich eine notwendige Beschränkung der religionsethnologischen Fragestellungen.

Der Feldforscher, der die Religion einer schriftlosen Kultur beschreibt, verfügt über eine Vielzahl von Daten. Er kann versuchen, schlechterdings alles, was zur Praxis des Symbolsystems gehört, zu beobachten oder zu erfragen (allerdings muß er damit rechnen, daß ihm nicht alles mitgeteilt wird, daß er nicht alles erfragt, was zur Klärung eines Problems nötig wäre, und daß er nicht alles versteht). Er wird die Religion nicht isoliert betrachten, sondern deren Verflechtung mit anderen Teilbereichen der Kultur genau untersuchen.

Der Religionsethnograph entdeckt nicht nur das Symbolsystem der Ethnie, die er beschreibt, sondern er konstruiert es. Dieses System ist nicht explizit; der Angehörige der Ethnie beherrscht es und macht Gebrauch davon (analog der Sprachbeherrschung; er spricht seine Sprache, kann aber nicht das grammatische System erklären, von dem er Gebrauch macht). Die Beschreibung der Religion ergibt sich also nicht nur aus dem Objekt, aus dem Symbolsystem der Ethnie, sondern auch durch den Konstruktionswillen des Beobachters, der von bestimmten Fragestellungen und Prämissen her kommt. Der Anhänger dieser betreffenden Religion wird sich selbstverständlich in der Darstellung dieser Religion durch den Religionsethnographen nicht wiederfinden (vgl. die Überlegungen in 4.4.6).

Der Ethnograph arbeitet also einerseits mit den Daten, die an ihn herangetragen werden oder die er sich dienstbar macht (konkrete Mitteilungen von Informanten, Einzelbeobachtung von Ritualabläufen usw.); andererseits kommen seine methodischen Leitfragen, die auf die Konstruktion eines Systems hinzielen, zum Zuge. Die Konstruktionsmerkmale des Systems stimmen nie völlig mit den empirischen Daten überein. Das idealtypische System erscheint in einer gewissen Bandbreite faktischer Realisierung.

Die Fragestellungen, Prämissen und Leitlinien bei der Rekonstruktion eines Symbolsystems sind aufzudecken. Die häufige Forderung nach „Objektivität", die voraussetzt, es gebe eine standortunabhängige religionswissenschaftliche Betrachtung, ist also zugunsten dieser Aufdeckung der eigenen Voraussetzungen, des eigenen methodischen Verfahrens und der konstruktiven Strategien aufzugeben (vgl. 2.2).

b) Im Bereich der *Hochreligionen* sind durch historische Dokumente gewisse geschichtliche Stationen einer Religion ins Blickfeld gerückt. Freilich haben diese Dokumente häufig einen ziemlich zufälligen Charakter; dies gilt besonders für tote Religionen. Der Forscher muß sich hier also immer überlegen, wie repräsentativ oder wie wichtig das vorliegende Dokument für die Religion insgesamt ist. Er muß also auch hier auswählen und rekonstruieren. Leidet die Arbeit an vergangenen Religionen meist an einem Mangel an Dokumenten, so ist es bei historisch nahen Zeiträumen häufig die Überfülle von Daten, die dem Historiker zu schaffen macht. So zeigt es sich, daß auch bei historisch gegebenem Material in keiner Weise von einer Objektivität im Sinne der Standortunabhängigkeit und Passivität als der idealen Verhaltensweise des Forschers die Rede sein kann; auch hier ist zu konstruieren und auszuwählen, die Leitfragen des Religionshistorikers sind für die Konstruktion verantwortlich.

Historische Dokumente haben ihren Ort in einem kulturellen Gesamtkontext. Ist etwa ein Mythos überliefert, so kann man fragen, wie der Mythos verwendet wurde, durch wen er verwendet wurde, in welchem sozialen Rahmen. Diese Fragen läßt das historische Material häufig unbeantwortet. So muß man auch hier zu Rekonstruktionen greifen. Aufschlüsse für die Rekonstruktion geben andere Texte, deren Rahmen man besser kennt.

So ergibt es sich, daß im Prinzip der Religionsethnograph und der Religionshistoriker mit analogen Problemen konfrontiert sind. Beiden liegen je verschiedene Typen von Daten und verschiedene Typen von Unbekannten vor; entsprechend finden die prinzipiell gleichen Fragestellungen eine unterschiedliche Resonanz.

Hochreligionen entwickeln eine bestimmte reflektierte Selbstdarstellung (vgl. 4.4.7). Ist es die Aufgabe des Religionshistorikers, diese Selbstdarstellungen schlicht zu reproduzieren? Dies trifft in keiner Weise zu. An einem konkreten Fall demonstriert: Nach korrekter islamischer Auffassung ist der Koran ewiges Gotteswort; es ist unerschaffen und befindet sich seit Anbeginn aller Zeiten bei Gott. Es ist dann dem Propheten portionenweise diktiert worden und schließlich in einem Sammlungsprozeß in die jetzige schriftliche Gestalt eingegangen. Zu dieser reflektierten und dogmatisch festgelegten islamischen Selbstdarstellung steht die Fremddarstellung des Religionshistorikers in scharfem Kontrast. Dieser setzt einen völlig anderen Sachverhalt voraus bzw. sucht ihn zu erhellen: Er sieht Entwicklungen Mohammeds, die ihren Niederschlag in den verschiedenen Suren finden. Diese Entwicklungen bringt er mit der persönlichen Lebensgeschichte des Propheten zusammen, mit der Verkündigungssituation, den Reaktionen seiner Umwelt und weiteren Faktoren. In den älteren Suren liegt das Schwergewicht auf der eschatologischen Botschaft, in jüngeren Suren ist die Organisation der Gemeinde ganz zentral. Historische und psychologische Fragestellungen kommen also in derartiger Koraninterpretation zum Zuge; diese können keine Rolle spielen, wenn der Koran ewiges unveränderliches Gotteswort ist.

Die Fremddarstellung des Islam seitens des abendländischen Religionshistorikers kann also nicht identisch sein mit einer orthodoxen Selbstdarstellung des Islam. Der Muslim kann die Darstellung durch einen Menschen, der die Aufklärung durchlaufen hat, nicht akzeptieren, möglicherweise sogar gar nicht verstehen. Damit stellt sich eine grundsätzlich ähnliche Situation ein wie bei der Darstellung einer Religion aus dem Bereich schriftloser Kulturen; ein Unterschied ist darin gegeben, daß die Religionen schriftloser Kulturen, die keine explizite Selbstdarstellung besitzen, einer Fremddarstellung ziemlich schutzlos ausgeliefert sind. Eine Fremddarstellung bedeutet immer gleichzeitig eine Infragestellung (Ethnographen sind verkappte Missionare, auch wenn ihnen dies nicht bewußt ist).

c) Betrachtet der Religionswissenschafter die ihn umgebende Gegenwartsreligion, so steht er vor bzw. in einem Chaos (er kann sich bei allem Distanzierungswillen ja nicht völlig von seiner Umgebung freimachen). Die historisch gewordenen Formen der Religion sind zwar nicht verschwunden, aber sie liegen in einem Variantenreichtum vor, der kaum überblickbar ist (vgl. die Andeutungen zur religiösen Situation der Gegenwart, die im Zusammenhang mit dem religionssoziologischen Ansatz P. L. Bergers unter 3.1.3 gemacht wurden). Dazu kommt, daß die Dimension der Religiosität bei einzelnen Mitgliedern der Gesellschaft ganz unterschiedlich ausgeprägt ist.

Religionssoziologie und Religionspsychologie untersuchen diese Problematik mit Mitteln empirischer Wissenschaft. Sie sind in der Lage, den religionsinternen Pluralismus zu messen; sie können z. B. verschiedene Einstellungen zu religiösen Konzepten erheben, etwa zur Frage, was man sich unter dem Wort „Gott" vorstellt, welche Attribute man dieser Größe zuschreibt und welche Wirkungen man von ihr erwartet. Dabei zeigt sich eine größere oder geringere Distanz zu den Konzepten, welche traditionellerweise durch die Kirchen angeboten werden. Gleicherweise kann das religiöse Verhalten der Menschen untersucht werden, angefangen bei ganz äußerlichen Fakten wie der Häufigkeit des Kirchenbesuchs bis hin zu Gebetsgewohnheiten. Schließlich sind Korrelationen zwischen religiösen Einstellungen und politischen Überzeugungen, Konsumgewohnheiten usw. herausgearbeitet worden. All dies ergibt ein buntes Bild gegenwärtiger Religiosität, welches in keiner Weise mit der theologischen Selbstdarstellung des Protestantismus oder Katholizismus der Gegenwart übereinstimmt; als Leitlinien dieses Bildes kann man die Stichworte „Entkirchlichung" (in dem Sinne, daß ein zunehmender Anteil der Bevölkerung sich vom offiziell gültigen Symbolsystem entfernt hat) und „religionsinterner Pluralismus" nennen.

Entkirchlichung und religionsinterner Pluralismus sind in diesem Ausmaß sicher eine neuzeitliche abendländische Besonderheit. Aber in einem gewissen Maße sind diese Phänomene schon in früheren Phasen der Religionsgeschichte bekannt; relativ ausgeprägt etwa in der Zeit des hellenistischen Synkretismus, einer Phase, die überhaupt vielfache Ähnlichkeit mit der Gegenwart besitzt. Es fehlen uns in mancher Hinsicht die Möglichkeiten, den Pluralismus jener Zeit genau zu bestimmen. Man hat aber damit zu rechnen, daß eine Erscheinung, welche heute besonders auffällt und meßbar wird, auch früher bereits da war. Dasselbe gilt von der Tatsache, daß sich die Menschen in unterschiedlichem Ausmaß mit dem Symbolsystem beschäftigen. Eine individuelle Bandbreite der Religiosität gab es immer, schon in den „Naturreligionen" (vgl. oben unter 3.2). Wiederum ist hinsichtlich der Gegenwart besonders auffällig, daß viele Leute mit den überlieferten Formen von Religion oder mit Religion überhaupt „nichts anfangen" können; heute wird dies untersucht, begründet und im Hinblick auf den Stellenwert konkurrierender Orientierungssysteme ausgewertet. Wiederum bietet nur die Gegenwart die Möglichkeit solcher Untersuchungen; die Arbeitsgebiete von Religionsgeschichte und Religionsethnologie können dieser Fragestellung nicht unterzogen werden, obwohl sie an sich auch auf diesen Feldern sinnvoll wäre.

Die Religionsgeschichte im engeren Sinne als Frage nach der Entwicklung des religiösen Symbolsystems insgesamt ist in allen Bereichen religionswissenschaftlicher Forschung relevant. Im Bereich schriftloser Kulturen bildet sie in der Regel die große Unbekannte, mit der man zu rechnen hat, die einem aber nicht zur Verfügung steht. Ähnliches gilt im Bereich der Gegenwart; die Geschichte und die historisch wirksamen Kräfte lassen sich, je näher man der Gegenwart kommt, desto schwerer fassen. Erst aus der Distanz läßt sich Geschichtswissenschaft betreiben; man kann erklären, wie es zu einer bestimmten historischen Lage gekommen ist, und warum es dann so hat weitergehen müssen, wie es eben weitergegangen ist. Welchen Wirkungsmächten sich die Gegenwart verdankt, und wohin diese Gegenwart nun führen wird, ist schwer zu sagen; vor religionswissenschaftlichen Zukunftsprognosen wird sich der kluge Fachvertreter hüten.

Damit dürfte deutlich geworden sein, daß der unterschiedliche Zugriff der verschiedenen religionswissenschaftlichen Disziplinen auf spezifische Gesellschaftsformen lediglich durch den Unterschied der zur Verfügung stehenden Daten gekennzeichnet ist. Die Fragestellungen, welche in einem konkreten Fall religionswissenschaftlicher Analyse nicht angelegt werden können, geben immer einen Hinweis auf die begrenzte Reichweite der Fragestellungen, mit denen gearbeitet werden kann.

Die religionsgeschichtliche Fragestellung ist also ein Zugang zur Religion, der überall von Bedeutung ist, der aber in unterschiedlichem Ausmaß zum Tragen kommt. Gleichzeitig hat sich herausgestellt, daß die Beschreibung historischer Entwicklung sich nicht einfach an „objektiven Fakten" orientieren kann, sondern daß sie sich einer Konstruktion durch den Historiker verdankt, der sein Material auswählen, gewichten und interpretieren muß. So stellt sich jetzt die doppelte Frage: Welche Impulse lösen Veränderungen aus? Welches sind die Fragestellungen, welche der Religionswissenschafter an religionsgeschichtliche Entwicklungen anlegt?

6.2 Globale Entwicklungsmodelle

6.2.1 Ältere Evolutionsmodelle

Geschichte hat es zunächst mit *einmaligen Vorgängen* zu tun. Kein Geschehen wiederholt sich, keine Konstellation der zahllosen und unüberblickbaren Faktoren, die zu einem Ereignis führt, stellt sich in genau gleicher Weise ein zweites Mal ein; so ist es auch unmöglich, von „Gesetzen" im Bereich historischer Abläufe zu sprechen. Die Kontingenz, das unableitbar Zufällige, gehört zum Wesen der Geschichte. Dies gilt natürlich auch für die Religionsgeschichte.

Das einzelne historische Faktum ist eingebettet in einen weiten Zusammenhang von Ursachen und Bedingungen. Schon öfter wurde auf die Verknüpfung religionsgeschichtlicher Sachverhalte mit Gegebenheiten im Bereich politischer Geschichte, Wirtschafts- und Sozialgeschichte verwiesen. Historische Veränderungen haben ihre Konsequenzen in allen Dimensionen der Gesellschaft; religionsgeschichtliche Vorgänge sind durch Veränderungen in anderen Bereichen der Kultur mitbedingt, und umgekehrt führen Umbrüche im Bereich der Religion auch zu Veränderungen in den übrigen gesellschaftlichen Sektoren. Die Religionsgeschichte hat somit ihren Ort immer innerhalb eines weiteren geschichtlichen Kontextes.

Wenngleich die historische Forschung also davon ausgeht, daß jeder geschichtliche Vorgang singulär ist, muß sie sich doch, um überhaupt dieser Singularität ansichtig zu werden, vergleichen; sie muß ähnliche Vorgänge einander zuordnen, Analogien benennen und so Geschehenstypen herausarbeiten; in diesem Zusammenhang ist an Max Webers Verhältnisbestimmung zwischen historischer und soziologischer Arbeit zu erinnern (vgl. 3.2.1).

Als Summierung solcher Typologien kann man die Frage betrachten, ob nicht die Geschichte als ganze und im besonderen die Geschichte der Religionen einer *Entwicklungstendenz* unterliege. Allerdings ist es nicht so, daß sich die Suche nach einer solchen Gesamtausrichtung religiöser Entfaltung erst aus der historischen Forschung ergeben hätte. Vielmehr ist es menschheitsgeschichtlich – nachdem überhaupt der Gedanke der Geschichte als eines unumkehrbaren Geschehenszusammenhangs akzeptiert war – zunächst selbstverständlich, daß dieser Ablauf eine Bedeutung und einen Sinn, ja sogar eine Notwendigkeit hat und nicht durch die Kontingenz bestimmt ist. Babylonische Chroniken rechnen mit ei-

nem Rhythmus von Heils- und Unheilszeiten; die biblischen Ge-
schichtskonzepte spannen die Geschehnisse der Welt in einen
göttlichen Plan ein, von dem her sie ihre Bedeutung bekommen;
und die von Indien bis Rom bekannte Weltalterlehre zeigt einen
Lauf der Welt auf, der von einem goldenen Zeitalter zur jetzigen
schlechten Gegenwart hinführt. Demgegenüber wird seit der Aufklärung die Idee einer Entwicklung zur Vollendung hin populär.
*Jedenfalls ist es für den Menschen offensichtlich einfacher, sich
den Gang der Geschichte als geordnet vorzustellen als auf diese
Voraussetzung zu verzichten; der Gedanke der Kontingenz ist
schwer auszuhalten.*

Erste wissenschaftliche Fassungen hinsichtlich einer Entwicklung der Religionen kommen im 19. Jahrhundert auf. Den Kontext
dieser Fragestellung bildet das Entwicklungsdenken der Philosophie und die Evolutionstheorie in der Naturwissenschaft. Bei *Hegel* ist die Geschichte des Seins überhaupt durch Entwicklung gekennzeichnet, und die Religion spielt in dieser Geschichte eine
ganz wesentliche Rolle. Ein ausführliches Entwicklungsmodell
legt *Auguste Comte*, ein französischer Sozialphilosoph, in seinem
System der positiven Philosophie (1830–42/1974) vor. Er rechnet
mit verschiedenen Phasen des Fortschritts, welche aus der Zeit der
Religion über die Zeit der Metaphysik in die Zeit der positiven
Wissenschaft überleiten. Dieses Dreistadiengesetz ist unter Hegel-
schen Impulsen zustande gekommen, es bleibt ohne religionsgeschichtliche Konkretion und ist, obwohl im 19. Jahrhundert von
großer Wirksamkeit, in unserem Zusammenhang nicht unmittelbar relevant (vgl. Massing, in: Käsler I 1976, 19ff.). Die Evolutionstheorie erstreckte sich von Anfang an nicht nur auf den Bereich
der Biologie, sondern auch auf den des sozialen Zusammenlebens
der Menschen. Diese Thematik ist bei *Charles Darwin* am Rande,
bei *Herbert Spencer* dagegen ganz ausführlich bearbeitet (dazu
Kardiner/Preble 1961/1974, 13ff. und 35ff.).

Eine außerordentlich wirkungsvolle Theorie über den Ursprung
der Religion stammt von *Edward Burnett Tylor* (1832–1917; dazu
Kardiner/Preble 1961/1974, 55ff.). Tylor ist der eigentliche Begründer der englischen Anthropologie. In seinem Hauptwerk
(1871/1873) betrachtet er die ganze Kultur in all ihren Bereichen,
wobei er rein empirisch und induktiv vorgehen will, unter Absehung von jeder spekulativen Annäherung an das Material. Trotzdem haben manche seiner Feststellungen axiomatische Natur. So
geht er etwa von der Grundüberzeugung aus, daß der menschliche
Geist überall gleich arbeitet. Aus diesem Grund ist denn auch ein

allgemeines Entwicklungsmodell hinsichtlich der Religion konstruierbar; die Entwicklungsgesetze des Denkens und der Religion laufen menschheitsgeschichtlich überall grundsätzlich parallel. Allerdings geht diese Entwicklung nicht überall gleich schnell vonstatten, gewisse Bedingungen können also die Entwicklung entweder fördern oder hemmen. Auf allen Stufen sind Relikte früherer Stufen der Entwicklung greifbar (*survivals*). Der Sozialanthropologe hat also, wie der biologische Evolutionist, Leitfossilien zur Rekonstruktion der Entwicklung an der Hand.

Den Ursprung der Religion erklärt Tylor mit seiner *Animismus-Theorie*: Eine Grunderfahrung des Menschen ist in einem ganz charakteristischen Dualismus gegeben. Auf der einen Seite bewegt sich der Mensch in seiner alltäglichen Realität; auf der andern Seite erlebt er beispielsweise im Traum, daß er sich auf Wanderung begeben und dabei Dinge erleben kann, die der Realität widersprechen. Tote erscheinen häufig den Lebenden wieder. Es gibt also eine Dualität zwischen dem Leib, welcher der Realität verhaftet ist, und einem Un-Leiblichen, das dieser Realität entgegengesetzt ist, dem Bereich der *Seele*. Mit diesem Sachverhalt verbindet sich die Beobachtung der Atmung: Solange der Mensch lebt, atmet er, der Atem macht sein Leben aus; dieser ist aber unkörperlich, er muß also Manifestation der Seelensubstanz sein. Tatsächlich sind in vielen Sprachen Seelenbegriffe mit der Bezeichnung für den Atem verknüpft (vgl. etwa hebräisch *näphäš*, lateinisch *animus*). Was hier ganz knapp dargestellt ist, wird von Tylor an zahlreichen Beispielen und in sehr vorsichtiger Weise entfaltet; seine Animismus-Theorie ist weit weniger platt, als sie gemeinhin (und auch hier) dargestellt wird. Die Animismus-Theorie hat vor allem in der Weise Umbildungen erfahren, daß man nach Konzepten mit noch größerer Urtümlichkeit suchte; dabei stieß man auf das Phänomen der *Macht*. Die entsprechenden Entwürfe sind unter dem Namen *Animatismus* oder *Dynamismus* bekannt (vgl. vor allem Marett 1909).

Eine weitere einflußreiche Evolutionstheorie stammt von *James George Frazer* (1854–1941), dessen evolutionstheoretische Äußerungen im vielbändigen Hauptwerk „The Golden Bough" erschienen (1912–1936; Kurzfassung 1922/1977). Frazer hat auch alttestamentliche Sitten und Bräuche analysiert und in seine Fragestellungen einbezogen (1918).

Frazer knüpft in vielem an Comte und Spencer an, auch er rechnet mit einem Dreistadiengesetz; im Gegensatz zu Comte und Spencer arbeitet er aber mit reichem religionsethnologischem und religionsgeschichtlichem Material. Er ist ein hervorragender Kenner der Antike (auf diesem Feld hat er mit seinen Arbeiten begonnen), bezieht dann jedoch eine kaum überschaubare Fülle ethnographischen Materials ein. Dieses stammt durchwegs aus zweiter Hand; Frazer selbst hat nie Feldforschung betrieben, was ihm häufig zum Vorwurf gemacht worden ist.

Frazer setzt mit einer anthropologischen Grundbestimmung ein. Was ist das eigentliche Ziel des Menschen? Der Mensch möchte *Macht über seine Umwelt* gewinnen und in immer vollkommenerer Weise die Welt zu beherrschen beginnen. Die Strategien zur Befriedigung dieses Bedürfnisses wechseln im Verlauf der Menschheitsgeschichte.

Das erste Stadium dieser allgemeinmenschlichen Entwicklung läßt sich in Primitivkulturen greifen. Der primitive Mensch versucht, die Welt mit *Magie und Zauber* zu beherrschen. Dieses Handeln ist bereits an der Gesetzmäßigkeit von Ursache und Wirkung orientiert (einer urmenschlichen Einsicht), wobei aber, nach unserer distanziert-wissenschaftlichen Erkenntnis, weder echte Ursachen erfaßt sind noch echte Wirkungen erkannt werden. Frazer katalogisiert verschiedene Arten von Magie: Er beschreibt auf der einen Seite die kontagiöse Magie (Wirkungen, die über Berührung erzielt werden, wobei klassische Beispiele auch in der Bibel vorhanden sind, wenn etwa Jesus mit seinem Speichel einen Blinden heilt); dem steht der Analogiezauber gegenüber (auch sympathische oder sympathetische Magie genannt), was etwa vorliegt, wenn man vom Feinde ein Bild herstellt und dieses dann zerstört, wobei man diesem Vorgang realitätsschaffende Macht zutraut.

Die Magie beruht nach Frazer auf Denkfehlern, genauer: auf fehlerhafter Anwendung der Assoziationsgesetze. Das moderne Kausalitätsdenken unterscheidet sich von der Magie durch eine richtige Verbindung von Ursache und Wirkung. Wenn mir mein Finger weh tut, ich darauf blase (eine Form kontagiöser Magie), und der Schmerz dann weggeht, so besteht kein eigentlicher Kausalzusammenhang; die Assoziationen haben mich zu einer falschen Verknüpfung geführt.

Der magisch erlebende Mensch merkt noch nicht, wie häufig seine Magie erfolglos bleibt, bzw. er sucht den Mißerfolg im Rahmen seines magischen Weltbildes zu erklären. Wenn ein magischer Vorgang nicht zu seinem Ziel führt, dann haben Faktoren mit hineingespielt, die der Magier noch nicht überblickt hat, gegen die er aber prinzipiell mittels seiner Magie angehen könnte. Der Magier ist also voller Zutrauen zu seinem Weltbild, voller Selbstbewußtsein. Seine Welt ist im Prinzip beherrschbar, und die Mißerfolge dienen nur dazu, die magischen Praktiken zu erweitern. Die grundsätzliche Unzulänglichkeit magischen Handelns bleibt verborgen.

Auf einer zweiten Stufe kommt es zu einem Einbruch dieses Selbstbewußtseins. Der Mensch ist mit der grundsätzlichen Erfolglosigkeit magischen Bemühens konfrontiert. Er erkennt seine Ohnmacht, und dieser Erkenntnis gibt er durch ein grundsätzlich neues Konzept der Welt Raum. Er rechnet nun mit außermenschlichen und übermenschlichen Mächten, welche die Kontrolle über die Welt ausüben. Mit diesem Konzept ist die *Religion* gegeben. Der Mensch ordnet sich mächtigeren Wesen unter, Göttern, denen gegenüber nur die Haltung der Demut angemessen ist. Alles muß von Göttern erwartet und erfleht werden.

Die Reichweite des religiösen Weltbildes geht bis zu dem Punkt, wo der Mensch beginnt, die Welt tatsächlich zu beherrschen. Der Durchbruch der *wissenschaftlichen Weltbeherrschung*, die richtige Anwendung der Kausalgesetze, führt zu immer vollkommenerer Unterordnung der Natur und vollendet sich in der neuzeitlichen technisch-industriellen Revolution. In der Gegenwart ist damit die Religion grundsätzlich erledigt.

Zwischen Magie und Wissenschaft besteht eine große Ähnlichkeit; beide zielen auf Weltbewältigung – freilich mit verschieden tauglichen Mitteln. Die Religion etabliert demgegenüber ein grundsätzlich anderes Weltbild, wobei ihr eine schlechte Prognose zuteil wird. Die Weltbeherrschung schreitet zunehmend voran; je kleiner das Ohnmachtsgefühl des Menschen, desto geringer der Platz, den die Götter beanspruchen können. Frazer ist noch ganz dem Fortschrittsdenken und dem Kulturoptimismus des 19. Jahrhunderts verpflichtet; die beiden Weltkriege bedeuteten für ihn einen großen Schock, und als er in hohem Alter starb, verstand er die Welt nicht mehr.

6.2.2 Dekadenztheorien

Im Widerspruch zu diesen optimistischen Evolutionstheorien sind *Dekadenztheorien (Depravationstheorien)* entwickelt worden. Sie sind im Grunde älter als die Evolutionstheorien, ihr Ursprung ist bereits in der Bibel gegeben. Paulus führt im Römerbrief aus, daß die Heiden an sich von Natur aus Erkenntnis Gottes hätten haben können, diese Erkenntnis aber verscherzt hätten (Röm 1,18ff.; die hypothetische Gotteserkenntnis dient also lediglich dem Aufweis der allgemein menschlichen Schuldverfallenheit). Die natürliche Theologie der katholischen Scholastik baut auf derartigen Gedanken auf. In der Romantik erhalten Dekadenzkonzepte neue Impulse: Das „Ursprüngliche" wird mit dem Vorzeichen der Güte versehen, kulturelle Entwicklungen sind dann immer als Entwicklungen zum Schlechteren gewertet (z. B. Rousseau). Daraus entstehen im 19. Jahrhundert volkstümliche Religionstheorien, die davon ausgehen, daß die Wilden ursprünglich, vor dem Kontakt mit der westlichen Zivilisation, eine ganz gesittete Religion gehabt hätten (derartiges vertrat z. B. Richard Whatley, ein Theologe, Nationalökonom und Rationalist). Magie, Fetischismus und gar Kannibalismus können dann nur als Abirrungen von der Natur- und Urreligion verstanden werden. Freilich fand diese Theorie zunächst noch keine religionsgeschichtliche Konkretion und keine wissenschaftliche Basis (vgl. zur Thematik der Idealisierung der „Wilden" Bitterli 1991).

Zu einer derartigen Neufassung kam es dann aber Ende des 19. Jahrhunderts. Bahnbrechend ist die Arbeit von *Andrew Lang* (1898). Lang ist ursprünglich Anhänger der Animismus-Theorie Tylors. Dann entdeckt er aber (anhand der Feldberichte von Missionaren, die damals praktisch die einzigen Informanten über Ethnien schriftloser Kulturen waren), daß viele Völker einfachster Kulturen nicht nur Machtvorstellungen, Geister und dergleichen kennen, sondern auch Götter; manchmal ist es eine einzige Figur, die das Göttliche repräsentiert, manchmal ein Götterpaar usw. Das bringt die Evolutionstheorie ins Wanken und führt schließlich zu einem Umschlag. Lang redet nun von einem *High God*, der gerade in allerprimitivsten Kulturen einen Ort habe. Die hervortretenden Züge dieses Hochgottes lassen sich so zusammenfassen: Er ist der Schöpfer, der gütige Vater, der über moralische und ethische Normen wacht. Allmacht und Allwissen machen sein Wesen aus. Er ist weit über die Geister erhaben, von den allenfalls daneben geltenden Machtvorstellungen ist er ganz unabhängig. Er kann daher auch nicht aus diesen Machtvorstellungen entstanden sein. Im Hinblick auf die Entstehung der Religion (für die auch Lang nur *ein* Grundprinzip annimmt) ergibt sich ein Entweder/Oder; und Lang entscheidet sich dafür, daß der Glaube an den Hochgott das ursprünglichste religiöse Element darstelle. Magie, Machtkonzepte usw. sind demgegenüber als (abartige) Sekundärentwicklungen zu werten; die ursprünglich „reine" Gottesverehrung verkommt damit. So ist die apologetische Populärtheorie durch ethnographische Fakten untermauert.

6.2.3 Kulturkreislehre und Urmonotheismus

Evolutions- und Dekadenztheorie gehen von gleichläufigen Entwicklungen in der Menschheitsgeschichte aus. Parallelen bei unterschiedlichen Völkern werden erklärt als Ausdruck einer gleichartigen Strukturierung des Menschen, analog einer biologischen Programmierung. Die Theoriebildung weist also gewisse Analogien zur tiefenpsychologisch orientierten Religionswissenschaft auf, welche Parallelen in den Religionen aus der psychischen Struktur des Menschen ableitet.

Demgegenüber macht sich bereits in der Ethnologie des 19. Jahrhunderts eine Gegenbewegung bemerkbar. Parallelen werden auf geschichtliche Vermittlung und Verbreitung (*Diffusion*) zurückgeführt; man geht also davon aus, daß Kulturgüter (materieller wie geistiger Natur) durch Wanderung, durch Handel, durch Verkehr usw. verbreitet werden. So können Kulturelemente menschheitsgeschichtlich universale Verbreitung finden. (Vgl. dazu Schmitz 1967).

Begründer dieser Sicht ist *Friedrich Ratzel* (1844–1904). Ursprünglich Geograph, interessierte sich Ratzel zunehmend für ethnographisch-ethnologischen Problemstellungen. Die von ihm begründete Disziplin nannte er „Anthropogeographie". Er geht davon aus, daß kein Volk je dauernd seßhaft gewesen sei. In der ständigen Wandertätigkeit der menschlichen Ethnien kam es zu kontinuierlichem Kulturkontakt und Kulturaustausch. Er beobachtet bestimmte Gegenstände insbesondere der materiellen Kultur (etwa Bogen, dazugehörige Pfeile und Köcher usw.); solche Gegenstände haben in bestimmten Kulturen ihre charakteristische Form mit einer begrenzten Variationsbreite. In Nachbarkulturen findet sich Verwandtes; solche Verwandtschaften lassen sich kartographieren, und es ergeben sich dann ganz bestimmte Kulturkontaktzusammenhänge. Ein klassisches Beispiel stellt etwa die Kopfstütze dar, die sich in Afrika beobachten läßt, im antiken Ägypten und in bestimmten Bereichen Polynesiens. Ratzel setzt voraus, daß Gleichheit auf Kulturkontakt zurückzuführen ist. Die räumliche Verbreitung wird also historisch interpretiert. Der Austausch von Kulturelementen erfolgt dabei nie unverändert; die Formvarianten eines Gegenstandes werden wiederum historisch interpretiert, wobei Aufwärtsentwicklungen (Vervollkommnung von Form und Funktion) wie Abwärtsentwicklungen möglich sind.

Die klassische Geschichtswissenschaft ist auf Schriftkulturen beschränkt, sie vermag anhand historischer Quellen Geschichte relativ deutlich zu rekonstruieren. *Die kulturhistorischen Methoden weiten die historische Fragestellung auf schriftlose Kulturen aus*; natürlich sind hier die historischen Bewegungen nur viel gröber zu rekonstruieren, es können bestimmte Wanderbewegungen vermutet werden, welche die Verbreitung dieses oder jenes Kulturelementes ermöglichten.

Zur weiteren Ausbildung der Kulturkreislehre kam es durch Leo Frobenius (1873–1938), Fritz Graebner (1877–1934) und Pater Wilhelm Schmidt (1868–1954). Frobenius war insbesondere Afrikareisender, er unternahm zehn Expeditionen nach Afrika und erstellte u. a. eine hervorragende Sammlung afrikanischer mündlicher Literatur (vgl. z. B. Frobenius 1921–30/1980).

Leo Frobenius bringt neue Gesichtspunkte in die Kulturkreistheorie ein (theoretisches Hauptwerk: 1921/1928). Entgegen der eher atomistischen Betrachtungsweise seiner Vorgänger, welche einzelnen kulturellen Elementen in ihrer Verbreitung nachspüren, betont er, daß die Kulturen ein Ganzes bilden. Kultur ist den Kulturträgern gegenüber eine eigenständige Größe, ein „Organismus", vergleichbar also einem biologischen Gebilde. Jede Kultur macht auch die charakteristische Entwicklung eines Organismus durch: Sie ist gekennzeichnet von Geburt, Blüte und Tod. Später tritt der Gedanke des *Paideuma* in den Vordergrund: Paideuma meint zweierlei, die Erziehung und den Zögling; zwischen beiden Größen besteht eine wechselseitige Beziehung. In diesem Paideuma ist die Gesamtheit von Werten, Normen, Verhaltensweisen, Sitten, Berufspraktiken usw. enthalten. Will man eine Kultur verstehen, so muß man zu ihrem Paideuma vordringen. „Paideuma" ist denn auch Titel einer noch heute wichtigen ethnologischen Zeitschrift geworden.

Kulturen haben ihre Geschichte, sie entfalten und verbreiten sich in einem komplexen Zusammenhang. Die Beobachtung eines solchen zusammenhängenden Erscheinens eines Kulturkomplexes ist nun das, was Frobenius einen „Kulturkreis" nennt.

Innerhalb der kulturgeschichtlichen Schule zeigen sich also verschiedene, unausgeglichene Tendenzen. Einerseits ist häufig ein atomistisches Vorgehen zu beobachten: Einzelne Kulturelemente wie etwa Werkzeugformen usw. werden als isolierte Leitfossile für geschichtliche Kontakte und Zusammenhänge benützt (diese Gefahr ist besonders bei Graebner deutlich); andererseits wird (vor allem bei Frobenius) betont, daß die Kultur eine organische Gesamtheit bildet.

Pater *Wilhelm Schmidt*, Mitglied eines missionierenden Ordens und Begründer der „Wiener Schule", wirkte zuerst in Wien; 1927 wurde er zum Direktor des Päpstlichen Ethnographischen Museums in Rom ernannt, 1941 erfolgte die Berufung nach Freiburg im Uechtland. Schmidt knüpft einerseits an kulturgeschichtliche Konzeptionen an (er ist Schüler von Graebner), andererseits nimmt er Dekadenztheorien auf, wenngleich mit äußerster Vorsicht. Die Zeitschrift, welche von dieser Forschungsrichtung begründet wurde und heute noch erscheint, trägt den Titel „Anthropos".

Ein wichtiges Element im Konzept der Wiener Schule stellt die Rekonstruktion der *Urkultur* dar, der Kulturgestalt, von der aus die Entwicklung ihren Anfang genommen hat; die Analyse verschiedener Wildbeuterkulturen (Jäger und Sammler) ist deshalb ein besonders wichtiges Forschungsfeld der Wiener Schule (vgl. z. B. den typischen Überblick bei Kern 1953). Die Urkultur wird durch ein Subtraktionsverfahren gewonnen. „Wenn sich in den von der Einfallspforte am weitesten entfernten Gebieten mehrerer spätbesiedelter Kontinente (wie Amerika oder Australien) und überhaupt in deren Rückzugsgebiet ein inhaltlich charakteristisch gleicher Kulturkomplex findet, der auf einen einmaligen Ursprung zurückgeführt werden muß, dann ist darin der entwicklungsgeschichtlich älteste Kulturkomplex der ethnologischen Kulturen erfaßt ... Wenn der charakteristisch gleiche Kulturkomplex in mehreren Rückzugsgebieten desselben Kontinents sich findet und auf einen einmaligen Ursprung zurückgeführt werden muß, dann ist dieser Kulturkomplex der lokalgeschichtlich älteste Komplex dieses Kontinents." (Bornemann 1938, 97f.). Die ethnologische Argumentation wird gestützt durch archäologische. Auf diesem Wege gelangt man zur Rekonstruktion der Urkultur, die durch bestimmte Wirtschaftsformen und bestimmte Sozialformen (Kleinfamilie) und weitere charakteristische Eigenheiten geprägt ist. Beispiele für die Urkultur finden sich bei den Ituri-Pygmäen im zentralen Afrika, bei den Chenchu im Dekkan Vorderindiens und bei den Yamana auf Feuerland. Alle drei Regionen sind durch Feldforschungen aus der Schule Schmidts (Schebesta, Gusinde) bearbeitet worden.

Zu diesen Wirtschafts- und Sozialformen gehört nun auch ein bestimmtes religiöses System, eine *Urreligion*, die unter der Bezeichnung *Urmonotheismus* bekanntgeworden ist (ein kurzer Abriß dieses Konzepts bei Schmidt in Schmitz 1964, 65ff.; ausgebreitet auf tausenden von Seiten bei Schmidt 1912ff.). „Daß das höchste Wesen der Urkultur ein wahrer Ein-Gott, die ihn umfassende Religion ein wirklicher Monotheismus ist, wird von einer Anzahl Autoren am meisten angefochten. Dem kann entgegnet werden, daß eine genügende Anzahl von Stämmen da ist, bei denen der wirklich monotheistische Charakter ihres Höchsten Wesens auch makroskopisch schon deutlich genug hervortritt. So das Höchste Wesen der meisten Pygmäen-Stämme, die wir kennen, ferner der Feuerländer, der Ur-Buschmänner, der Curnay, Culin und Yuin in Südostaustralien, der Völker des arktischen Kulturkreises (außer den Korjaken) und so ziemlich aller Urvölker von Nordamerika. Bei anderen Stämmen ist eine Verdunkelung des monotheistischen Tatbestandes eingetreten, und zwar zum Teil durch Mischungen mit späteren Formen, teils durch Abspaltungen, teils auf anderen Wegen, die aber nun alle durch genaue historische Analyse aufgedeckt werden können." (Schmidt in Schmitz 1964, 65). Im Höchsten Wesen kann also „Götterspaltung" auftreten; es kann als Paar strukturiert sein, auch als Familie. Neben dem Höchsten Wesen gibt es Höhere Wesen, die durch das Höchste Wesen kontrolliert sind. Ganz bestimmte Eigenschaften werden dem Höchsten Wesen regelmäßig zugesprochen; so insbesondere Ewigkeit, Allwissenheit, Güte, Sittlichkeit, Allmacht und Schöpferkraft. Die Verehrung des Höchsten Wesens erfolgt meist durch ganz einfache religiöse Formen. Häufig sind einfachste Gebete überliefert (manchmal bloßer Namensanruf, auch Gesten ohne Worte); oft erhält das Höchste Wesen keine Opfer, in vielen Fällen ist ihm jedoch das Primitialopfer zugedacht. Insbesondere da, wo Opfer fehlen und auch Gebete zurücktreten, finden sich ersatzweise feierliche Zeremonien.

Der Hochgott des Ur-Monotheismus ähnelt in verblüffender Weise dem Gott der natürlichen Theologie im Christentum. Wir haben einen guten, gerechten Gott vor uns, den allmächtigen Schöpfer des Himmels und der Erde. Der religionsethnologische Befund wäre demnach nahtlos mit traditionellen theologischen Lehraussagen in Einklang zu bringen. Die Religionsgeschichte wäre eine Geschichte der Verdunkelung des Ur-Monotheismus, gewissermaßen die historische Konkretisierung des Sündenfalls. Die „Ur-Kultur" wäre noch ganz in der Nähe des Paradieses anzusiedeln (ein Schluß, der bei Wilhelm Schmidt und seinen Schülern allerdings nicht in dieser Deutlichkeit gezogen wird).

Die Kritik gegen diese Konzeption ist von verschiedensten Seiten laut geworden. So ist schon das Postulat einer „Ur-Kultur", die den ältesten menschheitsgeschichtlichen Kulturstand repräsentieren soll, äußerst problematisch. Alle für die Ur-Kultur vorgeschlagenen Ethnien sind längst nicht so isoliert, wie man dies vermutet hat. Die Ituri-Pygmäen etwa leben in einer Symbiose mit Pflanzern (Bira, Lele, Kwele), und ein Pygmäe wurde beispielsweise schon im Alten Reich Ägyptens als Sensation am Pharaonenhof gezeigt; dies deutet auf sehr alte Kulturkontakte hin. Auch die Versuche, vorgeschichtliche Religionen im Zusammenhang mit „primitiven" Religionen zur Rekonstruktion der Urreligion zu benützen, führen zu keinen eindeutigen Resultaten; über die Religionen der Prähistorie läßt sich kaum etwas Sicheres ausmachen (entsprechend sind die einschlägigen Darstellungen immer vorsichtiger; vgl. z. B. Maringer 1956; Leroi-Gourhan 1964/1988; methodische Überlegungen bei Colpe 1980, 138ff.). Ein anderer Kritikpunkt zielt darauf, daß viele der vom Ur-Monotheismus reklamierten Wesen weder eine derart abgehobene Stellung haben noch überhaupt als Götter aktiv und als Persönlichkeiten akzentuiert sind (vgl. z. B. die klassische Kritik N. Söderbloms 1926, 124: „Weder ‚Mono' noch ‚Theismus' will passen.")

Die Kulturkreistheorie in ihrer klassischen Ausprägung, und erst recht die mit dem Ur-Monotheismus verbundene Kulturkreistheorie, ist heute nicht mehr aktuell. Wohl aber sind gewisse Fragestellungen, die von dieser Forschungsrichtung her herausgearbeitet worden sind, noch von Belang. Daß etwa die geographische Verteilung eines bestimmten kulturellen Elementes historisch interpretiert werden kann, ist in vielen Fällen gewiß richtig. Ein naheliegendes Beispiel: Der Rosenkranz hat eine charakteristische Verbreitung, und zwar nicht nur im Katholizismus, sondern auch im Islam und den indischen Religionen. Diese geographische Verteilung ruft nach einer historischen Erklärung. Woher stammt der Rosenkranz? Wer hat ihn von wem entlehnt? Die Frage läßt sich aufgrund historischer Quellen in diesem Falle eindeutig beantworten. Der Rosenkranz kommt offensichtlich aus Indien, er ist dann in den (mystischen) Islam eingedrungen, und er hat von da aus im Mittelalter seinen Weg ins Christentum gefunden. Die Christianisierung des Rosenkranzes wird gern dem Dominicus zugeschrieben, jedenfalls wurde er durch die Dominikaner gefördert.

6.2.4 Neuere Evolutionstheorien

Neuerdings ist wiederum ein Aufleben evolutionistischer Theorien zu beobachten, wobei allerdings älterer und neuerer Evolutionismus überhaupt nicht miteinander zu vergleichen sind. Insbesondere fehlt dem neuen Evolutionismus der optimistische Zug, und zudem wird Evolution nicht mehr als irreversibles Naturgesetz betrachtet, sondern vielmehr als Entwicklungstendenz, die sich in vielen Fällen beobachten läßt. Insbesondere von religionssoziologischer Warte aus werden evolutive Prozesse beobachtet (vgl. die Werke von Bellah 1973, Döbert 1973, Luhmann 1977 und Dux 1982). Bereits in Abschnitt 3.4 wurde unter der Überschrift „Typologie von Gesellschafts- und Religionssystemen" von solchen Entwürfen Gebrauch gemacht; es ist jedoch gerechtfertigt, auch in diesem Zusammenhang nochmals darauf zurückzukommen und den griffigen, wenn auch stark schematisierenden Entwurf *Robert N. Bellahs* vorzustellen. „Ich definiere Evolution auf jeder Systemebene als einen Prozeß zunehmender Differenzierung und Komplexität der Organisation, die den Organismus, das Sozialsystem oder welche Einheit auch immer zur Debatte steht, mit einer größeren Fähigkeit ausstattet, sich an seine Umwelt anzupassen, so daß diese Einheiten gegenüber ihrer Umgebung eine größere Autonomie besitzen als ihre Vorgänger." (1973, 268). Die kulturelle Evolution ist also im Anschluß an die biologische Evolution definiert; typisch menschliche, kulturelle Verhaltensweisen, welche auf Lernen basieren, ersetzen biologische Festlegungen. Evolution ist nicht unvermeidlich und nicht irreversibel; neben komplexeren Formen der Entwicklung lassen sich auch immer noch einfachere Stadien belegen. Ausgangspunkt von Bellahs Analyse ist „die einfache empirische Verallgemeinerung, daß sich komplexere Formen aus weniger komplexen entwickeln..." (ebd.). Genau so, wie sich im sozialen Bereich komplexere Formen aus weniger komplexen entwickeln, lassen sich auch im Bereich des Symbolsystems entsprechende Differenzierungsschritte beschreiben. Bellah unterscheidet fünf Entwicklungsstufen:

a) *Primitive Religion* ist besonders in Australien noch greifbar. Das Symbolsystem zeichnet sich durch eine charakteristische Unschärfe aus; die Aktualisierung des Symbolsystems geschieht im „Träumen", einer Erfahrungsweise, in welcher bestimmte Grenzen verschwinden oder jedenfalls verschwimmen. Die „Höheren Wesen" sind vom Menschen nur graduell unterschieden. In der Kulthandlung (und das heißt im Träumen) ergibt sich für den Menschen die Möglichkeit der Identifikation mit dem Höheren Wesen. Dann werden die Mythen für die persönliche und gegenwärtige Lebenswelt umgeformt, bzw. umgekehrt: das Leben wird auf das Symbolsystem bezogen. Es ist keine spezielle religiöse Organisation ausdifferenziert, die Welt des Symbolsystems und die Lebenswelt werden dauernd wechselseitig aufeinander bezogen. Dieser Wechselbezug ist derart flexibel, daß sich eine Basis für grundlegende Veränderungen gar nicht ergibt.

b) Auf der Entwicklungsstufe der *archaischen Religion* kommt es zu einer schärferen Akzentuierung der Höheren Wesen und zur Ausbildung eines eigentlichen Polytheismus. Das religiöse Handeln wird genauer normiert, es entsteht ein eigentlicher, abgegrenzter Kult. Entsprechend werden religiöse Rollen jetzt schärfer ausdifferenziert. Die Kommunikation zwischen den Höheren Wesen und den Menschen wird klarer strukturiert, gegenseitiges Geben und Nehmen werden in ein eindeutiges Regelsystem gebracht, der Opferkult hat hohe Bedeutung. An die Stelle der Identifikation tritt also die Distanz, anthropologisch resultiert daraus einerseits größere Freiheit, andererseits erhöhte Angst. Die religiösen Intentionen werden klarer formulierbar und unterliegen einer schärferen Kontrolle.

c) In den *historischen Religionen* zerbricht der kosmologische Monismus, die relative Harmonie zwischen der im Symbolsystem repräsentierten Welt und der Lebenswelt. Man erfährt, daß die Heilswirklichkeit der empirischen Wirklichkeit entgegengesetzt ist. Damit entstehen eigentliche Erlösungsreligionen. Die komplizierte und vielfältige Mythologie des archaischen Erbes ist in der Regel vereinfacht, die religiösen Größen unterliegen einer Transzendierung. Die Vereinfachungen in der Struktur des Religiösen wirken auf einen Monotheismus hin. Das religiöse Handeln ist auf Heilsgewinn aus, von da aus können alle anderen Werte relativiert werden. Das Selbst des Menschen wird immer klarer strukturiert, der einzelne hat die Möglichkeit kritischer Stellungnahme gegenüber der unsicheren Empirie und sich selbst gegenüber. Damit ergeben sich Möglichkeiten für eine Elite. Mehrklassige Schichtsysteme kommen auf: Eine politisch-militärische Elite grenzt sich neben der religiösen Elite ab, Städter und Bauern entwickeln je ihr eigentümliches Selbstbewußtsein.

d) Die *frühmoderne Religion* etabliert sich mit der Epoche der protestantischen Reformation. An die Stelle der hierarchisch vermittelten Beziehung zwischen dem Individuum und der transzendenten Realität tritt eine Direktheit des Gegenübers zwischen

Transzendenz und Mensch. Für den einzelnen ergeben sich damit komplexere Möglichkeiten der Identitätsgewinnung. Ein charakteristisches Beispiel ist Luther: In seiner katholischen Phase scheitert er daran, daß das Jenseitskonzept die Identitätsfindung nicht ermöglicht, sondern verhindert; dieses Problem wird in der Heilsstruktur des simul iustus et peccator gelöst. Die Ambiguität des ethischen Lebens wird akzeptabel, Erlösung und Sünde schließen sich nicht aus. Von da aus ergibt sich der Verzicht auf eine scharfe Scheidung zwischen Diesseits und Jenseits; es kommt zu einer neuen Zuwendung zur Welt. Die soziale Organisation wird viel differenzierter, es kommt zu einer Rollenvielzahl, in welche der einzelne eingespannt ist.

e) Die *moderne Religion* ist als konsequente Fortbildung der frühmodernen Religion zu sehen; gewisse Themen, die dort schon vorhanden sind, werden noch schärfer akzentuiert. Das Symbolsystem wird unendlich vielfältig, es verliert seine Allgemeinverbindlichkeit. „Die historischen Religionen entdeckten das Selbst; die frühmoderne Religion erfand die Lehre, die erlaubt, das Selbst in all seiner empirischen Unzulänglichkeit zu akzeptieren; die moderne Religion schickt sich an, die Gesetze der subjektiven Existenz zu verstehen, um so dem Menschen zu helfen, sein Schicksal verantwortungsvoll selbst in die Hand zu nehmen." (1973, 298). Religiöses Handeln ist jetzt also nicht mehr auf klar definierte Normen hin ausgerichtet. Vielmehr geht es um die Suche nach persönlicher Reife und sozialer Relevanz. Entsprechend hat der so emanzipierte und sich selbst definierende religiös reife Mensch seine Schwierigkeiten mit der traditionellen religiösen Organisation; bezeichnend ist das Diktum von Thomas Jefferson: „Ich selbst bin eine Sekte." (1973, 299). Jeder ist religiös autonom, und an dieser Autonomie messen sich alle religiösen Phänomene. Damit ist die Evolution zum Höhepunkt gekommen – zum vorläufigen? Jede Evolutionstheorie setzt den Zielpunkt der Entwicklung natürlich bei sich selbst (damit bei den eigenen Erfahrungen und den eigenen Werten) an, das gilt für Bellah genau so wie für einen Vertreter des älteren Evolutionismus wie Frazer. Entwicklung läuft immer auf den zu, der sie konzipiert, er versteht sich als Ziel der Evolution und hält sich nicht für den Neandertaler.

6.3 Religionswandel und Dynamik der Religion

Religionsgeschichtliche Arbeit muß die möglichen Faktoren, die zu Religionswandel führen, klassifizieren. Bei der konkreten religionsgeschichtlichen Analyse muß eine möglichst große Zahl der einwirkenden Faktoren bestimmt und gewichtet werden, und von da aus ergibt sich das Gesamtbild einer Entwicklung. Auch diese Arbeit hat die Form einer Rekonstruktion. Religionswandel ist dabei nicht isoliert zu beobachten, sondern in Parallele mit dem gesellschaftlichen Wandel ganz allgemein. Religionsgeschichte, Sozialgeschichte und politische Geschichte gehören zusammen. Ganz grob kann man unterscheiden zwischen endogenen, internen Faktoren (Ursachen des Wandels, die in einem Kultursystem wirksam werden), und exogenen, externen Faktoren (Ursachen des Wandels, die von außen her einwirken). Diese Unterscheidung zwischen innen und außen läßt sich relativ einfach anbringen in Kulturen, die sich selbst sehr stark abgrenzen (etwa in Stammeskulturen, schriftlosen Kulturen); die Unterscheidung wird aber sehr viel schwieriger in den komplexen Kulturen der Neuzeit.

6.3.1 Endogene Ursachen von Kultur- und Religionswandel

a) Veränderungen in den *Wirtschaftsformen* können zu tiefgreifenden religiösen Neuorientierungen führen. Der Übergang etwa vom Wildbeutertum zum systematischen Anbau von Getreide bewirkt einen tiefgreifenden religiösen Umbruch. Meist lassen sich allerdings solche Veränderungen nicht historisch belegen. Eine Ausnahme stellen zum Beispiel die israelitischen Stämme dar, welche in der Frühzeit ihrer Geschichte vom halbnomadischen Dasein zu einer intensiven Ackerbaukultur übergehen; damit wachsen diesen Menschen eine Reihe von ganz elementaren Vorgängen zu, welche ins bisherige Symbolsystem nicht eingeordnet sind. Dies führt dann zu entsprechenden Krisen: Ist der bisher hauptsächlich verehrte Gott Jahwe auch für die Segnungen des Ackerbaus zuständig? Bringt er den Regen, welcher für die Feldfrucht lebensnotwendig ist? Oder bedarf es dazu anderer Götter? In der Gegenwart begegnen analoge Probleme beispielsweise in Indonesien, wo in vielen Gebieten der Trockenreisanbau traditionell ist. Diese Wirtschaftsform ergibt einen Jahresrhythmus, der auch die Religion bestimmt. Zentrum des Dorfes ist der Reisspeicher, in welchem die Reisgöttin verehrt wird. Der Umgang mit der Reisgöttin, mit dem Reisspeicher und mit dem Reisanbau prägt die Religion durchgehend. Heute dringt die indonesische Regierung auf eine andere Anbaumethode, den Naßreisanbau. Diese Wirtschaftsform bringt viel höhere Erträge, zerstört aber gleichzeitig den bisherigen Lebensrhythmus und die bisherige Religion. Parallel zur Zerstörung der traditionellen Lebensformen verläuft eine Propaganda für den Islam.

b) Umbrüche in der *Sozialstruktur* hängen häufig mit wirtschaftlichen Faktoren zusammen, entfalten jedoch ihre Eigendynamik. Im fruchtbaren Halbmond ist gegen Ende des 4. Jahrtausends der Übergang von der Dorf- zur Stadtkultur zu beobachten, was unter anderem auf hohe Produktivitätssteigerungen zurückzuführen ist. Es waren nicht mehr alle Leute im primären Wirtschaftsbereich nötig, die Ausbildung einer differenzierten, arbeitsteiligen Struktur wurde möglich. Die Koordination der vielfältigen Aufgaben wurde durch eine monarchische Spitze der entstehenden Städte übernommen. Entsprechende Folgen zeichneten sich im Symbolsystem ab: Ein differenziertes Pantheon entstand, in welchem bestimmte Funktionen verteilt waren, wobei die Koordination durch einen *summus deus*, einen Götterkönig, wahrgenommen wurde. In Ägypten erlebte man mit der ersten Zwischenzeit einen Zusammenbruch dieser sozialen Ordnung (wobei für diese Katastrophe keineswegs äußere Faktoren verantwortlich waren), und diese Irritation zeichnete sich sofort auch im Symbolsystem ab: Es kam zur Ausbildung einer Jenseitserwartung, die in vielen Beziehungen kompensatorische Funktion der desorientierenden Gegenwart gegenüber hatte. Seit der französischen Revolution bis in die Gegenwart hinein sind die traditionellen Autoritätsstrukturen zunehmend in Frage gestellt worden, dem Sturz der Monarchen folgte der Sturz der Väter; entsprechend schwand die religiöse Autorität, Gott wurde als Vater problematisch, dafür hat die Vorstellung von Gott als Bruder oder als Partner zunehmend an Attraktivität gewonnen.

c) Das *Symbolsystem ist nicht lediglich der Spiegel anderer kultureller Bereiche*, sondern ein Feld, das von sich aus dynamisch werden kann. Natürlich entfaltet sich eine solche Dynamik nicht im luftleeren Raum; Religionsstifter wie Buddha oder Mohammed, Reformatoren wie Luther oder Zwingli sind zwar in ihrem kulturgeschichtlichen Kontext zu verstehen, sind aber nicht durch diesen kulturgeschichtlichen Kontext determiniert. Vielmehr handelt es sich hier um eigentliche religiöse Umbrüche, die dann gewaltige Folgen auf dem Felde der Gesamtkultur haben. Der Islam hat zu einer völligen Veränderung der altarabischen Sozialordnung geführt, an die Stelle der Sippe trat die islamische Gemeinschaft (*umma*), an die Stelle der Sippensolidarität die Armenversorgung durch die Armensteuer (*zakat*) usw. Dazu kam eine unglaubliche politische Dynamisierung, die Eroberungswelle der arabischen Heere überschwemmte innerhalb von wenigen Generationen den ganzen Mittelmeerraum und Vorderasien. Die Auswirkungen der Reformation sind im Zusammenhang mit der Erörterung von Max Webers Calvinismus-Kapitalismus-Hypothese besprochen worden (vgl. 3.1.2).

d) Geschichte wurde früher unter dem Gesichtspunkt geschrieben, daß einzelne Menschen Geschichte machen – von Alexander dem Großen über Napoleon zu Hitler. Demnach wären *individuelle Gestalten* in erster Linie für die historischen Abläufe verantwortlich. In diesem Jahrhundert hat man auch gegenläufige Gesichtspunkte geltend gemacht; die Entwicklung zum 2. Weltkrieg wird dann beispielsweise nicht primär als Werk Hitlers, sondern als Auswirkung des deutschen Nationalismus, der Versailler Verträge und der Weltwirtschaftskrise beschrieben, was so oder so zur Katastrophe hätte führen müssen. Demzufolge müßte man *kollektiv wirksame Kräfte* als wirklich treibend bestimmen. Beide Arten von Komponenten sind zu berücksichtigen. Zur Zeit Mohammeds ist die altarabische, traditionelle Religion innerlich zersetzt, durch jüdische und christliche Mission in Frage gestellt; da und dort machen sich Reformtendenzen bemerkbar, personifiziert durch sog. Ḥanifen, mit dem Versuch, vom altarabischen Traditionsgut her zu Neuanfängen zu kommen. Aber erst Mohammed wird zum Religionsstifter; er kommt nur in dieser bestimmten Konstellation zu seiner Wirkung, aber die Konstellation schafft noch nicht den Mohammed. Soziale und individuelle Faktoren sind also gleicherweise zu beobachten, sie sind auch zu gewichten.

6.3.2 Exogene Ursachen von Kultur- und Religionswandel

a) Es gibt kaum Gesellschaften ohne *Kultur- und Religionskontakt* mit benachbarten Ethnien und Völkern, insofern ist mit Einflüssen von außen immer zu rechnen. In der Regel zeigt sich eine zwiespältige Reaktion: Einerseits werden gewisse Elemente übernommen, das Fremde fasziniert in einer gewissen Weise; andererseits grenzt man sich ab. *Austausch- und Abwehrmechanismen* stellen sich wahlweise, oft auch parallel ein. Benachbarte Religionen weisen oft Elemente auf, welche bestimmte Bedürfnisse besser erfüllen, als dies in der eigenen Religion realisiert wird. Es sei beispielhalber nochmals auf den Rosenkranz hingewiesen; dieser ermöglicht eine Strukturierung des Gebetes, die Assimilation des Gebetsinhaltes wird durch eine Mechanisierung gefördert. Dies ist ein Element, welches dem Katholizismus des Mittelalters zustatten kam und so zur Übernahme des Rosenkranzes führte. Dem heutigen Protestantismus sind meditative Praktiken abhanden gekommen; entsprechend macht man Anleihen beim Katholizismus (in evangelischen Begegnungszentren werden beispielsweise Exerzitien des heiligen Ignatius praktiziert), aber man entwendet ohne weiteres auch Elemente aus indischen Quellen. Eine andere Möglichkeit besteht darin, daß bestimmte kultische Funktionen an andere Religionen delegiert werden. Bei den Bambuti (zentralafrikanische Pygmäen) werden etwa Initiationen durch benachbarte Stämme wahrgenommen; und mancher Protestant hat bis in die Gegenwart hinein den Kapuziner für bestimmte Leiden gebraucht, denen sonst niemand gewachsen war.

Solchen Austauschmechanismen gegenüber sind Abgrenzungsmaßnahmen zu beobachten. Besonders wesentlich sind diese für Religionen, die in Gefahr sind, sich zu verlieren. Ein Beispiel dafür stellt das Judentum dar, das seine Abwehrmechanismen insbesondere in der Zeit des Babylonischen Exils ausgebildet hat. Gewisse Elemente israelitischer Religion sind in vorexilischer Zeit ganz nebensächlich; etwa der Sabbat, die Beschneidung, die Reinheitsgebote. Alle diese Elemente werden mit dem Exil, mit der Aufgabe der staatlichen Existenz und mit dem Verlust des Lebens im geschlossenen Volksraum, lebensnotwendig. Die Beschneidung ist in Palästina noch gar keine israelitische Besonderheit, sie wird es erst im Babylonischen Exil und bekommt jetzt sofort eine zentrale religiöse Bedeutung (was beispielsweise aus der Situation der exilierten Juden in Ägypten nicht erklärbar wäre, da auch die Ägypter beschnitten sind). Ähnliches gilt für den Sabbat, der den Juden jetzt eine ganz besondere Zeitstruktur gibt; die Arbeitsruhe grenzt sofort jeden Juden vom Nichtjuden ab. Ebenso sind schließlich die vielen Reinheitsgebote zu beurteilen: Der einzige klar erkennbare Sinn dieser Gebote besteht darin, daß die jüdischen Reinheitsregeln charakteristisch anders sind als die Speiseregeln der sie umgebenden Gemeinschaften (alle Versuche, die Reinheitsgebote zum Beispiel hygienisch zu erklären, müssen als gescheitert betrachtet werden). Die Ausgrenzung gestattet es, die eigene Identität festzuhalten.

Die Entwicklung von Austausch- und Abwehrmechanismen ist in der Regel nebeneinander zu beobachten; es läßt sich nie prognostizieren, ob die eine oder die andere Reaktion überwiegt. In der Gegenwart des Christentums manifestieren sich die beiden Reaktionsweisen häufig in konkurrierenden Religionsformen. Die Gruppendynamik der Siebzigerjahre, eine Bewegung, welche ihren Ursprung in Kreisen der Psychotherapie hat, wurde sofort christlich rezipiert; die Erfahrung der Gemeinschaft wurde religiös gedeutet, man meinte eine Verwandtschaft zwischen der *dynamis* der Gruppe und der *dynamis* Gottes entdeckt zu haben. Auf diesen Austauschvorgang reagierten fundamentalistische Kreise mit schärfstem Protest, und man grenzte sich nun gern gerade gegen solche kirchliche Rezeption der Gruppendynamik ab.

b) Kulturen und Religionen bilden ein bestimmtes *Selbstbewußtsein* aus, welches im wechselseitigen Kontakt eine wesentliche Rolle spielt. Dabei ergeben sich Unterschiede in der Wertung eigener und fremder Kultur, und diese Niveauunterschiede sind für den religiösen Austausch von hohem Gewicht. Im Zeitalter des Kolonialismus hat die abendländische Zivilisation eine Übersteigerung des Selbstbewußtseins erfahren, wogegen die Kulturen der kolonisierten Völker (der heutigen Dritten Welt) entsprechende Minderwertigkeitsgefühle ausbildeten. Das Selbstbewußtsein bemaß sich dabei in der Regel an der materiellen Kultur. Eine überlegene Technologie qualifizierte die ganze Kultur als überlegen, und damit auch die dazugehörige Religion. In dieser Situation kam es zu einem einseitigen Kulturaustausch, der u. a. durch die Stichworte „Kolonisierung" und „Mission" zu charakterisieren ist; allerdings ist mit diesen beiden Stichworten noch längst nicht die ganze Breite dieses Kulturaustausches anvisiert. Die nicht-abendländischen Kulturen haben auf einer großen Breite westliche Zivilisationsformen aufgenommen. Die einheimischen Wirtschafts- und Sozialformen sind vielfach ersetzt, auf jeden Fall aber modifiziert worden; die traditionelle Autorität ist gestürzt, jedenfalls aber erschüttert; Spitäler und Ärzte sind an die Stelle von Medizinmännern getreten, Schulen an die Stelle der Unterweisung im Initiationslager usw. Da die Religion mit allen traditionellen Lebensformen eng verknüpft ist, haben die Einflüsse der westlichen Kultur automatisch die Geltung der traditionellen Religionen geschmälert. Das Minderwertigkeitsgefühl des Menschen der Dritten Welt bezieht sich denn auch nicht zuletzt auf seine Religionszugehörigkeit; man kann bei Umfragen hinsichtlich der Religionszugehörigkeit davon ausgehen, daß die traditionellen Religionen viel mehr Anhang haben, als dies im Umfrageergebnis zum Ausdruck kommt. Viele stehen nicht mehr zu ihrer Religionszugehörigkeit, auch wenn sie sich nicht zum Übertritt zu einer „höheren" Religion entschließen können; sie schämen sich.

Seit der Entkolonialisierung ist ein charakteristischer Umschwung im Gange. Bei vielen Angehörigen der Dritten Welt ist ein wachsendes, zum Teil heute übersteigertes Selbstbewußtsein zu beobachten, und entsprechend hat sich die Selbstbewertung im Westen ins Gegenteil verkehrt. Die Missionskirchen haben sich von ihren Mutterkirchen abgelöst, der Islam hat dem Christentum gegenüber ein hohes Selbstwertgefühl entwickelt, aber auch die traditionellen Religionen haben sich vielfach den veränderten sozialen Verhältnissen angepaßt und konkurrieren wieder erfolgreich mit dem Christentum, dem häufig immer noch der Makel des Kolonialismus anhaftet. Die neuen „synkretistischen" Kulte in Afrika (Heilungs- und Heilkulte) sind nicht mehr auf die Gemeinschaft bezogen, sondern auf das entwurzelte Individuum. Hier bahnt sich eine Religiosität an, die religionsgeschichtlich immer wichtiger werden wird.

Sind die kulturellen und religiösen Niveauunterschiede besonders groß oder von besonders einschneidenden historischen Einbrüchen herbeigeführt, so kommt es gern zur Ausbildung von *Krisenkulten* (eine ganze Reihe von Ausdrücken bezeichnen verschiedene Aspekte dieses Phänomens: *Nativismus, Chiliasmus, Millenarismus*; auch *Cargo-Kulte* gehören in diesen Zusammenhang). Dabei wird das ganze Symbolsystem ziemlich plötzlich in Frage gestellt; es verliert seine Orientierungsfähigkeit für die Gegenwart. Statt dessen wird es gern Gegenstand der Zukunftserwartung: Das Heil, welches die religiösen Abläufe vermitteln, wird in einer meist relativ nah erwarteten Zukunft einbrechen, und die jetzt scheinbar unwirksamen lebensbestimmenden Mächte, wie sie aus der Tradition bekannt sind, werden sich dann durchsetzen. Das dann erwartete Heil hat eine höhere Qualität als dessen frühere Gestalt (welche sich ja als untauglich erwiesen hat). Natürlich ist mit dieser Projektion in die Zukunft (*Eschatologisierung*) auch eine inhaltliche Veränderung des Symbolsystems verbunden. Bei den Cargo-Kulten in Melanesien beispielsweise ist es von höchster Wichtigkeit, daß die materiellen Reichtümer, über welche die

Weißen verfügen, eigentlich im Besitz der Ahnen sind und in der Heilszukunft den Kultteilnehmern zuteil werden sollen. Viele Befreiungsbewegungen im Kampf um die Entkolonisierung waren durch solche Krisenkulte geprägt. Es handelt sich jedoch keineswegs um eine Erscheinung, die nur in der jüngsten Vergangenheit zu beobachten wäre; die Eschatologisierung der israelitischen Religion, wie sie bei einer Reihe exilisch-nachexilischer Propheten (insbesondere Deuterojesaja, Jes 40–66) zu beobachten ist, gehört auch in diesen Zusammenhang (vgl. vor allem Mühlmann 1964; Lanternari 1968; Worsley 1968/1973; Wilson 1975; Laubscher 1979).

Niveauunterschiede spielen im Nebeneinander aller Religionen eine große Rolle. Sie sind auch von großer Bedeutung im Verhältnis zwischen Katholizismus und Protestantismus. Der Protestantismus, der sich im Verein mit Aufklärung, Bürgertum und Kapitalismus entfaltet hat (bzw. der diese Bewegung zumindest partiell angestoßen hat), hat häufig ein Gefühl der Überlegenheit dem „rückständigen, abergläubischen, bäurischen" Katholizismus gegenüber entwickelt – freilich ist das Überlegenheitsgefühl immer mit Angst vor dem urtümlicheren Katholizismus gepaart. Aus dieser Lage heraus ergeben sich dann Austauschprozesse wie auch Abgrenzungsmechanismen zwischen Katholizismus und Protestantismus. Gegenwärtig ist eine galoppierende Protestantisierung des Katholizismus zu beobachten, der die Hierarchie kaum Einhalt zu bieten vermag.

6.3.3 Stadien des Religionswandels

Die Überlegungen, die hier anzustellen sind, haben ihren Sinn nur im Hinblick auf Religionen, die über längere Zeiträume hin beobachtet werden können. Was sie im Hinblick auf Religionen schriftloser Kulturen bedeuten (deren Geschichte man kaum kennt), müßte überlegt werden. Religionen durchlaufen charakteristische Stadien ihrer Entwicklung (vgl. z. B. Lanczkowski 1971: Stiftung – Entfaltung – Stabilisierung – Untergang; dies ist etwas zu sehr nach dem Muster des individuellen Lebens geraten und einem Organismusmodell der Religion verpflichtet. Trotzdem kann man typische Phasen und Abläufe voneinander unterscheiden):

a) Insbesondere bei der *Neuentstehung von Religionen* bzw. nach *innovativen Schüben* ergeben sich Entfaltungen von Religionen, die zu Ausbreitung unter Entwicklung hoher Formenvielfalt führen. Man kann von *Phasen dynamischer Expansion* sprechen. Extrem läßt sich dies am Christentum bei seiner Entstehung beobachten. Bereits eine Generation nach dem Tode Jesu gibt es verschiedenste Spielarten des Christentums, die kaum mehr unter einen Hut zu bringen sind; auf der einen Seite stehen Formen, die als jüdische Gruppierungen zu bezeichnen sind, mit der Sonderlehre, der Messias sei schon gekommen; auf der andern Seite gibt es Gemeinden, welche fast alles Jüdische hinter sich gelassen haben, das Christentum als enthusiastische Erlösungsreligion mit einer räumlichen Heilsorientierung sehen und in der Nachbarschaft hellenistischer Mysterienreligionen zu lokalisieren sind. Die Sicht des Urchristentums als ursprünglich geschlossener und einheitlicher „Urgemeinde", aus welcher sich dann verschiedene Häresien abgespalten hätten, ist nicht zutreffend. Der Gründungsimpuls führt zu Gemeindebildungen in allen möglichen religiösen und kulturellen Milieus, zu einer starken Dynamik der Verbreitung und zu schnellen Veränderungen. Die Kehrseite dieser dynamischen Expansion ist in den vielen Konflikten und Streiten gegeben, von denen das Neue Testament Zeugnis ablegt.

b) Der ungebremsten Dynamik folgt gern eine *Phase der Konsolidierung und Kontrolle*. Wiederum ist dies am frühen Christentum leicht demonstrierbar. Paulus propagiert die Kontrolle der enthusiastischen Kulte durch die Rationalität: Die Charismata, welche auf Verstehbarkeit hin ausgerichtet sind, sind den unverständlichen Äußerungen des Geistes überzuordnen. Später kommt es zur Ausbildung des Bekenntnisses, des Bischofsamtes, welches die apostolische Sukzession garantiert, und eines verbindlichen Kanons heiliger Schriften. Alle diese Elemente helfen, die unübersehbar gewordenen Formen des Christentums wieder zu einer überschaubaren Einheit zu machen.

Ähnliches ist bei Mohammed zu beobachten: In einer ersten Phase in Mekka betreffen die Offenbarungen das kommende Gericht, die Verkündigung des einen Gottes, der sich nicht mit der bisherigen mekkanischen Religion verträgt, und überhaupt eine Botschaft, welche die Gegenwart einer scharfen Kritik unterzieht. Die zweite Phase in Medina konzentriert die Botschaft insbesondere auf Grundsätze des Gemeindelebens; die erfolgreiche neue Religion und Gesellschaft wird konsolidiert, ihre Lebensabläufe werden geregelt. Die Suren sind jetzt phantasieloser, langatmiger, ohne den Schwung der Anfangszeit; dafür äußerst effektiv im Hinblick auf die Konsolidierung der Gemeinde.

Ein drittes Beispiel für den Umschlag der dynamischen Expansion in die Konsolidierung hinein zeigt sich im Verhältnis zwischen Reformation und protestantischer Orthodoxie. Nach einem Aufbruch, welcher große Energien der Ausbreitung reformatorischen Christentums freisetzt (wobei auch ungewollte Nebenwirkungen spürbar werden, die schwer zu kontrollieren sind: Täufer und Schwärmer können sich durchaus auf die Reformatoren berufen), kommt es in einer Konsolidierungsphase zur Abgrenzung von den „Wildwüchsen", zur Ausformung des lutherischen bzw. reformierten Normaltypus. Die Festigung des Protestantismus in der Orthodoxie geschieht unter Verlust der Dynamik reformatorischen Aufbruchs.

c) Schließlich sind *Phasen der Marginalisierung und des Untergangs* zu beobachten (vgl. Zinser 1986). Man kann unterscheiden zwischen dem Zurücktreten einzelner Elemente innerhalb eines Symbolsystems und dem Terrainverlust von Symbolsystemen insgesamt.

Ein Symbolsystem bleibt nie unverändert. Dies bedeutet, daß einzelne Elemente ihren Stellenwert verändern. Ein religionsgeschichtlich weit verbreitetes Phänomen ist der *deus otiosus*, der zurückgezogene Gott: Götter werden im Lauf der Religionsgeschichte „verbraucht", und demzufolge werden sie immer passiver; häufig existieren sie nur noch in weiter Ferne als untätige Wesen, um dann schließlich ganz zu verschwinden. Dergleichen ist in Australien gut zu beobachten (Wesen mit demselben Namen nehmen bei verschiedenen Ethnien einen ganz unterschiedlichen Stellenwert ein: Bei den einen sind sie noch ganz im Vordergrund angesiedelt, bei anderen schon im Hintergrund). Das gleiche gilt von El bei den Semiten. Während Ilu im Ostsemitischen fast vollständig die Charakteristik eines persönlichen Gottes verloren hat (der Ausdruck dient nur noch als Gattungsbezeichnung für „Gott"), kennen die Leute von Ugarit im westsemitischen Bereich El noch im 2. Jahrtausend v. Chr. als persönlich abgegrenzte Figur, die freilich im Begriffe ist, in den Hintergrund zu treten. Im ersten nachchristlichen Jahrtausend bringt Mohammed Allah (der Name entspricht dem des El; es handelt sich um eine verlängerte und mit Artikel versehene Variante) wieder ganz in den Vordergrund, er macht ihn zur ausschließlichen göttlichen Figur. Gewisse Elemente eines Symbolsystems nützen sich also ab, sie werden langweilig, treten zurück, und werden durch andere, nie ganz gleichwertige, ersetzt. In Schriftreligionen ist dieser Prozeß natürlich sehr viel komplizierter.

Auch Religionen als ganze können zurücktreten und untergehen. Wo die Religion eng an die Kultur eines Stammes oder Volkes gebunden ist, kommt es bei der Zerstörung dieser Kultur häufig zu einem natürlichen Untergang der Religion. Auch dies ist aber kein „Gesetz"; ein Gegenbeispiel stellt Israel dar, welches trotz des Verlustes seiner politischen Existenz mit dem babylonischen Exil seine Religion in einer neuen Form weiter entwickelt.

Kulturen, in denen das Symbolsystem einen eigenständigen kulturellen Teilbereich ausmacht, kennen häufig verschiedene Symbolsysteme, die miteinander konkurrieren. Hier stehen also verschiedene Religionen im Wettbewerb nebeneinander; dies ist etwa im hellenistischen Synkretismus zu beobachten. Da gibt es eine Unzahl verschiedener konkurrierender Kulte, wobei die Favoriten wie Christentum und Mithrazismus nationale Bande hinter sich gelassen haben. Das Christentum setzt sich schließlich im Wettbewerb durch, es wird zu einer Staatsreligion und verändert damit seinen Charakter grundlegend.

6.3.4 Religionen mit weltveränderndem und missionierendem Charakter

Die Großzahl der Religionen schriftloser Ethnien ist *ethnozentrisch*, d. h. diese sind ganz auf die betreffende Lebensgemeinschaft und deren Lebensraum bezogen. Selbstverständlich entwikkeln sich hier keinerlei Impulse zu Mission oder Weltveränderung. Auseinandersetzungen mit Feinden, die im Symbolsystem durchaus eine Rolle spielen, haben nicht das Ziel, die Geltung der eigenen Kultur und der eigenen Religion auf Fremde auszuweiten.

Veränderungen zeichnen sich ab in differenzierten Hochkulturen, wie sie etwa im Alten Orient, Indien oder China entstehen. Diese Reiche, denen ein polytheistisches Religionssystem zu eigen ist, zeichnen sich durch einen hohen *Expansionsdrang* aus. Für das eigene politische und religiöse System wird eine Superiorität den fremden Kulturen gegenüber beansprucht. Besonders deutlich ist die Entwicklung im alten Mesopotamien: Die sumerischen Herrscher erheben in einem bestimmten Zeitpunkt Anspruch auf Weltherrschaft. Das historische Bewußtsein, das einerseits das Machtgefühl, andererseits die Angst steigert, eröffnet die Möglichkeit, Grenzen zu verschieben, sich andere Städte untertan zu machen, aber natürlich auch die Möglichkeit der eigenen Vernichtung. Die Reichsgrenzen werden im altorientalischen Bereich als Grenze zwischen Kosmos und Chaos interpretiert; dabei liegt es in der Herrschaftstendenz der Könige, diese Grenze ständig zu Ungunsten des Chaos zu verschieben, den Bereich der Unordnung gewissermaßen auszutrocknen und alles in Kosmos zu verwandeln. Die fremden Völker werden untergeordnet, sei es, daß sie ihre Eigenständigkeit völlig verlieren und zu Reichsprovinzen werden, sei es, daß ihre Herrscher zu Vasallen degradiert werden. Extrem gesteigert ist diese Tendenz unter Alexander dem Großen. Er strebt offensichtlich ein Weltreich mit einheitlicher Herrschaft und einheitlicher Bevölkerung an. Damit verläßt er die Grundlage ethnozentrischer Kultur, er versucht wirklich, den Weltenbürger zu kreieren (bezeichnend ist die befohlene Massenheirat zwischen einer großen Anzahl persischer junger Mädchen und griechischer Offiziere). Der Versuch scheitert jedoch und endet damit, daß die Religion des Staates und die persönliche Religion im Hellenismus ganz auseinandertreten. Einerseits besteht nun ein Staat mit religiösem Anspruch (Herrscherkult), der jedoch die privaten Belange und Bedürfnisse nicht mehr in sein Symbolsystem einbezieht. Andererseits ist der einzelne demzufolge in seiner privaten Religiosität völlig frei, er kann sich jeder beliebigen Orientierung anvertrauen. In diesem Freiraum ist dann die Konkurrenz verschiedener religiöser Symbolsysteme beheimatet. Die konkurrierenden Kulte müssen Mitglieder rekrutieren, sie müssen eine Propaganda entwickeln und sind also zur Mission gezwungen. Ihre Symbolsysteme passen sie elastisch der Bedürfnislage der Anhänger an, sie verändern sich entsprechend schnell.

Die größte *Missionsdynamik* ist im Christentum und im Islam zu beobachten. Hier ist der Weltgeltungsgedanke von Anfang an einprogrammiert (was das Christentum betrifft, gilt dies kaum für das gesamte Urchristentum; gewisse judenchristliche Gruppen haben offenbar nicht missioniert, vgl. etwa Mt 10,5f.; die Gemeinde, die vom Missionsbefehl geprägt war, oder Paulus, der zu seinen Lebzeiten die ganze Ökumene durchreisen wollte, waren aber von der Selbstverständlichkeit des Missionsgedankens durchdrungen). Christianisierung bzw. Islamisierung der Welt bedeutet Veränderung dieser Welt. Entsprechend liefen der Ausbreitung dieser beiden Religionen gewaltige politische Veränderungen parallel. Das Christentum hat schließlich einen Kulturwandel in Gang gesetzt, der ohne diese Religion absolut undenkbar wäre.

Diese Missionsdynamik wirkt nun auch auf Gebiete zurück, welche traditionell nicht in diesem Ausmaß oder überhaupt nicht missionarisch geprägt waren. Zwar gab es auch im antiken Indien gewisse Konkurrenzsituationen (so standen etwa philosophische

Schulen nebeneinander und gegeneinander, verschiedene Götter und ihre Kulte befinden sich in einer gewissen Konkurrenzsituation; man ist z.B. entweder Śiwa- oder Viṣṇu-Anhänger). Doch führt dies alles nicht zu einer eigentlichen Missionssituation. Insbesondere ist der Hinduismus als Religion auf die Inder beschränkt, man kann nicht Hindu werden, sondern man muß als Hindu geboren sein. Die Sozialordnung läßt immerhin die Wahl zwischen verschiedenen Aspekten eines umfassenden Symbolsystems offen.

In der Neuzeit wirkt nun jedoch die Missionsdynamik des Christentums auf Indien ein. Neohinduistische Bewegungen entfalten einen hohen Missionseifer mit entsprechendem Exklusivitätsanspruch. Ein ganz wesentlicher qualitativer Sprung besteht darin, daß neohinduistische Bewegungen über Indien hinausgreifen und in Amerika bzw. Europa tätig werden. Bewegungen wie Hare Krishna oder die (inzwischen liquidierte) Gemeinschaft des Bhagwan wirken im Westen zu einem Zeitpunkt, da dem Christentum seine eigene Mission suspekt wird.

Im Christentum ist der Missionsgedanke ergänzt oder gar abgelöst durch den Gedanken des *interreligiösen Dialoges* (vgl. 2.1). Das Christentum von heute sucht das Gespräch mit anderen Religionen, es meint, auf diesen Dialog um seiner selbst willen, um sich selbst zu finden und um den andern wie sich selbst besser zu verstehen, angewiesen zu sein. Diese Tendenz hat einerseits im Christentum selbst Gegenbewegungen ausgelöst (fundamentalistische Kreise kehren zu Missionskonzepten zurück, wie sie in der kolonialen Zeit vertreten wurden), und andererseits ist zu bemerken, daß der Dialoggedanke in anderen Religionen noch kaum Fuß gefaßt hat. Die Zukunft des interreligiösen Dialoges ist also noch ganz unsicher.

7. Der Zugang zum Phänomen der Religion

Literaturhinweise: Allgemeine Arbeiten zu Methodenproblemen vgl. bei 2.2. – Einführungen in die Religionsphänomenologie: van der Leeuw 1961; Dhavamony 1973; Lanczkowski 1978. – Klassische Werke zu Religionsphänomenologie, Religionstypologie und vergleichender Religionsgeschichte: Eliade 1948/1958; van der Leeuw 1956; Mensching 1959; Goldammer 1960; Heiler 1979; Wach 1958/1962; Bianchi 1964; Widengren 1969. – Neuere methodische Besinnung zu Fragen der Religionsphänomenologie: Waardenburg 1972a und b; Allen 1978 (speziell zu Eliades Ansatz); Honko 1979, Teil 2 (Diskussion der Probleme von Phänomenologie und Typologie); Petterson/Åkerberg 1981 (Verarbeitung religionsphänomenologischer und -psychologischer Fragen); Barbosa da Silva 1982; King 1984; Zuesse 1985; Braun 1993, Sundermeier 1999. – Weitere Arbeiten zu bestimmten hermeneutischen Fragen: Kitagawa 1963 (Frage der Verstehensmöglichkeiten hinsichtlich fremder Religion überhaupt); Ricoeur 1969/1973–1974 (Diskussion strukturalistischer, psychoanalytischer und hermeneutischer Verfahrensweisen); Baird 1971 (Diskussion grundlegender religionswissenschaftlicher Kategorien); Pye 1973 (Vergleich hermeneutischer Probleme bezüglich Buddhismus und Christentum); McGinty 1978 (Diskussion verschiedener Verstehensmodelle im Hinblick auf griechische Religion); Wiebe 1981 (Stellenwert der Wahrheitsfrage); Terrin 1983a (zur Diskussion um „Erklären und Verstehen" hinsichtlich heutiger Religionswissenschaft); Stolz 1994.

Das Thema dieses Schlußkapitels nimmt Fragen auf, welche bereits an verschiedenen Stellen angeschnitten wurden. Es geht nochmals um die Möglichkeiten des Verstehens von Religion, damit auch um den Standort dessen, der sich um das Verstehen bemüht; es geht um die Mittel religiöser Botschaft, sich mitzuteilen, und um diejenigen, diese Mitteilung aufzunehmen; und es geht schließlich nochmals um das Wesen der Religion selbst. So bündelt sich jetzt eine Reihe von Problemen nochmals, die in den vorhergehenden Kapiteln entfaltet wurden. Dies geschieht zunächst in der Darstellung, dann in der kritischen Weiterführung von Religionsphänomenologie und Religionstypologie, den beiden herkömmlichen wissenschaftlichen Verfahrensweisen, einzelne religiöse Erscheinungen bzw. Religionen insgesamt zu begreifen.

7.1 Die Anfänge von Religionsphänomenologie und -typologie

Phänomenologie ist ein traditionell philosophischer Begriff. Er erscheint z. B. bei Kant (allerdings nicht in den kritischen Hauptwerken) zur Bezeichnung der empirischen Erscheinungsform der Dinge und wird bei Hegel in der „Phänomenologie des Geistes" zu einem zentralen Begriff. „Phänomenologie der Religion" ist ein Ausdruck, der durch den holländischen Religionshistoriker *Pierre Daniel Chantepie de la Saussaye* (1848–1920), einen der Begründer der holländischen Religionswissenschaft, geprägt worden ist. Dieser veröffentlichte 1887 ein Lehrbuch der Religionsgeschichte, in dem er einen Überblick über die wichtigsten Religionen gab. Einleitend verfaßte er einen Abschnitt über „Phänomenologie der Religion", wobei er wichtigste Begriffe abgrenzte und erläuterte; dabei erklärte er programmatisch, er wolle weder doktrinär noch erklärend vorgehen. Die Arbeit der Begriffsbildung wird an verschiedenen Religionen illustriert und auf ihre Tauglichkeit hin überprüft. Damit hat Chantepie ein Verfahren geschaffen, das sich durchgesetzt hat, von dem er selbst freilich wieder abgekommen ist; in weiteren Auflagen seines Lehrbuchs hat er den Abschnitt gestrichen (und außerdem die meisten Kapitel nicht mehr selbst verfaßt, sondern sie Spezialisten anvertraut). In der 3. Auflage bemerkt er im Eingangskapitel: „Die Religionsgeschichte gliedert sich am besten nicht nach sachlichen Gesichtspunkten, sondern nach dem ethnographischen und historischen Zusammenhang der Völker." (1905, 16). So bleibt nur noch die Aufgabe, die Gliederung des Werks und die Reihenfolge der einzelnen Kapitel zu begründen. Dies erledigt Chantepie in einer ganz knappen Typologie und in einer Erläuterung einiger religionswissenschaftlicher Begriffe. So hat der Begründer der Religionsphänomenologie also nicht nur eine Disziplin geschaffen, sondern er ist ihr selbst gegenüber so mißtrauisch geworden, daß er auf sie verzichtet hat. Daß die Aufgabe einer umfassenden Terminologie für Erscheinungen im Bereich der Religion damit aber nicht erledigt war, versteht sich von selbst.

Entwürfe einer Religionstypologie sind älter als die ersten Ansätze zur Religionsphänomenologie. Sie versuchen, Religionen nach bestimmten Gesichtspunkten zu gliedern, und zwar in einer Weise, welche eine verstehende Einordnung dieser Religionen möglich macht. Eine erste, prägende Einteilung der Religionen ist durch *G. W. F. Hegel* vorgelegt worden, welcher eine Art von Religionsgeschichte unter dem Gesichtspunkt der Entfaltung des Geistes gibt (1821–31). Hegels Gliederung sieht folgendermaßen aus:

I. Die Naturreligion

1. Die unmittelbare Religion (Zauberei)
2. Die Entzweiung des Bewußtseins in sich. Religion der Substanz: Religion des Maßes (China); Religion der Phantasie (Brahmanismus); Religion des in sich Seins (Buddhismus)
3. Die Naturreligion im Übergange zur Religion der Freiheit; der Kampf der Subjektivität: die Religion des Guten, des Lichts (Persien); Religion des Schmerzes (Syrien); Religion des Rätsels (Ägypten)

II. Religion der geistigen Individualität

1. Religion der Erhabenheit (Juden)
2. Religion der Schönheit (Griechen)
3. Religion der Zweckmäßigkeit und des Verstandes (Römer)

III. Die absolute Religion (Christentum)

Die Religion beinhaltet das Verhältnis des endlichen Geistes zum absoluten Geist in der Form der Anschauung. Die Geschichte der Religionen macht deshalb die typische Bewegung des Geistes mit, der eine Geschichte hat, zu sich selbst in Verhältnisse tritt und zu sich selbst kommt. Dabei geht es im ersten Teil (I) um die Anschauung des Geistes in der Objektwelt, in der Natur (wobei in der „unmittelbaren Religion" diese Entfremdung noch gar nicht sichtbar wird); sodann (in Abschnitt II) um die Anschauung des Geistes im Bereich des Subjekts; schließlich, im Christentum, werden die Gegensätze versöhnt. Die Typologie ist also einerseits am historischen Material orientiert, welches sie in eine bestimmte Ordnung bringt; und andererseits dient sie dazu, die fremden Religionen als Manifestationen des *einen* Geistes, dessen man auch in der eigenen Religion ansichtig wird, zu verstehen.

Diese Typologie wirkte stark nach. Die philosophischen Prämissen Hegels wurden zwar nicht mehr ausführlich reflektiert, aber sie bildeten einen relativ selbstverständlichen Hintergrund für die im 19. Jahrhundert entstehenden Typologien. Dazu trat als zweiter Kontext für derartige Entwürfe das evolutionistische Denken; in jedem Fall war klar, daß die Typologie im Sinne einer Entwicklung zu verstehen sei; aus „primitiveren" Religionstypen entwickeln sich „vollkommenere", um schließlich im Christentum zu kulminieren. Wenn schon die theoretische Reflexion über das Wesen der Typologie zurücktrat, machte doch die Kenntnis von historischem Material rasante Fortschritte; die Texte akkadischer und ägyptischer Religion wurden entziffert, und die Ethnographie bearbeitete immer weitere Gebiete. Als Beispiel einer Typologie dieser Epoche sei kurz die Klassifikation der Religionen durch den holländischen Religionswissenschafter C. P. Tiele, den neben Chantepie einflußreichsten holländischen Religionswissenschafter des letzten Jahrhunderts, wiedergegeben: Niederere und höhere Naturreligionen (Animismus und Polytheismus, der von „therianthropischem" zu anthropomorphischem Typ fortschreitet) werden von ethischen Religionen unterschieden, die sich vom nationalen zum universalistischen Typ entwickeln. Wesentliches Prinzip des Fortschritts ist das „rationelle Denken, welches der ausschweifenden Phantasie Zügel anlegt" (1899, 83), die ethischen Strukturen herausarbeitet und der Individualität zunehmenden Raum verschafft. Die Natur wird zunehmend durch den Geist veredelt, und die Religion gewinnt allmählich ihren Eigenraum; die Ausdifferenzierung wird also beobachtet und positiv gewertet. Dabei ist eine komplementäre Entwicklung zu beobachten: Das Göttliche gewinnt (objektiv) zunehmend an Einheitlichkeit – der Monotheismus ist also eindeutiges Ziel der religiösen Evolution. Gleichzeitig aber ist die Wahrnehmung des Religiösen immer individueller und differenzierter geprägt. Der Weg von der Natur zum immer spezifischer Menschlichen hin ist einerseits durch die allgemeine Religionsgeschichte dokumentiert, ist aber andererseits eine Strukturform des sich entfaltenden menschlichen Wesens schlechthin. Die Typologie hat also einen historischen und einen systematischen Aspekt.

Dem 20. Jahrhundert sind diese evolutionären Selbstverständlichkeiten abhanden gekommen. Das bedeutet aber nicht, daß die Disziplin der Religionstypologie nun verschwunden wäre; vielmehr beschränkt sie sich nun auf das Deskriptive; bestimmte Unterscheidungen verhelfen dazu, globale Eigenarten bestimmter Religionssysteme voneinander abzuheben. So unterscheidet man etwa zwischen Volksreligion und Universalreligion, zwischen gewachsener und gestifteter Religion usw. Breit ausgeführt ist diese Arbeit z. B. durch Gustav Mensching (1959). In welcher Weise eine solche deskriptive Klassifikation dem Verstehensvorgang dienlich sein könnte, wird nicht mehr reflektiert.

7.2 Religionsphänomenologie im 20. Jahrhundert

Die Phänomenologie ist im Bereich der Philosophie zu einer der wesentlichsten philosophischen Fragestellungen dieses Jahrhunderts geworden. Begründer dieser Richtung ist *Edmund Husserl* (1859–1938). Seine wichtigsten Schriften entstanden um die Jahrhundertwende. Von Husserls Arbeit her ergaben sich Impulse zur Neuformulierung religionswissenschaftlicher Fragestellungen, die nach Chantepie wieder aufgegeben worden waren. Analoge Wirkungen hat Husserl übrigens auch in andern Wissenschaftsbereichen gezeigt: Die psychologische Daseinsanalyse, die Ludwig Binswanger geschaffen hat, steht zu Husserl in ähnlichem Verhältnis wie die Religionsphänomenologie. In beiden Fällen sind die komplexen Gedankengänge Husserls nicht eigentlich verarbeitet, aber sie haben Assoziationen geweckt und neue Problemstellungen provoziert.

Ein erster großer Entwurf der Religionsphänomenologie stammt von *Gerardus van der Leeuw* (1890–1950). Van der Leeuw ist von Haus aus Theologe und Ägyptologe, am Schluß seines Lebens amtiert er noch als Kultusminister. Die Gliederung seiner Phänomenologie (1956) sieht folgendermaßen aus:

1. Das Objekt der Religionen: Macht; theoretisierte Macht; Ding und Macht usw., schließlich dann Götter. (Die Anordnung verrät deutlich ein evolutionistisches Moment, obwohl van der Leeuw sich ganz programmatisch dem Evolutionsdenken entziehen möchte.)

2. Das Subjekt der Religionen: Der Heilige Mensch, bestimmte Spezialisierungen und Rollenausprägungen menschlicher Heiligkeit; die heilige Gemeinschaft; das Heilige am Menschen: die Seele, Seelentypen.

3. Objekt und Subjekt in ihrer Wechselwirkung aufeinander: Kult und Frömmigkeit.

4. Die Welt: Religiöse Weltbilder und Weltdeutungen usw.

5. Gestalten: Typologie der Religion, Typologie religiöser Autorität, Typologie religiöser Vorgänge usw.

Die theoretische Begründung zu seiner Phänomenologie liefert van der Leeuw in den Epilegomena. Bereits dies ist typisch; van der Leeuw meint also, zunächst einmal möglichst unvoreingenommen, vortheoretisch zu den Dingen zu gelangen, so daß sich die Theorie gewissermaßen aus der Beschäftigung mit den Dingen selbst ergibt. Van der Leeuw setzt beim *phainomenon* an, bei dem, was sich zeigt. Was passiert, wenn sich dem Religionswissenschafter ein religiöses Phänomen zeigt? Der Vorgang des Sich-Zeigens ist nicht einfach unmittelbar gegeben, sondern reflektiert. Der Phänomenologe gibt dem Phänomen eine Gestalt; er rekonstruiert es so, daß er es verstehen kann, er gibt ihm eine Struktur. Die Strukturierung ist gebunden an vorausgehende Erfahrungen, es handelt sich um einen Einordnungsvorgang in Analogie zu bereits Vorstrukturiertem. So kommt es zur Beschreibung von Typen. Wenn der Phänomenologe es mit Zeugnissen irgendeines afrikanischen Stammes zu tun hat, welche von bestimmten Teilen des Menschen sprechen, die nach dem Tode weiter leben (wobei natürlich die Sprache des betreffenden Stammes ein Wort kennt, das diesen Teil des Menschen bezeichnen kann), so wird dieser Sachverhalt im Kontext analoger Sachverhalte erfaßt, und dieser Teil des Menschen kann als „Seele" bezeichnet werden; allenfalls ist die Seelenbezeichnung noch genauer zu spezifizieren. Folgende Aspekte der phänomenologischen Arbeit lassen sich voneinander sondern:

a) Benennung: Gewisse Dinge und Sachverhalte innerhalb einer bestimmten Religion werden mit religionswissenschaftlichen Termini benannt, die für verschiedene Einzelreligionen benützbar sind. Auf diese Weise werden unter Umständen auch Dinge zusammengefaßt, die in einer Einzelkultur sprachlich nicht unter einen Oberbegriff gebracht sind. Typische Beispiele sind etwa „Opfer", „Götter" usw.

b) Die Einschaltung des Phänomens in das eigene Leben: Das zu beschreibende fremde Phänomen muß in die eigenen Erfahrungs- und Erlebenszusammenhänge eingezeichnet werden. Dies ist kein Akt der Willkür; van der Leeuw setzt voraus, daß der Mensch an sich überall gleich ist, daß er die selben Erfahrungs- und Erlebensmöglichkeiten hat. Was vom anderen erfahren und erlebt worden ist, kann, bei methodischer Sorgfalt, im eigenen Lebens- und Erlebenszusammenhang nachempfunden und identifiziert werden.

c) Die phänomenologische Zurückhaltung (*epoche*): Es darf keineswegs die Illusion einer Identifikation mit dem Menschen aufkommen, der das zu interpretierende fremdreligiöse Phänomen produziert hat. Van der Leeuw verweist hier auf Leitworte Husserls wie „phänomenologische Reduktion" usw. Der Phänomenologe hat sich auf die Phänomene und ihre Bedeutung zu beschränken, er kann nicht hinter die Phänomene zurückfragen.

d) Typenbildung: Analoge Phänomene werden in Zusammenhänge gebracht und dadurch geklärt. Es kommt zur Ausbildung einer Typisierung, für die eine einheitliche Nomenklatur geschaffen wird.

e) Die Summe aller dieser Vorgänge kann als *Verstehen* bezeichnet werden. Es ist dabei nicht so, daß die genannten Vorgänge in dieser Reihenfolge nacheinander ablaufen würden. Vielmehr geschehen sie gleichzeitig, sie bedingen einander gegenseitig; es handelt sich also um verschiedene Aspekte ein und desselben Vorgangs.

Dieses Programm würde an sich erwarten lassen, daß der Phänomenologe in hohem Maße sein eigenes Vorgehen, seine Rekonstruktionsarbeit aufdeckt und reflektiert. Er wäre dauernd mit zwei parallelen Arbeitsgängen befaßt: Auf der einen Seite wäre er mit der Beschreibung des Phänomens beschäftigt, anderseits müßte er parallel dazu immer diesen Beschreibungsvorgang analysieren, den Rekonstruktionsvorgang beobachten und somit der eigenen methodischen Anstrengung gleich viel Aufmerksamkeit entgegenbringen wie dem beobachteten Objekt. Dies geschieht aber bei van der Leeuw nicht. Er bearbeitet ein außerordentlich breites Material, das er aus seinem historischen Kontext herauslöst und in thematische Sachzusammenhänge bringt. So entsteht das klassische Bild des Phänomenologen, der bunte Sträuße von ähnlichen Blumen aus den verschiedensten Gärten pflückt. Noch viel eklatanter wird dieses Theoriedefizit bei Geo Widengren, der in seiner Religionsphänomenologie programmatisch auf methodische Überlegungen verzichtet. Widengren setzt sich von Kurt Goldammer (1960), welcher seine Ausführungen mit etwas mehr Reflexion begleitet, mit den folgenden Worten ab: „Ich dagegen habe die methodischen Überlegungen, die ich in einem Lehrbuch absolut entbehrlich finde, auf ein Mindestmaß beschränkt, dagegen das historische Material reichlich geboten." (1969, 2, Anm. 3).

Insgesamt kann man sagen, daß die Religionsphänomenologie viel Arbeit an das *phainomenon*, dafür umso weniger an den *logos* gewendet hat. Aus diesem Grunde ist es begreiflich, daß der Religionsphänomenologie in jüngster Zeit ein zunehmendes Mißtrauen entgegengebracht worden ist.

Ansätze zur Wiederbelebung der Religionsphänomenologie hat Jacques Waardenburg vorgetragen (1972b; 1980; 1986, 241ff.). Er führt den Begriff der *Intention* als zentrale Kategorie in die Disziplin ein. Er geht davon aus, daß religiöse Phänomene (und darüber hinaus auch andere kulturelle Phänomene) mit einem bestimmten Sinn besetzt werden, und daß sich in dieser Sinn-Besetzung bestimmte Interessen und Absichten ausdrücken; religiöse Sinnbesetzung unterscheidet sich von entsprechenden nicht-religiösen Vorgängen durch ihren absoluten Wert für den Beteiligten. Solche Intentionen, das Gerichtet-Sein menschlicher Lebensäußerung, wären also zu analysieren und zu klassifizieren; und daraus ergäbe sich dann ein neuer Ansatz zur Religionsphänomenologie. Es wäre dann beispielsweise nicht damit getan, Analogien im Bereich religiöser Vorstellungen und Handlungen aufzulisten; vielmehr müßte geklärt werden, welche Intentionen in der Produktion und im Umgang mit diesen Phänomenen zum Ausdruck kommen. Möglicherweise ergäbe sich bei einer solchen Analyse, daß Phänomene, die aufgrund ihrer Ähnlichkeit zusammengestellt werden, durch ganz unterschiedliche Intentionen konstituiert sind. Leider hat Waardenburg seinen Ansatz bis jetzt noch nicht in größerer Breite konkretisiert.

In einer anderen Weise hat *Theo Sundermeier* in seinem Buch „Was ist Religion?" Religionsphänomenologie und Religionstypologie zusammengeführt. Er unterscheidet „primäre" Religion (und Lebenserfahrung überhaupt) von entsprechenden „sekundären" Phänomenen: Primäre Lebenserfahrung setzt die ungebrochene Behausung des Einzelnen in der Gemeinschaft voraus. Religion ist dabei funktional bestimmt: Sie besorgt die kognitive Einbettung in eine heilvoll geordnete Welt, sie steuert die entsprechenden emotionalen Ressourcen und moralischen Vorgaben. In diesem Sinne vermitteln „Stammesreligionen" fundamentalanthropologische Strukturen, die sich nie völlig verlieren (können), sie schaffen ein Gefühl der Vertrautheit mit der Welt als Basis jeder Religion überhaupt.

„Sekundäre Erfahrungen" gehen demgegenüber auf grundlegende Veränderungen im Erfahrungsbereich zurück. Auch solche Verwerfungen werden religiös bearbeitet; Sundermeier spricht von „Versöhnungsreligion", deren Ziel es ist, gemeinschaftsbezogenes Handeln wiederherzustellen. Hier kommt also in erster Linie eine sozialtherapeutische Funktion der Religion zu Gesicht, welche etwa in der Interpretation des Opfers greifbar wird.

Diese Konstruktion hat zweifellos einen kulturgeschichtlichen, ja evolutionstheoretischen Unterton. Ton und Stil der Darstellung zeigen eine gewisse Nähe zu sozialgeschichtlicher Romantik (ähnlich wie bei den Schilderungen der Hochgott-Theoriebildungen bei W. Schmidt, vgl. 199f.). Hier zeigen sich Fragen, welche in der religionswissenschaftlichen Theoriediskussion noch wenig berührt worden sind: Welches sind die Probleme, welche durch „Religion" bearbeitet werden? Wie verändern sich diese Problemlagen bei wechselndem Erfahrungskontext? Mit welchen Mitteln sind sie zu benennen? Dies sind Fragen einer „historischen Religionspsychologie".

7.3 Die religionswissenschaftliche Metasprache und die Konstruktion religiöser Symbolsysteme

Die Beschreibung des theoretischen Ansatzes van der Leeuws hat gezeigt, daß zumindest ein Thema der Religionsphänomenologie die religionswissenschaftliche Sprache ist, welche Phänomene benennt und ordnet. In dieser Sprache werden die Phänomene (welche ursprünglich in ihrem je eigenen Kontext eines Symbolsystems zur Darstellung gelangen) nochmals rekonstruiert; wir haben es also mit einer *Metasprache* zu tun, einer Sprache zweiter Ordnung, welche sich der Darstellungen religiöser Symbolsysteme bedient, um deren Bedeutungen umgreifend bezeichnen zu können. *Wie sind die Konstruktions- und Rekonstruktionsvorgänge, die in der Handhabung solcher Sprache zum Zuge kommen, zu beschreiben?*

Bevor dieser Frage nachgegangen wird, sei daran erinnert, daß das Vorgehen der Religionswissenschaft schon in anderer Hinsicht als „rekonstruktiv" bestimmt wurde. Zunächst wird ein religiöses Phänomen in eine synchrone Ebene eingebettet; dabei wird ein gesamtkultureller Kontext rekonstruiert. Der Ort eines Phänomens wird im Zusammenhang des gesamten Symbolsystems, dem es zugehört, aufgewiesen, und, noch weiter gehend, innerhalb des ganzen Kultursystems. Sodann haben das Phänomen und die Gesamtheit des Symbolsystems, in dem dieses seinen Sinn bekommt, einen diachronen Kontext; sie sind in einen Zusammenhang eingebettet, der auch nicht einfach gegeben ist, sondern durch den Betrachter rekonstruiert wird.

Die Fragestellung der Religionsphänomenologie bringt nun noch eine weitere Dimension des Rekonstruktionsvorgangs zu Gesicht, welche die Benennung und Ordnung des Symbolsystems betrifft. Es bedarf eines sprachlichen Instrumentariums, welches geeignet ist, ganz verschiedenartige Symbolsysteme nach einheitlichen Leitlinien zu beschreiben und Bedeutungen von Phänomenen und Phänomenkonstellationen in einer Weise zu reproduzieren, daß sie verstehbar und vergleichbar werden. Dabei muß neben der Reflexion auf die betrachteten Symbolsysteme stets auch die Selbstreflexion, welche sich auf den Konstruktionsvorgang zurückbezieht, wirksam werden.

Diese religionswissenschaftliche Metasprache kann und muß an die Sprache der Religionen anknüpfen, wobei naturgemäß die Sprache der eigenen Religion und Kultur den Ausgangspunkt bildet. Diese Anknüpfung führt in einen grundlegenden Umsetzungsprozeß, der über den normalen Vorgang der Übersetzung von einer (religiösen) Objektsprache in die andere (z. B. Übersetzung des arabischen Koran mit entsprechender religiöser Begrifflichkeit ins Deutsche) hinausgeht. *Die religionswissenschaftliche Metasprache soll ein universal anwendbares Instrument zur Benennung und Klassifikation religiöser Phänomene sein; diese Umsetzung ist nur in einem Abstraktionsprozeß zu erreichen, und diese Abstraktion bedeutet Verfremdung der bearbeiteten Symbolsysteme und natürlich auch Entfremdung vom religiösen Leben selbst.*

Im Hinblick auf diesen Abstraktionsprozeß sind verschiedene Dinge zu beachten, auf die in anderen Zusammenhängen bereits hingewiesen wurde, die jetzt aber nochmals zu bedenken sind; manche der folgenden Überlegungen laufen parallel und beleuchten ein und denselben Sachverhalt von verschiedenen Seiten.

1. Die Religionen bringen ihre Botschaft auf verschiedenen Ebenen – vor allem denen des Handelns, des Sehens und des Redens – zur Darstellung. Diese Ebenen verhalten sich komplementär (und nicht unbedingt parallel!) zueinander, sie sind in einer bestimmten Hierarchie angeordnet. Rekonstruiert die Religionswissenschaft das Symbolsystem, so setzt sie alle diese verschiedenen Darstellungsebenen auf die der diskursiven Sprache um. An die Stelle der mehrschichtigen Darstellung tritt also eine einschichtige.

Daraus ergibt sich, daß der Umsetzungsprozeß eine *Reduktion* beinhaltet, die als solche zu benennen und zu bestimmen ist. Je größer das Gewicht der Sprache in einer Religion, umso leichter die Umsetzung; und je höher der Reflexionsgrad, den die sprachliche Darstellung einer Religion schon intern ausgebildet hat, desto einfacher der Zugang. Je weniger von diesen Elementen in der fremden Religion realisiert sind, desto schwieriger und unvollständiger ist die Rekonstruktion des Symbolsystems mit den Mitteln diskursiver Sprache. Religionen wie diejenigen Australiens, die eine zentrale Darstellungsform im Tanz haben, sind beispielsweise einer

Umsetzung in diskursive Sprache schwer zugänglich. Die Reichweite der Religionswissenschaft im Hinblick auf einzelne konkrete Religionen ist also unterschiedlich groß.

2. Das religiöse Symbolsystem einer bestimmten Gesellschaft ist als solches nicht faßbar; es manifestiert sich in Phänomenen, die als Elemente des Gesamtsystems begriffen werden. Die einzelnen Phänomene sind einmalige Erscheinungen, welche stets Abweichungen von der Durchschnittsnorm aufweisen. Die religiöse Äußerung eines einzelnen Menschen ist individuell und unverwechselbar, sie hat ihren biographischen Kontext. Man kann jedoch davon ausgehen, daß der einzelne nicht willkürlich vom religiösen System Gebrauch macht, sondern daß er bestimmte Regeln anwendet, um diese oder jene Situation religiös einzuordnen.

3. Das religiöse Symbolsystem, nach dem der Religionswissenschafter fragt, ist also ein Geflecht von Konzeptionen, welche nach bestimmten Regeln zur Anwendung gelangen; aber diese Regeln selbst sind nicht gegeben, sondern nur Fälle ihrer Anwendung. Die Abstraktionsarbeit der Religionswissenschaft besteht also z. B. darin, daß sie von konkreten religiösen Erscheinungen auf die diese bestimmenden Regeln, von konkret verwendeten Symbolen auf das Symbolsystem zurückschließt.

Immerhin gibt es in allen Religionen Ansätze, das Symbolsystem selbst zu explizieren. Beispiele finden sich in allen polytheistischen Systemen, wo die lebensbestimmenden Mächte Gestalt finden in Göttern, und wo diese Götter in wechselseitige Beziehungen eingebunden werden (Zweier-, Dreier- Viererbeziehungen usw.; Beziehung Mann-Frau, Beziehungen unter feindlichen und freundlichen Geschwistern, Beziehung Vater-Mutter-Kind, Beziehung Eltern mit großer Anzahl von Kindern usw.). Das Symbolsystem enthält damit eine gewisse Ordnung, oder genauer: es enthält eine ganze Reihe von Ordnungen, wobei aber Eindeutigkeit gerade nicht angestrebt wird. Beziehungen können sich überlagern, können mehrfach ausgedrückt sein. Ein Beispiel aus Ägypten mag dies verdeutlichen: Die Konstellation der beiden Brüder Seth-Horus repräsentiert Ober- und Unterägypten; sie repräsentiert gleichzeitig Wüste und Fruchtland; und sie repräsentiert schließlich auch Macht und Legitimität. Ober- und Unterägypten können aber auch repräsentiert sein durch Geier- und Schlangengöttin, durch die Symbolpflanzen Lilie und Papyrus etc. Seth kann einerseits eine Größe sein, welche die königliche Ordnungsmacht stützt (denn diese ist auf Gewalt angewiesen), doch kann sie auch ordnungsgefährdend sein (was eben auch typisch ist für die Gewalt).

Wenn Religionen ihr Symbolsystem ausarbeiten, so werden Beziehungen also nicht eindeutig, sondern mehrdeutig determiniert. *Das System, welches der Religionswissenschafter erarbeitet, tendiert zu eindeutigen Beziehungen bzw. zur begrifflichen Fixierung und damit zur Auflösung von Mehrdeutigkeit hin.*

Die weitestgehende Ausarbeitung des Systems erfolgt in Religionen, welche eine Theologie, bzw. eine Religionsphilosophie ausgebildet haben. Dergleichen liegt im Christentum, im Islam, in Indien und China vor. Aber auch hier kann diese Systematik nicht einfach durch die Religionswissenschaft übernommen werden. Die angegebenen Religionen haben Spezialisierungen ausgebildet, und diese Spezialisten entwerfen dann ein System der Religion, welches nur noch das Bild der Elite und nicht mehr das Religionssystem in seiner ganzen Breite im Auge hat. Damit liegt nur ein Ausschnitt vor, eine elitäre oder rechtgläubige Verzerrung. Die indischen religionsphilosophischen Entwürfe geben nicht eine Systematisierung des Hinduismus schlechthin, und christliche Theologie formuliert nicht das Konzept des real existierenden Christentums.

4. *Das Religionssystem, nach dem die Religionswissenschaft fragt, stellt also die Außenansicht einer Religion dar, welche ganz planmäßig Distanz hält zum religiösen Leben der Menschen, die von diesem System Gebrauch machen. Die Fragen, die es impliziert, sind Fragen, welche an alle religiösen Systeme herangetragen werden können – es sind jedoch Fragen, die möglicherweise vom Angehörigen der betreffenden Religion als sinnarm oder gar sinnlos empfunden werden.* Am deutlichsten wird das bei ethnographischen Untersuchungen der Neuzeit sichtbar. Den Eingeborenen werden Fragen nach Zusammenhängen gestellt, die für sie weitgehend unverständlich und sinnlos sind. Pettazzoni (1950, 5) berichtet in einer Arbeit zum Wesen des Mythos von einem Eskimo, der auf die Frage, warum die Schöpfung diese oder jene Struktur habe, antwortete: „Die Welt ist so, weil man sagt, daß sie so ist." Pettazzoni interpretiert diese Antwort im Sinne einer Vorordnung des magisch wirkenden Wortes vor die Wirklichkeit: Man sagt es, und deshalb ist es so. Die andere Möglichkeit, eine solche Antwort zu interpretieren, geht dahin, daß der Befragte die Frage als schlechterdings schwachsinnig empfindet. Wie sollte man sich die Welt denn anders denken als so, wie sie ist? Einen analogen Sinnlosigkeitseffekt erzielen Fragen nach dem Wesen der Geschichte, wenn man sie an einen traditionellen Hindu oder an einen traditionellen Buddhisten stellt. Aber entsprechendes gilt auch für das Christentum. Hier ist die Geschichte, die Kategorie des Einmaligen, die

Zentralkategorie; da kann die Frage nach dem Strukturellen, die eine Abstraktion (auch eine Abstraktion von der Zeit) enthält, leicht als sinnlos aufgefaßt werden.

Die Systemkonstruktion von außen, wie sie der Religionswissenschafter unternimmt, und Elemente der Systemkonstruktion von innen her gehen also nicht einfach ineinander auf, sondern sie stoßen sich unter Umständen erheblich. *Die Fremddarstellung einer Religion mit den Mitteln der Religionswissenschaft kann – dies war mehrfach zu betonen – nicht als Selbstdarstellung des Angehörigen einer Religion akzeptiert werden.*

5. Welche *Konstruktionselemente* verwendet nun aber die Religionswissenschaft? Als abendländische Disziplin gebraucht sie natürlich primär die *Kategorien, Unterscheidungen und Klassifizierungen, die dem eigenen kulturellen Bereich entstammen.* In van der Leeuws Phänomenologie findet sich die grundlegende Unterscheidung zwischen dem Subjekt der Religion und dem Objekt der Religion. Subjekt ist letztlich überall der Mensch, Objekt ein dem Menschen Gegenüber-Tretendes, eine Macht, die ihm begegnet. Damit spiegelt sich eine fundamentale Unterscheidung des Christentums: die Unterscheidung zwischen Mensch und Gott. Diese Unterscheidung ist in verwandten Religionen des Christentums ebenso fundamental, etwa im Judentum und im Islam; es ist aber höchst zweifelhaft, ob dies die elementarste Unterscheidung aller Religionen ist. Es ist durchaus sinnvoll und möglich, nach dieser Unterscheidung in der Konstruktion religiöser Symbolsysteme zu fragen; aber die Resonanz auf diese Frage ist höchst unterschiedlich. Andere Unterscheidungen des Christentums, die von da aus in die abendländische Denktradition und schließlich in die Religionswissenschaft eingegangen sind, sind zum Beispiel Gesetz und Evangelium (der typologische Gegensatz zwischen Gesetzesreligionen und Erlösungsreligionen) oder Verborgenheit und Offenbarsein Gottes (Aspekte des Numinosen, die dem Menschen zugewandt sind, die ihn orientieren, und solche, die ihm verschlossen sind, die ihn desorientieren).

Ein Großteil der Unterscheidungen, welche für die Religionswissenschaft zum selbstverständlichen Arsenal in der Konstruktion der Symbolsysteme dient, stammt letztlich aus dem Christentum und aus der christlichen Theologie. Die der eigenen Kultur geläufigen Unterscheidungen sind von vornherein mit Sinn besetzt. Wo zu analysierende Symbolsysteme mit diesen Unterscheidungen arbeiten, ergeben sich für den Religionswissenschafter relativ wenig Probleme.

Der Umgang mit diesem Unterscheidungs- und Klassifikations-
instrumentarium an kulturell sehr entfernten Religionen führt zu
Präzisierungen und zu Modifikationen, bis hin zur Feststellung der
Unbrauchbarkeit. Daraus ergeben sich Rückwirkungen auf das Arsenal religionswissenschaftlicher Begrifflichkeit, auf die „phänomenologische" Arbeit (vgl. Stolz 1983a). Es ergeben sich neue
Unterscheidungsmöglichkeiten und neue Begriffe, die an andern
Religionen gewonnen sind, die jedoch, wenn man sie auf das Christentum anwendet, nur geringe Resonanz finden. So sind etwa Begriffe wie „Mana" aus dem Melanesischen in die Wissenschaftssprache der Religionswissenschaft eingedrungen – ob der Begriff
sehr brauchbar ist, sei dahingestellt. Jedenfalls gibt es im Christentum nicht viele Sachverhalte, welche sich durch die Kategorie des
„Mana" klären ließen.

Eine Unterscheidungsmöglichkeit, die in vielen Religionen einen hohen Stellenwert hat, in der abendländischen Tradition jedoch
relativ wenig verwurzelt ist, ist die Unterscheidung einander ergän-
zender Gegensätze. Diese Unterscheidung ist zwar in der klassischen Antike zu beobachten, wird dann aber zusehends marginalisiert. In sehr vielen Religionen ist sie von außerordentlichem Gewicht. Es sei nochmals auf das ägyptische Beispiel von Horus und
Seth verwiesen, welche beide einen Aspekt des Königtums ausmachen (Legitimität und Gewalt), also miteinander in Ergänzung wirken müssen, damit das Königtum seine Funktion wahrnehmen
kann. Bei ausschließlicher Dominanz des Seth kommt die Legitimität der Herrschaft, die Durchschaubarkeit des Königtums abhanden; Horus allein jedoch ist ein kraftloser Herrscher, der sich nicht
durchzusetzen vermag. Im normalen und günstigen Fall sind beide
Aspekte in einen Ausgleich gebracht. Horus und Seth müssen also
in der Wahrnehmung von Herrschaft zusammenwirken. Man sieht,
daß auch hier das Konzept von einander ergänzenden Gegensätzen
zum Zuge kommt. Im alten China ist das Zusammenspiel von *yin*
und *yang* elementar. Beide Elemente sind mit zahllosen konkreten
polaren Zuordnungen verbunden, darüber hinaus jedoch ist auch
eine beachtliche Reflexion über das Wesen dieser Polarität und ihrer Harmonie entstanden; hier ist es also zu einer Explikation des
Ordnungskonzeptes und der für es grundlegenden Unterscheidung
gekommen.

Ganz besondere Schwierigkeiten ergeben sich dann, wenn eine
Religion wie der Buddhismus von einem hochreflektierten Standort aus das Geschäft des Unterscheidens überhaupt ablehnt und
zum Verlernen aller Unterschiede anleitet. Der von außen kommen-

de Religionswissenschafter, der das Unterscheiden zu seinem methodischen Prinzip gemacht hat, kann hier in seinem Rekonstruktionsvorgang nur bis zu einer relativ distanzierten Annäherung gelangen.

Die Religionswissenschaft bedient sich also eines Geflechts von Kategorien, Beziehungen und Unterscheidungen, das primär von der abendländischen kulturellen Tradition gesteuert ist, sekundär jedoch aufgefüllt durch Unterscheidungen, die dem Umgang mit Religionen fremder Kulturkreise abgewonnen sind.

6. Religiöse Symbolsysteme bringen bestimmte Probleme des Menschseins zur Darstellung und verschaffen diesbezüglich Orientierung; es ist eine wichtige Aufgabe, diese konkreten Probleme aufzudecken und sie umzusetzen in die allgemein menschlichen Problemfelder. Dabei ergibt sich dann, daß diese Problemfelder recht konstant und die Funktion der Religion entsprechend einheitlich ist. So geht es um das Problem, daß Mächte das menschliche Leben bestimmen, über die der Mensch selbst nicht verfügt; etwa die Mächte der Natur, auf welche die Landwirtschaft Rücksicht nehmen muß usw. Diese Mächte sind zum Teil berechenbar, zum Teil jedoch nicht, jedenfalls entziehen sie sich vielfach der Kontrolle. Ein Grundproblem ist die Erfahrung des Todes, der jedem unausweichlich bevorsteht: Das menschliche Leben ist endlich, und es ist eine typisch menschliche Fähigkeit, diese Endlichkeit wahrzunehmen. Insofern gehört die Auseinandersetzung mit dem Tod und seiner Unberechenbarkeit sowie mit den Toten zu den unabdingbaren religiösen Problemen. Schließlich das Problem der Kontingenz: Zufälle bestimmen das Leben, die letztlich nicht zu kontrollieren sind. Auch die eigene Innenwelt ist nur höchst unvollständig zu kontrollieren. Es besteht ständig die Möglichkeit des Aufbrechens innerer Erfahrungen, die man nicht vorhersehen und nicht steuern kann; Manifestationen des psychisch Unbewußten drohen den Menschen zu überschwemmen. So gibt es eine ganze Reihe von Regionen, welche das Alltägliche und Kontrollierbare umgeben. Diese Grenzbereiche spielen eine hervorragende Rolle im religiösen Symbolsystem, sie werden zur Darstellung gebracht, werden bestimmbar und werden der Orientierung erschlossen.

7.4 Analyse, Verstehen, Begegnung

Die angestellten Überlegungen zielen auf ein Instrumentarium religionswissenschaftlicher Analyse, das einen möglichst distanzierten und möglichst gleichförmigen Zugang zum Phänomen der Religion sichert – egal, ob es sich nun um eine ganz entfernte oder eine ganz nahe, möglicherweise sogar die eigene Religion handelt; die Schwierigkeiten dieses methodischen Postulats wurden zur Genüge dargestellt. Damit ist jede Unmittelbarkeit der Religion gegenüber verunmöglicht; und dies bedeutet, daß eine zentrale Absicht der Religion gerade nicht wahrgenommen wird. Denn Religionen bringen gerade das zur Darstellung, was dem Menschen keinen Raum läßt für kontrollierende Distanz. Oder in traditionellen Kategorien von Philosophie und Theologie formuliert: Religion enthält einen Wahrheitsanspruch, wobei es sich um einen Typus von Wahrheit handelt, welcher weit über das hinausgeht, was etwa im wissenschaftstheoretischen Sinn als wahr oder falsch bezeichnet wird. Religiöse Wahrheit fragt danach, ob eine bestimmte Darstellung der Welt lebenspraktisch tragfähig und im eigentlichen Sinn existenzbegründend ist. Je mehr der Religionswissenschafter mit einer Religion umgeht, desto deutlicher wird ihm dieser Wahrheitsanspruch; er klammert ihn dennoch bewußt und methodisch aus. Die Analyse beinhaltet also gewissermaßen eine planmäßige Verzerrung des Gegenstandes.

Diesem analytischen Zugang zu religiösen Phänomenen stehen andere Verfahrensweisen gegenüber. Es sei nur an die philosophische Hermeneutik *H.-G. Gadamers* erinnert (1975). Gadamer entwickelt eine Lehre des Verstehens, die von vorneherein davon ausgeht, daß das verstehende Subjekt in einer Weise am Verstehensprozeß beteiligt ist, daß die Wahrheitsfrage nicht ausgeklammert wird, sondern mit im Spiel bleibt. Wer wirklich verstehen will, hat sich dem Anspruch eines historischen Zeugnisses zu stellen, er ist in seiner Existenz gefordert und kann sich dem nicht entziehen. Allerdings beschäftigt sich Gadamer nur mit historischen Zusammenhängen, die in einem gemeinsamen wirkungsgeschichtlichen Kontext stehen und im sinnproduzierenden Instrumentarium weitgehend übereinstimmen; es wäre kaum möglich, von seinem Ansatz aus eine Verstehenslehre zu entwickeln, welche über diese Basis hinausgeht. Verstehender Zugang, welcher sich der Wahrheitsfrage stellt, ist denkbar als methodisches Konzept im Umgang mit einem beschränkten Ausschnitt religiöser Überlieferung, und in dieser

Beschränkung reicht es weiter als das der Analyse, weil es die Religion bei ihrer eigentlichen Intention ernst nimmt; es läßt sich kaum verwirklichen als universal anwendbarer Zugang zu den Religionen. (Zur religionswissenschaftlichen Verarbeitung der hermeneutischen Fragestellung, welche auf W. Dilthey und dessen Unterscheidung von naturwissenschaftlichem Erklären und geisteswissenschaftlichem Verstehen zurückgeht, vgl. Terrin 1983).

Ähnlich ist das Verhältnis zwischen religionswissenschaftlicher Analyse und Modellen der Begegnung im Umgang mit Religionen zu bestimmen. Die Begegnung mit fremden Religionen ist heute ein alltäglicher Vorgang: Der weltweite Austausch hat praktisch alle Menschen in eine wechselseitige Nachbarschaft gebracht, und Angehörige unterschiedlicher Glaubensgemeinschaften wohnen nebeneinander, nachdem es keine religiös und kulturell geschlossenen Siedlungsgebiete mehr gibt. Die Befähigung, mit dem Andersgläubigen zusammen zu leben, ist also für den Menschen der Gegenwart notwendig; er muß diesem vorbehaltlos begegnen können, er muß auch für dessen religiöse Orientierungen offen sein, um ihn wirklich verstehen zu können, ohne jedoch den eigenen Standort preiszugeben. Das Miteinanderleben, der wechselseitige Austausch im Dialog kann vertieft werden zu einem methodischen Zugang zur Religion, welcher dem der Hermeneutik verwandt ist, den selben Einschränkungen unterliegt, innerhalb dieser Einschränkungen aber von größerer Reichweite ist als der distanziert-analytische Zugriff.

So reicht die Religionswissenschaft, zumal wenn sie sich analytisch versteht, nur begrenzt an ihren Gegenstand, die Religion, heran. Aber indem sie sich dieser begrenzten Reichweite bewußt ist, respektiert sie ihren Gegenstand; sie läßt eigenem und fremdem Glauben Raum, und sie räumt anderen Weisen des Nachdenkens über Religion, etwa der Theologie, ihren Platz ein.

Bibliographie

Wörterbücher, Nachschlagewerke und Bibliographien

Bibliographie zur Symbolik, Ikonographie und Mythologie, hg. v. Manfred Lurker, Baden-Baden 1968ff.

Bulletin signalétique 527: histoire et sciences de religion, Paris 1946ff.

Die Religion in Geschichte und Gegenwart, Tübingen, 3. Aufl. 1957ff. (4. Aufl. 1998)

Enciclopedia delle religioni, hg. v. Alfonso di Nola u. a., Firenze 1970–76.

Encyclopaedia of Religion and Ethics, hg. v. James Hastings, Edinburgh 1908ff.

The Encyclopedia of Religion, hg. v. Mircea Eliade u. a., New York 1987.

Handbuch religionswissenschaftlicher Grundbegriffe, hg. v. Hubert Cancik u. a., Stuttgart 1988ff.

Handwörterbuch des deutschen Aberglaubens, hg. v. Hanns Bächtold-Stäubli, Berlin, 2. Aufl. 1987.

International Bibliography of Social and Cultural Anthropology, New York 1955ff.

International Bibliography of the History of Religions, Leiden 1954ff.

Lexikon der Religionen, begr. v. Franz König, hg. v. Hans Waldenfels, Freiburg i. Br. 1987.

Metzler Lexikon Religion, Gegenwart – Alltag – Medien, hg. v. Christoph Auffarth, Jutta Bernard, Hubert Mohr, Stuttgart – Weimar 1999–2000.

The Oxford Dictionary of World Religions, ed. by John Bowker, Oxford – New York 1997 (dt: Das Oxford-Lexikon der Weltreligionen, Düsseldorf 1999).

Science of Religion Bulletin, Abstracts and Index of Recent Articles, Amsterdam 1976ff.

Theologische Realenzyklopädie, hg. v. Gerhard Krause/Gerhard Müller, Berlin 1976ff.

Wörterbuch der Mythologie, hg. v. Hans Wilhelm Haussig, Stuttgart 1961ff.

Wörterbuch der Religionen, begr. v. Alfred Bertholet/Hans v. Campenhausen, hg. v. Kurt Goldammer, Stuttgart 1976.

Wörterbuch der Religionspsychologie, hg. v. Siegfried R. Dunde, Gütersloh 1993.

Wörterbuch der Religionssoziologie, hg. v. Siegfried R. Dunde, Gütersloh 1994.

Einführungen in die allgemeine Religionsgeschichte

Antes Peter (Hg.), Die Religionen der Gegenwart, Geschichte und Glauben, München 1966.

Asmussen Jes Peter/Læssøe Jørgen, Handbuch der Religionsgeschichte, Göttingen 1971ff (original: dänisch, 1968).

Bertholet Alfred (Hg.), Religionsgeschichtliches Lesebuch, Tübingen, 2. Aufl. 1926–32, (mit vielen Quellentexten).

Bleeker Jouco/Widengren Geo, Historia Religionum, Handbook for the History of Religions, Leiden 1969–71.

Dammann Ernst, Grundriss der Religionsgeschichte, Stuttgart, 2. Aufl. 1978.

Eliade Mircea, Histoire des croyances et des idées religieuses, Paris 1976–1983, dt: Geschichte der religiösen Ideen, Freiburg i. Br. 1978ff.

Filoramo Giovanni, Storia delle religioni, Roma – Bari 1994ff.

Glasenapp Helmut v., Die fünf Weltreligionen, Düsseldorf – Köln 1963.

Goldammer Kurt/Heiler Friedrich, Die Religionen der Menschheit, Stuttgart 1980.

Lanczkowski Günter, Geschichte der Religionen, Frankfurt a. M. 1972.

Markham Ian (Hg.), A Survey of World Religions, Oxford 1996.

Puech Henri-Charles (Hg.), Histoire des religions I–III, Paris 1970.

Ringgren Helmer/Ström Åke v., Die Religionen der Völker, Stuttgart 1959.

Schröder Christel Matthias (Hg.), Die Religionen der Menschheit, Stuttgart 1960ff.

Stolz Fritz, Weltbilder der Religionen, Kultur und Natur, Diesseits und Jenseits, Kontrollierbares und Unkontrollierbares, Zürich 2001.

Tworuschka Monika und Udo (Hg.), Bertelsmann Handbuch Religionen der Welt. Grundlagen, Entwicklung und Bedeutung in der Gegenwart, München 1992.

Wurm Paul, Handbuch der Religionsgeschichte, Stuttgart, 2. Aufl. 1908.

Einführungen in die Religionswissenschaft

Connolly Peter (ed.), Approaches to the Study of Religion, London – New York 1999.

Filoramo Giovanni/Prandi Carlo, Le scienze delle religioni, Brescia 1987.

Greschat Hans-Jürgen, Was ist Religionswissenschaft?, Stuttgart 1988.

Lanczkowski Günter, Einführung in die Religionswissenschaft, Darmstadt 1980.

Michaels Axel (Hg.), Klassiker der Religionswissenschaft, Von Friedrich Schleiermacher bis Mircea Eliade, München 1997.

Schlette Heinz Robert, Einführung in das Studium der Religionen, Freiburg i. Br. 1971.

Sharpe Eric J., Understanding Religion, London 1994.

Taylor Mark C. (ed.), Critical Terms for Religious Studies, Chicago – London 1998.

Terrin Aldo Natale, Introduzione allo studio comparato delle religioni, Brescia 1991.

Waardenburg Jacques, Religionen und Religion, Berlin 1986.

Zinser Hartmut (Hg.), Religionswissenschaft. Eine Einführung, Berlin 1988.

Im Text genannte Literatur

Albertz Rainer, Persönliche Frömmigkeit und offizielle Religion. Religionsinterner Pluralismus in Israel und Babylon, Stuttgart 1978.

Alleau René, La science des symboles, Paris, 3. Aufl. 1989.

Allen Douglas, Structure and Creativity in Religion. Hermeneutics in Mircea Eliade's Phenomenology and New Directions, Berlin 1978.

Almond Philip C., Mystical Experiance and Religious Doctrine, Berlin 1982.

Alt Albrecht, Der Gott der Väter, Stuttgart 1929 = Kleine Schriften I, München 1953.

ANET = Ancient Near Eastern Texts Relating to the Old Testament, hg. v. James Pritchard, Princeton, 3. Aufl. 1969.

Antes Peter (Hg.), Ethik nichtchristlicher Religionen, Stuttgart 1984.

Ders., Religion in den Theorien der Religionswissenschaft, in: Kern Walter (Hg.), Traktat Religion (Handbuch der Fundamentaltheologie 1), Freiburg i. Br. 1985, 34–56.

Assmann Jan/Burkert Walter/Stolz Fritz, Funktionen und Leistungen des Mythos, Freiburg i. Ue. – Göttingen 1982.

Baal J. van, Man's Quest for Partnership, Assen 1981.

Ders./Beek W. E. A. van, Symbols for Communication. An Introduction to the Anthropological Study of Religion, Assen, 2. Aufl. 1985.

Baaren Theodorus P. van, Theoretical Speculations of Sacrifice, Numen 11, 1964, 1–12.

Ders./Drijvers H. J. W. (Hg.), Religion, Culture and Methodology, Berlin 1973.

Baaren Theodorus P.van (Hg.), Iconography of Religions, Leiden 1982ff.

Baird Robert D., Category Formation and the History of Religions, The Hague 1971.

Ders., Methodological Issues in Religious Studies, 1975.

Banton Michael (Hg.), Anthropological Approaches to the Study of Religion, London 1968, 1985.

Barbosa da Silva A., The Phenomenology of Religion as a Philosophical Problem, Lund 1982.

Barnhart J. E., The Study of Religion and its Meaning, The Hague 1977.

Barthes Roland, Mythologies, Paris 1957, dt: Mythen des Alltags, Frankfurt a. M., 1964.

Bell Catharine, Ritual Theory, Ritual Practice, New York – Oxford 1992.
Bellah Robert N., Religious Evolution, dt: Religiöse Evolution, in: Seyf-
    arth Constans (Hg.), Seminar: Religion und gesellschaftliche Entwick-
    lung, 267ff., Frankfurt a. M. 1964, 1973.
Ders., Civil Religion in America, Daedalus 96/1, 1967, 1–21, dt: Zivilre-
    ligion in Amerika, in: Kleger/Müller 1986, 19–41.
Ders./Hammond Philipp E. (Hg.), Varieties of Civil Religion, San Fran-
    cisco 1980.
Benz Ernst, Die Vision, Stuttgart 1969.
Berger Peter L./Luckmann Thomas, The Social Construction of Reality,
    Garden City – New York 1966, dt: Die gesellschaftliche Konstruktion
    der Wirklichkeit, Frankfurt a. M. 1969, (TB-Ausgabe).
Berger Peter L., The Sacred Canopy, Garden City – New York 1967, dt:
    Zur Dialektik von Religion und Gesellschaft, Frankfurt a. M. 1973,
    1988.
Ders., A Rumor of Angels, Garden City – New York 1969, dt: Auf den
    Spuren der Engel, Frankfurt a. M. 1981, (TB-Ausgabe).
Ders., The Heretical Imperative, Garden City – New York 1979, dt: Der
    Zwang zur Häresie, Frankfurt a. M. 1980.
Ders., A Far Glory. The Quest for Faith in an Age of Credulity, New York
    1992, dt: Sehnsucht nach Sinn. Glauben in einer Zeit der Leichtgläu-
    bigkeit, Frankfurt a. M. 1994.
Berner Ulrich, Gegenstand und Aufgabe der Religionswissenschaft, Zeit-
    schrift für Religions- und Geistesgeschichte 35, 1983, 97–116.
Bernet Walter, Inhalt und Grenze der religiösen Erfahrung, Bern – Stutt-
    gart 1955.
Bianchi Ugo, Probleme der Religionsgeschichte, Göttingen 1964.
Ders., The History of Religions, Leiden 1975.
Ders./Bleeker C. J./Bausani A., Problems and Methods of the History of
    Religions, Leiden 1972.
Bianchi Ugo (Hg.), The Notion of „Religion" in Comparative Research
    (Storia delle religioni 8), Rom 1994.
Biehl Peter, Symbol und Metapher, Jahrbuch für Religionspädagogik 1,
    1984, 29–64.
Birk Kasimir, S. Freud und die Religion, Münsterschwarzach 1970.
Bitterli Urs, Die Wilden und die Zivilisierten. Grundzüge einer Geistes-
    und Kulturgeschichte der europäisch-überseeischen Begegnung, Mün-
    chen, 2. Aufl. 1991.
Bleeker Cornelis J., Comparing the Religio-Historical and the Theologi-
    cal Method, Numen 18, 1971, 9–29.
Bolle Kees, Myths and Other Religious Texts, in: Whaling I 1984, 297–
    363.
Bonhoeffer Thomas (Hg.), S. Freud – O. Pfister, Briefe 1909–1939,
    1963.
Boos-Nünning Ursula, Dimensionen der Religiosität. Zur Operationali-
    sierung und Messung religiöser Einstellungen, München 1972.

Bornemann Fritz, Die Urkultur in der kulturhistorischen Ethnologie, 1938.

Boyer Pascal (Hg.), Cognitive Aspects of Religious Symbolism, Cambridge 1993.

Braun Hans-Jürg, Die Religionsphilosophie Ludwig Feuerbachs, Stuttgart – Bad Cannstatt 1972.

Ders., Elemente des Religiösen, Zürich 1993.

Brelich Angelo, Il politeismo, Roma 1958, kürzer: Der Polytheismus, Numen 7, 1960, 123–136.

Buber Martin, Moses, Zürich 1948.

Burkert Walter, Homo necans. Interpretationen zu altgriechischen Opferriten und Mythen, Berlin 1972.

Ders., Griechische Religion der archaischen und klassischen Epoche, Stuttgart 1977.

Ders., Anthropologie des religiösen Opfers. Die Sakralisierung der Gewalt, München 1984.

Ders., Creation of the Sacred. Tracks of Biology in Early Religions, Cambridge 1996.

Bürkle Horst, Einführung in die Theologie der Religionen, Darmstadt 1977.

Büttner M./Hoheisel K./Köpf U./Rinschede G./Sievers A., Grundfragen der Religionsgeographie, Berlin 1985.

Camps Arnulf, Partners in Dialogue. Christianity and Other World Religions, 1983.

Cancik Hubert (Hg.), Religions- und Geistesgeschichte der Weimarer Republik, Düsseldorf 1982.

Cantone Carlo u. a., La scienza della religione, Rom, 2. Aufl. 1981.

Casimir Michael J./Aparna Rao (Hg.), Mobility and Territoriality. Social and Spatial Boundaries among Foragers, Fishers, Pastoralists, and Peripatetics, New York 1992.

Chantepie de la Saussaye Daniel, Lehrbuch der Religionsgeschichte, Tübingen, 3. Aufl. 1905.

Colpe Carsten, Synkretismus, Renaissance, Säkularisation und Neubildung von Religion in der Gegenwart, in: Asmussen/ Læssøe 1975, 441–518.

Ders. (Hg.), Die Diskussion um das Heilige, Darmstadt 1977.

Ders., Theoretische Möglichkeiten zur Identifizierung von Heiligtümern und Interpretation von Opfern in ur- und parahistorischen Epochen, in: Ders. 1980, 138–162.

Ders., Theologie, Ideologie, Religionswissenschaft. Demonstrationen ihrer Unterscheidung, München 1980.

Comte Auguste, Cours de philosophie positive, Paris 1830–42, dt: Die Soziologie. Positive Philosophie, 2. Aufl. 1974.

Crosby Donald A., Interpretative Theories of Religion, Berlin 1981.

Dahm Karl Wilhelm/Drehsen Volker/Kehrer Günter, Das Jenseits der Gesellschaft. Religion im Prozess sozialwissenschaftlicher Kritik, München 1975.

Daiber Karl-Fritz/Luckmann Thomas, Religion in den Gegenwartsströmungen der deutschen Soziologie, München 1983.

Daiber Karl-Fritz, Religion unter den Bedingungen der Moderne. Die Situation in der Bundesrepublik Deutschland, Marburg 1995.

Day M. S., The Many Meanings of Myth, Lanham 1984.

Desroche Henri, L'homme et ses religions, Paris 1972.

Dhavamony Mariasusai, Phenomenology of Religion, Rom 1973.

Döbert Rainer, Systemtheorie und die Entwicklung religiöser Deutesysteme, Frankfurt a. M. 1973.

Douglas Mary, Purity and Danger. An Analysis of Concepts of Pollution and Taboo, London 1966, dt: Reinheit und Gefährdung, Berlin 1985.

Dies., Natural Symbols. Explorations in Cosmology, Harmondsworth 1970, dt: Ritual, Tabu und Körpersymbolik, Frankfurt a. M. 1974, (TB-Ausgabe: Frankfurt a. M. 1993).

Dubach Alfred/Campiche Roland (Hg.), Jede(r) ein Sonderfall? Religion in der Schweiz, Zürich – Basel 1993.

Dumézil Georges, L'idéologie tripartie des Indo-européens, Brüssel 1958.

Dupré Wilhelm, Religion in Primitive Culture, Berlin – New York 1975.

Durkheim Emile, De la Division du travail social, Paris 1893, dt: Über die Teilung der sozialen Arbeit, Frankfurt a. M. 1977.

Ders., Les règles de la méthode sociologique 1895, dt: Die Regeln der soziologischen Methode, Neuwied 1961.

Ders., Le Suicide, Paris 1897.

Ders., Les formes élémentaires de la vie religieuse, Paris 1912, dt: Die elementaren Formen religiösen Lebens, Frankfurt a. M. 1981.

Dux Günter, Die Logik der Weltbilder, Frankfurt a. M. 1982.

Ebeling Gerhard, Dogmatik des christlichen Glaubens, Bd. I–III, Tübingen 1979.

Ebertz Michael N./Schultheis Franz (Hg.), Volksfrömmigkeit in Europa, München 1986.

Eister Allan W. (Hg.), Changing Perspectives in the Scientific Study of Religions, London 1974.

Eliade Mircea, Das Heilige und das Profane, Hamburg 1957.

Ders., Naissances mystiques, Paris 1959, dt: Das Mysterium der Wiedergeburt, Zürich – Stuttgart 1961.

Ders., Traité d'histoire des religions, Paris 1948, dt: Die Religionen und das Heilige, Salzburg 1958.

Elkin Adolphus Peter, Aboriginal Men of High Degree, Sydney 1945.

Elsas Christof (Hg.), Religion, München 1975.

Evans-Pritchard Edward E., Social Anthropology, Oxford 1948.

Ders., Theories of Primitive Religion, Oxford 1965, dt: Theorien über primitive Religion, Frankfurt a. M. 1968.

Faber Heije, Cirkelen om een geheim, 1972, dt: Religionspsychologie, Gütersloh 1973.

Falkenstein Adam/Soden Wolfram v., Sumerische und Akkadische Hymnen und Gebete, Zürich 1953.

Feige Andreas, Kirchenmitgliedschaft in der Bundesrepublik Deutschland, Gütersloh 1990.

Feil Ernst, Zur Bestimmungs- und Abgrenzungsproblematik von „Religion", Ethik und Sozialwissenschaften 6, 1995, 441–445; Diskussion: 455–514, mit Bibliographie von C. Colpe.

Ferguson Harvie, Religious Transformation in Western Society. The End of Happiness, London 1991.

Feuerbach Ludwig, Das Wesen des Christentums, Leipzig 1841 = Sämtliche Werke VI, Stuttgart, 2. Aufl. 1960–1964.

Ders., Das Wesen der Religion, Leipzig 1845 = Sämtliche Werke VIII, Stuttgart, 2. Aufl. 1960–1964.

Ders., Theogonie, Leipzig 1853 = Sämtliche Werke IX, Stuttgart, 2. Aufl. 1960–1964.

Firth Raymond, Symbols. Public and Private, London 1973.

Fischer Th. H., Indonesische Paradiesmythen, Zeitschrift für Ethnologie 64, 1932, 204–231.

Fischer Wolfram/Marhold Wolfgang (Hg.), Religionssoziologie als Wissenssoziologie, Stuttgart 1978.

Fowler James, Stages of Faith: The Psychology of Human Development and the Quest for Meaning, San Francisco 1982, dt: Stufen des Glaubens. Die Psychologie der menschlichen Entwicklung und die Suche nach Sinn, Gütersloh 1991.

Fraas Hans-Jürgen, Die Religiosität des Menschen (UTB 1578), Göttingen, 2. Aufl. 1993.

Frazer James G., The Golden Bough, 12 Bde., London 1912–36, Kurzfassung des Werks, 1922, dt: Der goldene Zweig, Frankfurt a. M. 1977, (TB-Ausgabe).

Ders., Folklore in the Old Testament, London 1918, (Neubearbeitung 1969).

Freud Sigmund, Gesammelte Werke. Totem und Tabu (1913, Bd. IX); Das Ich und das Es (1923, Bd. XIII); Die Zukunft einer Illusion (1927, Bd. XIV); Der Mann Moses und die monotheistische Religion (1937, Bd. XVI); Jenseits des Lustprinzips (1940, Bd. XIII), London 1938ff.

Friedli Richard, Fremdheit als Heimat, Freiburg i. Ue. 1974.

Frobenius Leo, Atlantis (12 Bde. afrikanischer Erzählungen), Jena 1921–30, Teilausgabe: Schwarze Sonne Afrikas, Düsseldorf 1980.

Ders., Paideuma – Umrisse einer Kultur- und Seelenlehre, München 1921, 3. erw. Auflage: Vom Völkerstudium zur Philosophie, Frankfurt 1928.

Fromm Erich, Psychoanalyse und Religion, Zürich 1966.

Fürstenberg Friedrich (Hg.), Religionssoziologie, Neuwied a. Rhein 1964.

Ders./Mörth Ingo, Religionssoziologie, in: Religion, Bildung, Medizin

(Handbuch der empirischen Sozialforschung Bd. 14), hg. v. René König u. a., Stuttgart, 2. Aufl. 1979, (TB-Ausgabe), 1–84.

Gadamer Hans-Georg, Wahrheit und Methode. Grundzüge einer philosophischen Hermeneutik, Tübingen, 4. Aufl. 1975.

Gaster Theodor H., Thespis. Ritual, Myth, and Drama in the Ancient Near East, New York 1950, (TB-Ausgabe: Garden City – New York 1961).

Ders., Myth, Legend, and Custom in the Old Testament, London 1969.

Geertz Clifford, Religion as a Cultural System, in: Banton 1968, 1–46, dt: Religion als kulturelles System, in: Ders., Dichte Beschreibung. Beiträge zum Verstehen kultureller Systeme, Frankfurt a. M. 1983, 44–95.

Geisler Gert, New Age – Zeugnisse der Zeitenwende, Freiburg i. Br. 1984.

Geldner Karl F., Der Rig-Veda, Bd.3, Cambrigde 1951.

Gennep Arnold van, Les rites de passage, Paris 1909, New York – Paris 1969.

Girard René, La violence et le sacré, Paris 1972, dt: Das Heilige und die Gewalt, Zürich 1987.

Girtler Roland, Kulturanthropologie, Nördlingen 1979.

Gladigow Burkhard/Kippenberg Hans G., Neue Ansätze in der Religionswissenschaft, München 1983.

Gladigow Burkhard, Die Teilung des Opfers, Jahrbuch des Instituts für Frühmittelalterforschung 18, 1984, 19–43.

Glock Charles Y./Hammond Philip E., Beyond the Classics? Essays in the Scientific Study of Religion, New York 1973.

Gogarten Friedrich, Verhängnis und Hoffnung der Neuzeit, Stuttgart 1953.

Goldammer Kurt, Die Formenwelt des Religiösen, Stuttgart 1960.

Gonda Jan, Die Religionen Indiens I–III, Stuttgart, 2. Aufl. 1978.

Grimal Pierre (Hg.), Mythologies, Paris 1963, dt: Mythen der Völker I–III, Frankfurt a. M. 1967.

Grom Bernhard, Religionspsychologie, Göttingen 1992.

Haack Friedrich-Wilhelm, Jugendreligionen, München 1979.

Hach Jürgen, Gesellschaft und Religion in der Bundesrepublik Deutschland, Heidelberg 1980.

Halbfas Hubertus, Was heißt „Symboldidaktik"?, Jahrbuch für Religionspädagogik 1, 1984, 86–94.

Hamilton Malcolm B., The Sociology of Religion. Theoretical and Comparative Perspectives, London 1995.

Harnack Adolf, Die Aufgabe der theologischen Fakultäten und die allgemeine Religionsgeschichte, Giessen, 3. Aufl. 1901.

Hartman Sven S./Edsman Carl-Martin (Hg.), Mysticism, Stockholm 1970.

Hasenfratz Hans-Peter, Die lebenden Toten, Leiden 1982.

Ders., Die Seele. Einführung in ein religiöses Grundphänomen, Zürich 1985.

Hegel G. W. F., Vorlesungen über die Philosophie der Religion, Berlin 1821–31.

Heiler Friedrich, Das Gebet, München 1919.

Ders., Erscheinungsformen und Wesen der Religion, Stuttgart, 2. Aufl. 1979.

Helfer James S. (Hg.), On Method in the History of Religions, Middleton 1968.

Henkel Reinhard, Changing the Face of the Earth, Bd. 3, Berlin 1988.

Hermann Ferdinand (Hg.), Symbolik der Religionen, Stuttgart 1958ff.

Himmelheber Hans, Masken und Beschneidung. Ein Feldbericht über das Initiationslager der Knaben in Dorf Nyor Diaple der liberianischen Dan, Zürich 1979.

Hjelde Sigurd, Die Religionswissenschaft und das Christentum. Eine historische Untersuchung über das Verhältnis von Religionswissenschaft und Theologie, Leiden 1993.

Holm Nils G., Einführung in die Religionspsychologie (UTB 1592), München 1990.

Honko Lauri (Hg.), Science of Religion: Studies in Methodology, Berlin – New York 1979.

Hooke Samuel H. (Hg.), Myth and Ritual, London 1933.

Ders. (Hg.), The Labyrinth, 1935.

Ders. (Hg.), Myth, Ritual and Kingship, Oxford 1958.

Hubert Henri/Mauss Marcel, Essai sur la nature et la fonction du sacrifice, Paris 1898.

Hübner Kurt, Die Wahrheit des Mythos, München 1985.

Hummel Reinhart, Indische Mission und neue Frömmigkeit im Westen, Stuttgart 1980.

James William, The Varieties of Religious Experience, London 1906, dt: Die religiösen Erfahrungen in ihrer Mannigfaltigkeit, Leipzig, 2. Aufl. 1914.

Jensen Adolf E., Das religiöse Weltbild einer frühen Kultur, Stuttgart 1948.

Jung Carl Gustav, Gesammelte Werke. Symbole der Wandlung (1952, Bd. V), Über die Psychologie des Unbewußten (1943/1966, Bd. VII), Die Archetypen und das kollektive Unbewußte (1934–1955, Bd. IX/1), Aion (1951, Bd. IX/2), Psychologie und Religion (1940/1962, Bd. XI); Olten 1958ff.

Kant Immanuel, Die Religion innerhalb der Grenzen der bloßen Vernunft, 2. Aufl. 1794, (Neuausgabe 1914).

Kardiner Abram/Preble Edward, They Studied Man, Cleveland 1961, dt: Wegbereiter der modernen Anthropologie, Frankfurt a. M. 1974.

Käsler Dirk, Klassiker des soziologischen Denkens, Bd. I–II, München 1976–1978.

Ders., Max Weber, in: Ders., Klassiker des soziologischen Denkens II, München 1978, 40–177.

Kaufmann Franz-Xaver, Religion und Modernität, Tübingen 1989.

Kaufmann Walter, Religions in Four Dimensions: Existential and Aesthetic, Historical and Comparative, 1976.

Kecskes Robert/Wolf Christof, Christliche Religiosität: Dimensionen, Meßinstrumente, Ergebnisse, Kölner Zeitschrift für Sozialforschung 45, 1993, 270–287; 47, 1995, 494–515.

Dies.,Konfession, Religion und soziale Netzwerke. Zur Bedeutung christlicher Religiosität in personalen Beziehungen, Opladen 1996.

Keel Othmar, Die Welt der altorientalischen Bildsymbolik und das Alte Testament, Göttingen, 2. Aufl. 1977.

Kehrer Günter (Hg.), Zur Religionsgeschichte der Bundesrepublik Deutschland, München 1980.

Ders., Einführung in die Religionssoziologie, Darmstadt 1988.

Kern Fritz, Der Beginn der Weltgeschichte, Bern 1953.

King Ursula, Historical and Phenomenological Approaches to the Study of Religions, in: Whaling I 1984, 29–164.

Kippenberg Hans G., Religion und Interaktion in traditionalen Gesellschaften, Verkündigung und Forschung 19, 1974, 2–23.

Ders./Luchesi Brigitte (Hg.), Magie, Frankfurt 1978.

Kirk Geoffrey S., Myth. Its Meaning and Functions in Ancient and Other Cultures, Cambridge 1970, (Repr. 1988).

Kitagawa Joseph M., Gibt es ein Verstehen fremder Religionen?, Leiden 1963.

Ders. (Hg.), The History of Religions. Retrospect and Prospect, New York 1985.

Kleger Heinz/Müller Alois, Religion des Bürgers. Zivilreligion in Amerika und Europa, München 1986.

Klimkeit Hans-Joachim (Hg.), Tod und Jenseits im Glauben der Völker, Wiesbaden, 2. Aufl. 1983.

König René/Schmalfuß Axel, Kulturanthropologie, Düsseldorf 1972.

König René, Emile Durkheim, in: Käsler Dirk I 1976, 312–364.

Ders. (Hg.), Emile Durkheim zur Diskussion, München 1978.

Körber Sigurd, Bedingtheit und Distanzbemühen. Zur anthropologischen Situation des Religionswissenschafters, in: Stephenson 1976, 293–308.

Köster Fritz, Religiöse Erziehung in den Weltreligionen, Darmstadt 1986.

Koslowski Peter (Hg.), Die religiöse Dimension der Gesellschaft, Tübingen 1985.

Kreiner Armin, Religionssoziologie zwischen Theorie, Apologie und Kritik der Religion. Peter L. Bergers Theorieansatz in theologischer Perspektive, Bern 1986.

Küng Hans/Ess J. van/Stietencron H. v./Bechert H., Christentum und Weltreligionen. Hinführung zum Dialog mit Islam, Hinduismus und Buddhismus, Gütersloh 1984.

Lambert W. G./Millard A. R. (Hg.), Atrachasis. The Babylonian Story of the Flood, Oxford 1969.

Lanczkowski Günter, Begegnung und Wandel der Religionen, Düsseldorf – Köln 1971.

Ders. (Hg.), Selbstverständnis und Wesen der Religionswissenschaft, Darmstadt 1974a.

Ders., Die neuen Religionen, Frankfurt, a. M. 1974b.

Ders., Einführung in die Religionsphänomenologie, Darmstadt 1978.

Ders., Religionswissenschaftliche Neuerscheinungen, Theologische Rundschau 43, 1978, 285–320; 48, 1983, 201–226.

Lang Andrew, The Making of Religion, London 1898.

Lanternari Vittorio, Religiöse Freiheits- und Heilsbewegungen unterdrückter Völker, Neuwied – Berlin 1968.

Laubscher Matthias, Krise und Evolution. Eine kulturwissenschaftliche Theorie zum Begriff „Krisenkult", in: Eicher Peter (Hg.), Gottesvorstellung und Gesellschaftsentwicklung, München 1979, 131–149.

Leach Edmund, C. Lévi-Strauss, Paris 1971, dt: C. Lévi-Strauss (dtv 747), München 1971.

Ders., Culture and Communication, Cambridge 1976, dt: Kultur und Kommunikation, Frankfurt a. M. 1978.

Leenhardt Maurice (Hg.), Les carnets de L. Lévy-Bruhl, 1949.

Leeuw Gerardus van der, Phänomenologie der Religion, Tübingen, 3. Aufl. 1956.

Ders., Einführung in die Phänomenologie der Religion, Gütersloh 1961.

Leroi-Gourhan André, Le geste et la parole, Paris 1964, dt: Hand und Wort (stw 700), Frankfurt a. M. 1988.

Leuba James H., A Psychological Study of Religion, its Origin, Function, and Future, New York 1912.

Lévi-Strauss Claude, Anthropologie structurale I–II, Paris 1958ff., dt: Strukturale Anthropologie, Frankfurt a. M. 1978ff., (TB-Ausgabe).

Ders., Le totémisme aujourd'hui, Paris 1962, dt: Das Ende des Totemismus, Frankfurt a. M. 1965.

Ders., La pensée sauvage, Paris 1962, dt: Das wilde Denken, Frankfurt a. M. 1973, (TB-Ausgabe).

Ders., Mythologiques, Paris 1964ff., dt: Mythologica I–III, Frankfurt a. M. 1976, (TB- Ausgabe).

Lévy-Bruhl Lucien, Les fonctions mentales dans les sociétés inférieures, Paris 1910.

Ders., La mentalité primitive, Paris 1922.

Limet H./Ries J. (Hg.), Le mythe, son langage et son message, Louvain-la-Neuve 1983.

Littleton S. C. Scott, The New Comparative Mythology. An Anthropological Assessment of the Theories of Georges Dumézil, Berkley – Los Angeles 1973.

Lübbe Hermann/Saß Hans-Martin (Hg.), Atheismus in der Diskussion. Kontroversen um L. Feuerbach, München 1975.

Lübbe Hermann, Religion nach der Aufklärung, Graz 1986.

Luckmann Thomas, Das Problem der Religion in der modernen Gesellschaft, Freiburg i. Br. 1963.

Ders., The Invisible Religion: The Transformation of Symbols in Industrial Society, New York 1967, dt: Die unsichtbare Religion, Frankfurt a. M. 1991.

Luhmann Niklas, Funktion der Religion, Frankfurt a. M. 1977, (TB-Ausgabe: Frankfurt a. M. 1982).

Ders., Die Ausdifferenzierung der Religion, in: Ders., Gesellschaftsstruktur und Semantik, Frankfurt 1989, 149–248.

Lukatis Ingrid, Empirische Forschung zum Thema Religion in Westdeutschland, Oesterreich und der deutschsprachigen Schweiz, in: Daiber/Luckmann 1983, 199ff.

Maag Victor, Der Hirte Israels, Schweizerische Theologische Umschau 28, 1958, 2–28 = Kultur, Kulturkontakt und Religion 1980, 111–144.

Ders., Unsühnbare Schuld, Kairos 2, 1966, 90–106 = Kultur, Kulturkontakt und Religion, Göttingen 1980, 234–255.

Malinowski Bronislaw, A Scientific Theory of Culture, Chapel Hill 1944, dt: Eine wissenschaftliche Theorie der Kultur und andere Aufsätze, Frankfurt a. M. 1975, (TB-Ausgabe).

Ders., Magic, Science and Religion, Garden City – New York 1948, dt: Magie, Wissenschaft und Religion, Tübingen 1973.

Malony H. Newton (Hg.), Current Perspectives in the Psychology of Religion, 1977.

Mann Ulrich, Einführung in die Religionspsychologie, Darmstadt 1973.

Mansfeld Jaap (Hg.), Die Vorsokratiker I, Stuttgart 1983.

Marcuse Ludwig, Amerikanisches Philosophieren, Hamburg 1959.

Marett J. J., The Threshold of Religion, 1909.

Maringer Johannes, Vorgeschichtliche Religion. Religionen im steinzeitlichen Europa, Einsiedeln – Zürich – Köln 1956.

Matthes Joachim, Einführung in die Religionssoziologie. Bd. 1: Religion und Gesellschaft, Hamburg 1967; Bd. 2: Kirche und Gesellschaft, Hamburg 1969.

Mauss Marcel, Essai sur le don, 1923–24, dt: Die Gabe, Frankfurt a. M. 1968 = Soziologie und Anthropologie II 1978, 9–144.

McGinty Park, Interpretation and Dionysos. Method in the Study of a God, The Hague 1978.

Mead Margaret, Jugend und Sexualität in primitiven Gesellschaften, 3 Bde., München, 5. Aufl. 1979.

Mensching Gustav, Geschichte der Religionswissenschaft, Bonn 1948.

Ders., Die Religion. Erscheinungsformen, Strukturtypen und Lebensgesetze, Stuttgart 1959.

Ders., Der offene Tempel, Stuttgart 1974.

Meslin Michel, Pour une science des religions, Paris 1973.

Middleton John, Lugbara Religion, Washington D. C. 1960, (Nachdruck 1987).

Milanesi Giancarlo, Religionssoziologie, Zürich 1976.

Mildenberger Michael (Hg.), Denkpause im Dialog. Perspektiven der Begegnung mit anderen Religionen und Ideologien, Frankfurt a. M. 1978.

Ders., Die religiöse Revolte, Frankfurt a. M. 1981.

Mol Hans (Hg.), Western Religion. A Country by Country Sociologists, Berlin – New York – Amsterdam 1972.

Ders., Identity and the Sacred. A sketch for a New Social-Scientific Theory of Religion, Oxford 1976.

Molnar Thomas, Theists and Atheists. A Typology of Non-Belief, Berlin 1980.

Mookerjee Ajit/ Khanna Madhu, The Tantric Way, London 1977, dt: Die Welt des Tantra in Bild und Deutung, Bern – München – Wien 1987.

Moore Albert C., Iconography of Religions, London 1977.

Mörth Ingo, Die gesellschaftliche Wirklichkeit von Religion, Stuttgart 1978.

Moser Tilman, Gottesvergiftung, Frankfurt a. M. 1976.

Mowinckel Sigmund, Religion und Kultus, Göttingen 1953.

Mühlmann Wilhelm E., Chiliasmus und Nativismus. Studien zur Psychologie, Soziologie und historischen Kasuistik der Umsturzbewegungen, 2. Aufl. 1964.

Ders., Geschichte der Anthropologie, Frankfurt a. M., 3. Aufl. 1984.

Müller F. Max, Chips from a German Workshop I–IV, 1867–75, dt: Essays, 1869ff.

Ders., Introduction to the Science of Religion, London 1873, dt: Einleitung in die vergleichende Religionswissenschaft, Strassburg 1876.

Ders., Lectures on the Origin and Growth of Religion, London 1878, dt: Vorlesungen über den Ursprung und die Entwicklung der Religion, Strassburg 1880.

Ders. (Hg.), The Sacred Books of the East, Delhi 1879ff.

Müller-Küppers Manfred/Specht Friedrich (Hg.), Neue Jugendreligionen, Göttingen 1979.

Müller-Pozzi Heinz, Psychologie des Glaubens, München 1975.

Nase Eckart/Scharfenberg Joachim (Hg.), Psychoanalyse und Religion, Darmstadt 1977.

Needham Rodney, Belief, Language, and Experience, Oxford 1972.

Nevermann Hans/Worms Ernest A./Petri Hans, Die Religionen der Südsee und Australiens = Die Religionen der Menschheit 5,2, Stuttgart 1968.

Nyamiti Charles, Christ as Our Ancestor. Christology from an African Perspective, Oxford 1984.

Oelmüller Willi (Hg.), Wiederkehr von Religion?, 1984.

Oguro-Opitz Bettina, Analyse und Auseinandersetzung mit der Theologie des Schmerzes Gottes von Kazoh Kitamori, Frankfurt a. M. 1980.

O'Keefe Daniel Lawrence, Stolen Lightning. The Social Theory of Magic, New York 1982.

Oppitz Michael, Notwendige Beziehungen, Frankfurt a. M. 1975.

Oser Fritz/Gmünder Paul, Der Mensch, Stufen seiner religiösen Entwicklung. Ein strukturgenetischer Ansatz, Gütersloh, 2. Aufl. 1988.

Otto Rudolf, Kantisch-Fries'sche Religionsphilosophie, Tübingen 1909.

Ders., Das Heilige, Breslau, 30. Aufl. 1958.

Ders., West-östliche Mystik, Gotha 1926, (TB-Ausgabe: Gütersloh 1979).

Pace Enzo/Acquaviva S., La sociologie des religions, Paris 1994.

Pannenberg Wolfhart, Wissenschaftstheorie und Theologie, Frankfurt 1973.

Parin Paul/Morgenthaler Fritz/Parin-Matthèy Goldy, Fürchte deinen Nächsten wie dich selbst. Psychoanalyse und Gesellschaft am Modell der Agni in Westafrika, Frankfurt a. M. 1971, (TB-Ausgabe: 1978).

Park Chris, Sacred Worlds. An Introduction to Geography and Religion, London 1994.

Petri Helmut, Der australische Medizinmann, Annali Lateranensi 16, 1952, 160–317; 17, 1953, 157–225.

Pettazzoni Rafaele, Die Wahrheit des Mythos, Paideuma 4, 1950, 1–9.

Ders., L'essere supremo nelle religioni primitive. L'onniscienza di Dio, 1957, dt: Der allwissende Gott, Hamburg 1960.

Petterson Olof/Åkerberg Hans, Interpreting Religious Phenomena, Stockholm 1981.

Petzoldt Leander (Hg.), Magie und Religion, Darmstadt 1978.

Piaget Jean, La formation du symbole chez l'enfant, Neuchâtel – Paris 1945, dt: Nachahmung, Spiel und Traum, Stuttgart 1969.

Ders., Le structuralisme, Paris 1968, dt: Der Strukturalismus, Olten – Freiburg i. Br. 1973.

Plé Albert, Freud und die Religion 1969, dt: Freud und die Religion, 1969.

Pollack Detlef, Was ist Religion? Probleme der Definition, Zeitschrift für Religionswissenschaft 3, 1995, 163–190.

Proudfoot Wayne, Religious Experience, Berkley – Los Angeles 1986.

Pruyser Paul W., A Dynamic Psychology of Religion, 1968, dt: Die Wurzeln des Glaubens, Bern – München – Wien 1972.

Pummer Reinhard, Religionswissenschaft or Reliology, Numen 19, 1972, 91–127.

Ders., Recent Publications on the Methodology of the Science of Religion, Numen 22, 1975, 161–182.

Ders./Morgan Robert (Hg.), The Cardinal Meaning. Essays in Comparative Hermeneutics: Buddhism and Christianity, 1973.

Pye Michael, Comparative Religion. An Introduction through Source Materials, 1972.

Ders. (Hg.), The Cardinal Meaning. Essays in Comparative Hermeneutics. Buddhism and Christianity, The Hague 1973.

Quellen der Religionsgeschichte, hg. v. Göttinger Gesellschaft der Wissenschaften, Göttingen 1909ff.

Rad Gerhard v., Der Heilige Krieg im alten Israel, Zürich 1951.

Radin Paul, Die religiöse Erfahrung der Naturvölker, Zürich 1951.

Ders., The World of Primitive Man, 1953, dt: Gott und Mensch in der primitiven Welt, Zürich 1953.

Ders./Kerényi Karl/Jung Carl Gustav, Der göttliche Schelm, Zürich 1954.

Ratschow Carl Heinz, Die Religionen (Handbuch systematischer Theologie 16), Gütersloh 1979.

Ders. (Hg.), Ethik der Religionen, Stuttgart 1980.

Rendtorff Trutz (Hg.), Religion als Problem der Aufklärung, Göttingen 1980.

Richey Russell E./Jones Donald G. (Hg.), American Civil Religion, New York 1974.

Ricoeur Paul, Le conflit des interprétations, Paris 1969, dt: Der Konflikt der Interpretationen, Bd. 1: Hermeneutik und Strukturalismus, Bd. 2: Hermeneutik und Psychoanalyse, München 1973/74.

Robertson Roland, Einführung in die Religionssoziologie, München 1973.

Rössler Dietrich, Die Vernunft der Religion, München 1976.

Rousseau Jean-Jacques, Le contrat social 1762 = Oevres complètes III, Paris 1964.

Rudolph Kurt (Hg.), Gnosis und Gnostizismus, Darmstadt 1975.

Ders., Die Gnosis, Göttingen, 2. Aufl. 1980.

Ders., Basic Positions of Religionswissenschaft, Religion 11, 1981, 97–107.

Ders./Rinschede G. (Hg.), Beiträge zur Religion/Umwelt-Forschung, Berlin 1989.

Rudolph Kurt, Geschichte und Probleme der Religionswissenschaft, Leiden 1992.

Rupp Alfred, Religion, Phänomen und Geschichte. Prolegomena zur Methodologie der Religionsgeschichte, Saarbrücken 1978.

Ruppert Hans-Jürgen, New Age – Endzeit oder Wendezeit?, Wiesbaden 1985.

Saler Benson, Conceptualizing Religion. Immanent Anthropologists, Transcendent Natives, and Unbounded Categories, Leiden 1993.

Saurma Adalbert, Schweizer Treu und Glaube. Gedanken über das Eidgenößische, in: Kleger/Müller 1986, 121–146.

Savramis Demosthenes, Religionssoziologie: Eine Einführung, München 1968.

Schär Hans, Religion und Seele in der Psychologie C. G. Jungs, Zürich 1946.

Scharfenberg Joachim, Sigmund Freud und seine Religionskritik als Herausforderung für den christlichen Glauben, Göttingen 1968.

Schatz Oskar (Hg.), Hat die Religion Zukunft? Graz – Wien – Köln 1971.

Scherzberg Lucia, Schwarze Theologie in Südafrika, Bern 1982.

Schiwy Günther, Der französische Strukturalismus. Mode, Methode, Ideologie (mit einem Anhang mit Texten), Reinbek 1969.

Schleiermacher Friedrich, Über die Religion. Reden an die Gebildeten unter ihren Verächtern, 1799.

Ders., Der christliche Glaube: nach den Grundsätzen der evangelischen Kirche im Zusammenhange dargestellt, 3. Aufl. 1835, (Neuausgabe: Berlin 1960).

Schlesier Renate (Hg.), Die Faszination des Mythos, Basel – Frankfurt a. M. 1985.

Schmid Georg, Interessant und heilig. Auf dem Weg zur integralen Religionswissenschaft, Zürich 1971.

Ders., Principles of Integral Science of Religion, Berlin 1979.

Schmidt Wilhelm, Der Ursprung der Gottesidee, Münster 1912ff.

Schmidtchen Gerhard, Was den Deutschen heilig ist, München 1979.

Schmied Gerhard, Religion – eine List der Gene? Soziobiologie contra Schöpfung, Osnabrück 1989.

Schmitz Carl A. (Hg.), Kultur, Frankfurt a. M. 1963.

Ders. (Hg.), Religionsethnologie, Frankfurt a. M. 1964.

Ders. (Hg.), Historische Völkerkunde, Frankfurt a. M. 1967.

Schmitz Edgar/Dürr Annette (Hg.), Religionspsychologie. Eine Bestandsaufnahme des gegenwärtigen Forschungsstandes, Göttingen 1992.

Schoen Ulrich, Das Ereignis und die Antworten. Auf der Suche nach einer Theologie der Religionen heute, Göttingen 1983.

Schott Albert/Soden Wolfram von, Das Gilgamesch-Epos, Stuttgart 1958.

Schulte Andrea, Religiöse Rede als Sprachhandlung (Europäische Hochschulschriften Reihe 23, Bd. 464), Frankfurt a. M. 1991.

Schwind Martin (Hg.), Religionsgeographie, Darmstadt 1975.

Sell Hans Joachim, Der schlimme Tod bei den Völkern Indonesiens, Mouton 1955.

Sharpe Eric, Comparative Religion, London 1975.

Siebert Rudolf J., The Critical Theory of Religion: The Frankfurt School, Berlin 1986.

Skorupski John, Symbol and Theory. A Philosophical Study of Theories of Religion in Social Anthropology, Cambridge 1976.

Ders., The Phenomenon of Religion, London 1973a.

Ders., The Science of Religion and the Sociology of Knowledge, Princeton 1973b.

Smart Ninian, The Religious Experience of Mankind, New York, 3. Aufl. 1984.

Smith Jonathan Z., Map is not Territory. Studies in the History of Religions, Leiden 1978.

Ders., Imagining Religion. From Babylon to Jonestown, Chicago 1982.

Smith Wilfred C., The Meaning and End of Religion 1962, (TB-Ausgabe: New York 1978).

Ders., Faith and Belief, Princeton N. J. 1979.

Ders., Toward a World Theology. Faith and Comparative History of Religion, London 1981.

Smith William Robertson, Lectures on the Religion of the Semites, Edinburgh, 2. Aufl. 1894, dt: Die Religion der Semiten, Feiburg 1899.

Soden Wolfram v., Zweisprachigkeit in der geistigen Kultur Babyloniens, Wien 1960.

Ders., Leistung und Grenze sumerischer und babylonischer Wissenschaft,

Neudruck, Darmstadt 1965 (zus. mit W. Landsberger, Die Eigenbegrifflichkeit der babylonischen Welt).

Söderblom Nathan, Art. Holiness, Encyclopaedia of Religion and Ethics VI, 1913, 731ff., dt: Das Heilige, in: Colpe 1977, 76–116.

Ders., Das Werden des Gottesglaubens, Leipzig, 2. Aufl. 1926.

Ders., Der Strukturalismus in der Anthropologie, in: Wahl 1968/1973, 181–258.

Sperber Dan, Le symbolisme en général, Paris 1974, dt: Über Symbolik, Frankfurt a. M. 1975.

Staal Frits, Exploring Mysticism, Harmondsworth 1975.

Ders., Rules without Meaning. Ritual, Mantras and the Human Sciences, New York 1993.

Stanner W. E. H., The Dreaming, in: Lessa William A./Vogt Evon Z., Reader in Comparative Religion, New York 1958, 513–523.

Stark Werner, Grundriss der Religionssoziologie, Freiburg i. Br. 1974.

Stephenson Gunther (Hg.), Der Religionswandel unserer Zeit im Spiegel der Religionswissenschaft, Darmstadt 1976.

Ders. (Hg.), Leben und Tod in den Religionen. Symbol und Wirklichkeit, Darmstadt 1980.

Stolz Fritz, Das Alte Testament, Gütersloh 1974.

Ders., Unterscheidungen in den Religionen, in: Geisser H. F./Mostert W. (Hg.), Wirkungen hermeneutischer Theologie, Zürich 1983a, 11–24.

Ders., Psalmen im nachkultischen Raum, Zürich 1983b.

Ders., Das Gleichgewicht von Lebens- und Todeskräften als Kosmos-Konzept Mesopotamiens, in: Zweig Adam (Hg.), Kosmos, Kunst, Symbol, Bern – Frankfurt a. M. 1986a, 47–67.

Ders. (Hg.), Religion zu Krieg und Frieden, Zürich 1986b.

Ders., Hierarchien der Darstellungsebenen religiöser Botschaft, in: Zinser Hartmut (Hg.), Grundfragen der Religionswissenschaft, Berlin 1988a, 55–72.

Ders., Der mythische Umgang mit der Rationalität und der rationale Umgang mit dem Mythos, in: Schmid Hans Heinrich (Hg.), Mythos und Rationalität, Gütersloh 1988b, 81–106.

Ders., Theologie und Religionswissenschaft – das Eigene und das Fremde, in: Schmidt Heinz/Ohlemacher Jörg, Grundfragen der Religionspädagogik, Göttingen 1988c, 163–182.

Ders., Komplementarität in Zugängen zur Religion, Sociologia Internationalis 30, 1992, 159–176.

Ders., Paradiese und Gegenwelten, Zeitschrift für Religionswissenschaft 1, 1993, 5–24.

Ders., Gott, Kaiser, Arzt, in: Elsas Christoph u. a. (Hg.), Tradition und Translation (Festschrift Colpe), Berlin – New York 1994, 113–130.

Ders., Effekt und Kommunikation. Handlung im Verhältnis zu anderen Kodierungsformen von Religion, in: Krech Volkhard/Knoblauch Hubert/Tyrell Hartmann, Religion als Kommunikation, Würzburg 1997.

Streng Frederick J., Understanding Religious Life, 3. Aufl. 1985.

Strolz Walter/Waldenfels Hans, Christliche Grundlagen des Dialogs mit den Weltreligionen, Freiburg i. Br. – Basel 1983.

Strunk O. (Hg.), Readings in the Psychology of Religion, 1955.

Ders. (Hg.), The Psychology of Religion: Historical and Interpretative Readings, 1971.

Sundén Hjalmar, Die Religion und die Rollen. Eine psychologische Untersuchung der Frömmigkeit, Berlin 1966.

Ders., Gott erfahren. Das Rollenangebot der Religionen, 1975.

Ders., Religionspsychologie, 1982.

Sundermeier Theo, Was ist Religion? Religionswissenschaft im theologischen Kontext, Ein Studienbuch, Gütersloh 1999.

Symboldidaktik. Religion heute, Heft 3, 1986.

Terrin Aldo N., Spiegare o comprendere la religione? Le scienze della religione a confronto, 1983a.

Ders./Dhavamony M./Binchi U./Prandi C., La scienza della religione oggi, Trento 1983b.

Thiel Josef Franz, Religionsethnologie, Berlin 1984.

Tiele Cornelius P., Einleitung in die Religionswissenschaft, I: Morphologie, Gotha 1899, II: Ontologie, Gotha 1901.

Topitsch Ernst, Vom Ursprung und Ende der Metaphysik, Wien 1958, (TB-Ausgabe: München 1972).

Turner Victor, The Forest of Symbols, New York 1967.

Ders., Colour Classification in Ndembu Ritual, in: Banton 1968, 47–84.

Ders., The Ritual Process: Structure and Anti-Structure, New York 1969, dt: Das Ritual. Struktur und Anti-Struktur, Frankfurt 1989.

Ders., Dramas, Fields, and Metaphors, Ithaca 1978.

Ders., On the Edge of the Bush. Anthropology as Experience, Tucson 1986.

Tutu Desmond M., Versöhnung ist unteilbar. Biblische Interpretationen zur Schwarzen Theologie, Wuppertal 1984.

Tworuschka Udo, Methodische Zugänge zu den Weltreligionen. Einführung für Unterricht und Studium, Berlin – Frankfurt a. M. – München 1982.

Tyloch Witold (Hg.), Current Progress in the Methodology of the Science of Religion, Warsaw 1984.

Tylor Edward B., Primitive Culture, London 1871, dt: Die Anfänge der Cultur, Leipzig 1873.

Vergote Antoine, Psychologie religieuse, Bruxelles 1966, dt: Religionspsychologie, 1970.

Ders./Tamayo A. (Hg.), The Parental Figures and the Representation of God, Den Haag – Paris – New York 1981.

Visible Religion. Annual for Religious Iconography, Institute of Religious Iconography, Groningen, 1982ff.

Vries Jan de, Forschungsgeschichte der Mythologie, Freiburg – München 1961.

Vrijhof Pieter Hendrik/Waardenburg Jacques (Hg.), Official and Popular

Religion. Analysis of Theme for Religious Studies, The Hague – Paris – New York 1979.

Waal Malefijt Annemarie de, Religion and Culture. An Introduction to the Anthropology of Religion, London, 2. Aufl. 1969.

Waardenburg Jacques, Religion between Reality and Idea. A Century of Phaenomenology of Religion in the Netherlands, Numen 19, 1972a, 128–203.

Ders., Grundsätzliches zur Religionsphänomenologie, Neue Zeitschrift für systematische Theologie 14, 1972b, 315–335.

Ders., Classical Approaches to the Study of Religion, 2 Bde., The Hague – Paris 1973.

Ders., Reflections on the Study of Religions, Berlin 1978.

Ders., Religion unter dem Gesichtspunkt der religiösen Erscheinung, in: Rendtdorff 1980, 13–35.

Ders., Religionswissenschaft seit 1970. Eine Auswahl, Verkündigung und Forschung 26, 1981, 2–43.

Wach Joachim, Religionswissenschaft. Prolegomena zu ihrer wissenschaftstheoretischen Grundlegung, Leipzig 1924.

Ders., Sociology of Religion, London 1947, dt: Religionssoziologie, Tübingen 1951.

Ders., The Comparative Study of Religions, 1958, dt: Vergleichende Religionsforschung, Stuttgart 1962.

Wahl François (Hg.), Qu'est-ce que le structuralisme, 1968, dt: Einführung in den Strukturalismus, Frankfurt a. M. 1973.

Wallace Anthony F. C., Religion, New York 1966.

Wallisch-Prinz Bärbel, Religionssoziologie, Stuttgart 1977.

Weber Max, Gesammelte Aufsätze zur Religionssoziologie, Tübingen 1920–21, (Neuauflage 1971).

Ders., Wirtschaft und Gesellschaft. Grundriss der verstehenden Soziologie, 2 Bde., Tübingen 1921, (Studienausgabe 1964).

Ders., Politische Briefe (1906–1919), in: Weber Marianne (Hg.) Gesammelte Politische Schriften, München 1921.

Ders., Die protestantische Ethik I. Eine Aufsatzsammlung, hg. v. Johannes Winckelmann, Gütersloh, 7. Aufl. 1984.

Ders., Die protestantische Ethik II. Kritiken und Antikritiken, hg. v. Johannes Winckelmann, Gütersloh, 4. Aufl. 1982.

Weger Karl-Heinz (Hg.), Religionskritik von der Aufklärung bis zur Gegenwart, Freiburg i. Br. 1979.

Weinrich Harald, Tempus. Erzählte und besprochene Welt, Stuttgart 1964.

Welker Michael, (Hg.), Theologie und funktionale Systemtheorie, Frankfurt a. M. 1985.

Wellhausen Julius, Reste arabischen Heidentums, Berlin, 2. Aufl. 1897.

Whaling Frank (Hg.), Contemporary Approaches to the Study of Religion. Vol. 1: The Humanities, Vol. 2: The Social Sciences, Berlin 1984/85.

Widengren Geo, The King and the Tree of Life in Ancient Near Eastern Religion, Uppsala 1951.

Ders., Mani und der Manichäismus, Stuttgart 1961.

Ders., Religionsphänomenologie, Berlin 1969.

Ders. (Hg.), Der Manichäismus, Darmstadt 1977.

Wiebe Donald, Religion and Truth. Towards an Alternative Paradigm for the Study of Religion, Berlin 1981.

Wilson Bryan, Magic and the Millenium. Religious Movements of Protest among Tribal Peoples, London 1975.

Worsley Peter, The Trumpet Shall Sound, 2. Aufl. 1968, dt: Die Posaune wird erschallen. Cargo-Kulte in Melanesien, Frankfurt a. M. 1973.

Wössner Jakobus (Hg.), Religion im Umbruch, Stuttgart 1972.

Yandell Keith E., The Epistemology of Religion, Cambridge 1993.

Yinger Milton J., The Scientific Study of Religion, New York 1970.

Zaehner Robert C., Concordant Discord. The Interdependence of Faiths, Oxford 1970, dt: Mystik. Harmonie und Dissonanz, Olten 1980.

Zahan Dominique, Religion, spiritualité et pensée africaines, Paris 1970.

Zimmer Heinrich, Philosophie und Religion Indiens (stw 26), Frankfurt a. M. 1973.

Zinser Hartmut, Der Untergang von Religionen, Berlin 1986.

Zuesse Evan M., The Role of Intentionality in the Pheonomenology of Religion, Journal of the American Academy of Religion 53, 1985, 51–73.

Register

Religionswissenschaft – interdisziplinär

Roland Biewald (Hg.)
Einblicke Religion
Ein Studienbuch
Biblisch-theologische Schwerpunkte 12.
1996. 271 Seiten mit 5 Abbildungen,
kartoniert
ISBN 3-525-61294-X

Theologische Fundierung
einerseits und Ausrichtung
auf religionspädagogische
Erfordernisse andererseits sind
Anliegen dieses Studienbuches.
Es beinhaltet elementare
Themen, durch die Unterrich-
tende im Alltag von Schule
und Gemeinde immer wieder
herausgefordert werden:

- Religion und Religiosität
- Religionskritik
- Die Frage nach Gott
- Jesus Christus
- Der Mensch
- Schöpfung
- Gemeinschaft und Kirche
- Hoffnung

Hartmut Lehmann
Religion und Religiosität in der Neuzeit
Historische Beiträge
Herausgegeben von Manfred
Jakubowski-Tiessen und Otto Ulbricht.
1996. 294 Seiten, kartoniert
ISBN 3-525-55429-X

Andreas Grünschloß
Religionswissenschaft als Welt-Theologie
Wilfred Cantwell Smiths interreligiöse
Hermeneutik
(Forschungen zur systematischen und
ökumenischen Theologie 71). 1994.
358 Seiten mit 6 Abbildungen,
kartoniert
ISBN 3-525-56278-0

Hans Jürgen Fraas
Die Religiosität des Menschen
Ein Grundriß der Religionspsychologie
(UTB 1578). 2., durchgesehene
Auflage 1993. 336 Seiten, kartoniert
ISBN 3-8252-1578-4

Nach einem ersten Teil zur
Geschichte der Religions-
psychologie und zu Entste-
hungstheorien der Religiosität
werden Erscheinungsformen
von Religiosität, Ausdrucks-
formen und pathologische
Formen erörtert. Der dritte Teil
widmet sich der lebens-
geschichtlichen Gestaltung
der Persönlichkeit in ihrem
dreifachen Beziehungsgefüge.

V&R
Vandenhoeck
& Ruprecht